作者简介

马克·墨菲,美国乔治城大学哲学教授,研究方向为伦理学、法哲学与政治哲学等。著有《自然法和实践理性》《法哲学》等,就托马斯·霍布斯的道德、政治和法律理论发表过若干论文。

译者简介

王志勇,中国政法大学法学博士,河南财经政法大学副教授,研究方向为西方法律思想史与法学方法论等。曾在《法制与社会发展》《华东政法大学学报》等杂志上发表论文多篇,译有《意图与身份》等。

自然法名著译丛

法理学和政治学中的
自然法

〔美〕马克·墨菲 著

王志勇 译

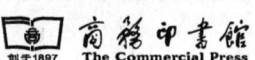 

Mark C. Murphy

Natural Law in Jurisprudence and Politics

This is a Simplified-Chinese translation of the following title published by Cambridge University Press:

Natural Law in Jurisprudence and Politics 978-0-521-85930-1
© Mark C. Murphy, 2006

This Simplified-Chinese translation for the People's Republic of China (excluding Hong Kong, Macau and Taiwan) is published by arrangement with the Press Syndicate of the University of Cambridge, Cambridge, United Kingdom.
此版本根据剑桥大学出版社2006年版译出。

© The Commercial Press, Ltd., 2022

This Simplified-Chinese translation is authorized for sale in the People's Republic of China (excluding Hong Kong, Macau and Taiwan) only. Unauthorised export of this Simplified-Chinese translation is a violation of the Copyright Act. No part of this publication may be reproduced or distributed by any means, or stored in a database or retrieval system, without the prior written permission of Cambridge University Press and The Commercial Press, Ltd.

Copies of this book sold without a Cambridge University Press sticker on the cover are unauthorized and illegal.
本书封面贴有 Cambridge University Press 防伪标签, 无标签者不得销售。

Permission of Cambridge University Press and The Commercial Press, Ltd.

《自然法名著译丛》编委会

主　编 吴　彦

编委会成员（按姓氏笔画为序）

王　涛　王凌皞　田　夫　朱学平　朱　振
孙国东　李学尧　杨天江　陈　庆　吴　彦
周林刚　姚　远　黄　涛　雷　磊　雷　勇

《自然法名著译丛》总序

一部西方法学史就是一部自然法史。虽然随着19世纪历史主义、实证主义、浪漫主义等现代学说的兴起，自然法经历了持续的衰退过程。但在每一次发生社会动荡或历史巨变的时候，总会伴随着"自然法的复兴"运动。自然法所构想的不仅是人自身活动的基本原则，同时也是国家活动的基本原则，它既影响着西方人的日常道德行为和政治活动，也影响着他们对于整个世界秩序的构想。这些东西经历千多年之久的思考、辩驳和传承而积淀成为西方社会潜在的合法性意识。因此，在自然法名下我们将看到一个囊括整个人类实践活动领域的宏大图景。

经历法律虚无主义的中国人已从多个角度试图去理解法律。然而，法的道德根基，亦即一种对于法律的非技术性的、实践性的思考却尚未引起人们充分的关注。本译丛的主要目的是为汉语学界提供最基本的自然法文献,并在此基础上还原一个更为完整的自然法形象,从而促使汉语学界"重新认识自然法"。希望通过理解这些构成西方法学之地基的东西并将其作为反思和辩驳的对象,进而为建构我们自身良好的生存秩序提供前提性的准备。谨为序。

吴彦

2012年夏

法理学和政治学中的自然法

马克·墨菲在《法理学和政治学中的自然法》一书中主张,自然法法理学的核心命题是法律由决定性服从理由支持,该命题确立了自然法政治哲学的议程,后者证明了法律如何通过政治社群的共同善而获取其约束力。

墨菲在该书中的阐述涉及自然法法理学和政治哲学的诸多核心问题,其中包括:自然法法理学命题的表述和捍卫,共同善的本质,促进共同善和要求服从法律之间的关系,以及惩罚的证立。

马克·墨菲是乔治城大学的哲学教授,著有《自然法和实践理性》(*Natural Law and Practical Rationality*)、《论神圣权威》(*An Essay on Divine Authority*)、《法哲学》(*Philosophy of Law*),他也是《阿拉斯代尔·麦金泰尔》(*Alasdair MacIntyre*)一书的编者。

献给科马克·阿拉斯代尔(Cormac Alasdair)

目 录

致谢 …………………………………………… 1
导论　自然法法理学和自然法政治哲学 ………… 5
　一、自然法法理学和自然法政治哲学的核心
　　主张 ………………………………………… 5
　二、自然法和实践理性 …………………… 12
第一章　自然法法理学的表述 ………………… 19
　一、自然法法理学的根本主张 …………… 19
　二、自然法理论和法律实证主义 ………… 46
第二章　自然法法理学的捍卫 ………………… 54
　一、弱自然法命题的三条进路 …………… 54
　二、法律视角和弱自然法命题 …………… 56
　三、法律的功能和弱自然法命题 ………… 62

四、言语行为和弱自然法命题 …………… 78
　　五、功能论证和言语行为论证之间的关系 ……… 117
　　六、弱自然法命题、强自然法命题和法律实证
　　　　主义 ……………………………………… 119
　　七、自然法政治哲学的议程 ……………… 123
第三章　共同善 …………………………………… 126
　　一、自然法政治哲学中的共同善 ………… 126
　　二、论证聚合式共同善观念 ……………… 130
　　三、反对工具式共同善观念 ……………… 135
　　四、反对独特式共同善观念 ……………… 149
　　五、功利主义和聚合式共同善观念 ……… 165
　　六、共同善原则 …………………………… 174
第四章　对同意理论的自然法反驳 ……………… 186
　　一、同意和古典、当代自然法诸理论 …… 186
　　二、源自同意的论证 ……………………… 190
　　三、反对同意理论：自始不合理 ………… 195
　　四、反对同意理论：缺少同意 …………… 199
　　五、反对同意理论：与自然法观点不兼容 ……… 208
　　六、反对同意理论：不必要（显著协调者之立场）… 210
　　七、反驳显著协调者之立场 ……………… 224

第五章　法律权威的同意理论 ······ 231
一、非典型的同意立场 ············ 231
二、法律和共同善原则 ············ 234
三、具体化形式何以可能具有约束力？ ······ 236
四、开放性具体化形式 ············ 244
五、政治权威的自然法/同意立场 ········ 248
六、接受层面上的同意之独特妥当性 ······ 253
七、此种同意立场在多大程度上证明了法律的权威？ ··············· 257

第六章　法律的权威和法律惩罚 ······ 273
一、惩罚在关于政治的自然法立场中的地位 ····· 273
二、拒绝关于惩罚的准功利主义自然法立场 ····· 279
三、拒绝关于惩罚的公平自然法立场 ······ 286
四、自然法报应主义 ············ 293
五、报应主义理论的难题 ·········· 294
六、依据善而行动：促进和彰显 ········ 313
七、关于惩罚的彰显性立场之难题 ······· 328
八、权威、胁迫和惩罚 ············ 335

第七章　共同善之内和之外 ········ 345
一、针对共同善原则的两个挑战 ········ 345

二、为何尤其难以回应挑战 ·················· 351
　　三、针对共同善原则的挑战的亚里士多德式
　　　　回应 ································· 354
　　四、关于亚里士多德式回应中的疑虑 ·········· 359
参考文献 ······································· 363
索引 ··· 370

致　谢

在写作本书的过程中,我受惠于众多善良、慷慨之人。亨利·理查森(Henry Richardson)、布莱恩·比克斯(Brian Bix)和剑桥大学出版社的两位审阅人针对初稿整体提出了有益的批评。如下这些人对本书论证的不同部分也给予了评论:尼克·阿罗尼(Nick Aroney),特伦斯·库尼奥(Terence Cuneo),大卫·戴岑豪斯(David Dyzenhaus),比尔·艾德蒙森(Bill Edmundson),约翰·黑尔(John Hare),克里斯·卡乔尔(Chris Kaczor),帕特·卡因(Pat Kain),马修·克莱默(Matthew Kramer),布莱恩·莱特(Brian Leiter),拉里·梅(Larry May),鲍勃·罗伯茨(Bob Roberts),大卫·施密特茨(David Schmidtz)和保罗·威特曼(Paul Weithman)。

感谢如下机构的邀请,使得我有机会展示该书中某些内容并得到反馈信息:博林格林州立大学社会哲学与政策中心(the Social Philosophy and Policy Center at Bowling Green State University),多伦多大学法学院(the University of Toronto Law School),得克萨斯大学法律与哲学项目(the University of Texas Law and Philosophy Program)和弗吉尼亚大学哲学系(the University of Virginia philosophy department)。

第三章和第六章中的论证形成于我在大急流城(Grand Rapids)度过的两个夏天,我在此期间参加了加尔文学院暑期基督教奖学金研讨会(Calvin College Summer Seminars in Christian Scholarship),其中一个由尼克·沃尔特斯托夫(Nick Wolterstorff)组织,另一个则由布兹韦斯基(Budziszewski)组织。感谢尼克(Nick)、杰伊(Jay)和我的研讨会同伴的帮忙,也感谢加尔文学院、皮尤慈善信托基金(the Pew Charitable Trusts)和菲尔斯泰德及其团队(Fieldstead and Company)对这些研讨会的资助。

本书的写作始于1998年,当年我有幸作为伊拉斯谟研究员(an Erasmus Fellow)在圣母大学(the University of Notre Dame)住校。在伊拉斯谟研究所(Erasmus Institute)期间,我承诺写作一本实践理性(practical rationality)理论、政治哲学和神学伦理学领域中的自然法理论的书，然而这本书的内容以通常的方式被予以扩充，最终我不得不将之分为三本[《自然法和实践理性》(2001)、《论神圣权威》(2002)以及本书]。感谢伊拉斯谟研究所提供为期一年的研究支持，使我有机会更为仔细地思考关于政治、神学伦理学之自然法阐述所应呈现的模样。2005年，我在自己的研究机构即乔治城大学(Georgetoun University)完成该书的写作，乔治城大学以高级教员资格和数个暑期资助的方式慷慨地支持了我的研究。

感谢下列机构允许我使用之前发表的成果：剑桥大学出版社准许我使用"自然法、同意和政治义务"和"自然法法理学"这两篇文章中的材料，前文载于《社会哲学和政策》2001年第18卷，第70—92页[*Social Philosophy and Policy* 18(2001), pp. 70—92]，后文载于《法律理论》2003年第9卷，第241—267页[*Legal Theory* 9(2003), pp. 241—267]。感谢布莱克维尔出版社(Blackwell Publisher)允许我使用"自然法理论"一文中的部分内容，该文最早发表于威廉姆·埃德蒙森和马汀·戈尔丁(Martin Golding)主编的《布莱克维尔法哲学和法理论指南》[*Blackwell Guide to the Philosophy of Law and Legal Theory* (copyright © Blackwell, 2004)]一书中。最后，《形而上学评论》(*Review of Metaphysics*)允许我使用"共同善"一文中的材料,该文最早发表于《形而上学评论》第59卷,第147—177页[*Review of Metaphysics* 59(copyright © 2005),pp. 143—177]。

感谢罗纳德·科恩(Ronald Cohen),他非常仔细地编辑了本书的手稿并且提出许多有益的建议。我要感谢他的付出。

最后,我必须要感恩我的妻子珍妮特。感激之情,无以言表。如下语词方才足以表达我的爱:在我做的每一件事中,我都蒙受她的爱和友谊。

导论 自然法法理学和自然法政治哲学

一、自然法法理学和自然法政治哲学的核心主张

自然法法理学的核心主张是,在法律和行动的决定性理由(decisive reasons for action)之间存在积极的(positive)内在联系:法律由行动的决定性理由支持。[说某人有决定性理由去 Ø,对于此人而言,这就等于说:去 Ø-ing 就是其要履行的合理(reasonable)行为,不去 Ø-ing 就是不合理的。由此,说某个法律由决定性理由支持,这就等于说,相关的人有决定性理由履行该法律所要求的任何行为。]自然法政治哲学的核心主张是,法律经由政治社群的共同善(the common good of the political community）而具有此理由-给予之力（reason-giving force）。自然法法理学最为根本的主张在于，法律的本质在于以理性（reason）约束人。自然法政治哲学最为根本的主张在于，使得法律具有拘束力的东西是法律在政治社群的共同善中扮演的角色。

上述主张是自然法法理学和政治哲学的核心命题，但我们为何应该视上述主张并非仅仅是一厢情愿的想法而已呢？就"自然法理论"一词的使用现状而言，阿奎那（Aquinas）是典范的自然法理论者。如果一个人想要验证阿奎那作为典范自然法理论者的地位，其可以浏览任何包含自然法理论的道德、政治和法哲学的选集；任何此类选集都包含了源自阿奎那或者关于阿奎那的内容。阿奎那对道德、政治和法律问题的思考是一个参照点，由此后来的自然法理论（例如霍布斯和洛克的自然法理论）被归类为自然法理论，也由此早期思想家（例如亚里士多德、斯多葛学派）被认定为原初的-自然法（proto-natural law）哲学家。所以，我们有理由将阿奎那视为典范自然法理论者；我们也有理由坚持，那些在阿奎那自然法法理学和政治学中处于核心地位的命题——也即那些围绕上述主题而构建和形塑了其思想的命题——是自然法法理学和政治学的核心命题。这些命题是什么呢？

阿奎那的《神学大全》(Summa Theologiae)中有一部分被后世评论者命名为"论法律(Treatise on Law)",其中第一个论证是这样一种主张,即法律是"与理性相关的东西(something pertaining to reason)":由于法律是调整、评断行为的事物,理性存在物(rational beings)的行为单单受那些其有理由服从之的指令的调整、评断,法律必然是行动者有理由服从的事物(《神学大全》第二集第一部,第90题第1节)。紧随其后的一节里面有这样一个论证,法律和理由(reasons)之间的此种联系通过共同善实现:由于善(good)是个人调整其行为所参照的东西,共同善是社群的成员们调整其行为所参照的东西,所以遵守法律的理由产生于其与共同善的关系(《神学大全》第二集第一部,第90题第2节)。这些命题适用于所有的法律,无论神法还是人法这样的法律(《神学大全》第二集第一部,第90题第1—4节)。而且,针对人法的种类、范围和权威之来源问题,当阿奎那转向寻求更为详细的结论之任务时(《神学大全》第二集第一部,第95—97题),他正是以这些命题为措辞提出自己的论据。(关于阿奎那为自然法法理学所提出的论证之结构的深入探讨,参见墨菲2004。)所以,阿奎那所主张的自然法法理学和政治哲学的根本命题,关涉到法律和行动理由之间的内在联系,关涉到共同善在提供法律的理由-给予之力中扮演的核心角色。由于阿奎那通常被视为典范自然法理论者,所以我们的如下做法完全妥当,即同样以这些命题来表述自然法的立场。

尽管这些命题明显不兼容于许多被广泛持有的政治学、法理学观点,但其仍然相当模糊,那些自然法政治学、法理学的可能的捍卫者必须使之更为精确。然而,即使就上述命题的当前形式而言,其捍卫者将不得不回应的问题类型仍是清楚的。我们需要深入了解,为什么在法律和行动的决定性理由之间存在此种联系。我们需要阐述,共同善的本质、特性、规范力(normative force)以及法律如何从此种共同善中获得其规范力。我们需要了解如下内容:我们应该如何谈论如下这些法令(enactments),其被预设为"法律",却似乎没有由妥当的(adequate)服从理由支持,更不要说由决定性服从理由支持。

本书中的论证试图完成上述任务。在第一章,我探讨了自然法理论家关于法律和行动理由之间存在内在联系的主张。在此,我将探讨自然法命题的三种解读。其一,强解读,据此一个规范的法律效力(legal validity)在部分上由如下内容构成:其由决定性服从理由支持。其二,弱解读,据此一个规范的法律非缺陷性(legal non-defectiveness)在部分上由如下内容构成:其由决定性服从理由支持。其三,道德解读,据此一个规范的道德权威性(moral authoritativeness)在部分上由如下内容构成:其由决定性服从理由支持。一方面,因为道德解读作为自然法法理学命题的表述极为乏味,我拒绝之;另一方面,我将证明,强解读能够避开通常针对其所提出的反对意见,而通常针对自然法法理学所提出的反对意见甚至不能构成对弱解读的初步(prima facie)质疑。

在第二章,我捍卫了自然法命题的弱解读。我从考察约翰·菲尼斯(John Finnis)针对自然法法理学命题所提出的"法律视角"论证开始。尽管我拒绝了菲尼斯的论证,但我认为以下两个更有希望的论证可以证明弱解读为真:其一是法律的功能之论证,其二是法律规范作为言语行为(illocutionary acts)之论证。然而,这些论证不仅仅给出了相信弱自然法法理学命题的理由,也给出了拒绝强解读的理由。所以,自然法理论者应该主张弱解读。由此种弱解读出发,我们可以获致这样一个命题,即就作为法律而言,非由行动的决定性理由支持的法律是有缺陷的。该命题确立了自然法政治哲学的议程,即要描述那些非缺陷性(non-defective)法律出现的条件。

在第三章,我考察了自然法政治哲学家的核心政治概念,即共同善。共同善的概念之所以具有此等核心地位,因为其执行着由自然法法理学所确立的议程:共同善被期望去夯实法律的理由-给予之力,从而使得那些就其理由-给予之力而言为非缺陷的法律经由与共同善的联系而具有该优点(virtue)。本章的目标在于澄清对——自然法观点应该诉诸的——共同善之理解。在本章,我捍卫聚合式共同善观念(an aggregative conception of the common good),据该观念,共同善体现于该社群中每一个个体充分兴盛(flourishing)的事态(the state of affairs)之中。我捍卫聚合式共同善观念的根据在于,该观念能够履行共同善必然要履行的理由-给予之作用,其他流行的观念唯有通过聚合式观念方可具有合理性。

在第四章和第五章,我考察了如下问题:基于自然法观念,共同善应满足何种条件才能被我们视为夯实了法律的理由-给予之力。在第四章,我考察了如下问题:自然法理论者是否需要诉诸同意(consent)来解释,共同善如何给法律提供规范力。像多数当代政治哲学家一样,自然法理论者一直深深怀疑同意理论:他们不仅仅主张同意理论通常在哲学上令人反感,而且也主张同意理论与自然法立场的宗旨格格不入,所以自然法理论者无论如何都无须用同意理论来解释共同善如何给法律提供规范力。我在本章将证明,尽管对标准的同意理论的批评极具杀伤性,但当代自然法理论者却过于低估他们需要从诸如同意理论的内容中获得帮助的程度。在第五章,我提出一个关于同意的非典型的详细阐述,其给自然法理论者提供了在解释如下内容方面所需要的帮助:共同善如何给法律提供理由-给予之力,同时避开那些针对更为典型的同意立场的(多数)难题。

传统上,自然法法理学和政治哲学视惩罚为次要问题:"法律包含制裁之威胁"并非法律定义的构成部分,而且可能存在一个不使用惩罚的权威性法律秩序。然而,如果有人认为无须以共同善及其要求来证立法律惩罚,那么他的想法是错误的:因为,如我在第六章所讲,理解法律惩罚的首要之处在于其权威性特征(authoritative character),由于自然法观点主张所有权威性指令(dictates)的证立都要依据共同善的要求,惩罚的证立亦须依据共同善。我反对如下观点:准功利主义(quasi-utilitarianism)和诉诸对利益、负担之公平分配,其塑造了许多关于惩罚的自然法思想。我捍卫一种既具报应主义(retributivist)又具彰显主义(expressivist)的关于惩罚的观点。

在第七章,我考察自然法政治哲学的限度。对于自然法观点而言,事实上对于任何关于法律权威的观点而言,其面临的最为紧迫的挑战在于,如何协调(accommodation)超政治(superpolitical)和亚政治(subpolitical)关切。我在本章探讨了上述挑战以及自然法观点无力充分回应上述挑战的状况。

二、自然法和实践理性

"自然法理论"所命名的不仅仅是政治哲学、法理学的理论,其所命名的还包括道德理论,或者更恰当地讲,实践理性的理论。根据关于实践理性的自然法阐述,行动的根本理由是特定的基本善(basic goods),其作为善的地位立基(grounded)于人性(human nature);而且,进而言之,存在一些关于实践合理性(practical reasonableness)的正确原则,其调整一个人应该如何追求上述善,这些原则从基本善所展现的特征中获得其理据(warrant)。(参见墨菲 2001a,第 2—3 页和墨菲 2002b。)

以抽象形式表述,自然法政治哲学、法理学的核心命题独立于关于实践理性的自然法立场之核心命题。因为尽管自然法政治哲学、法理学的核心命题提出了关于法律与理由、法律和共同善之间联系的主张,其并没有提出关于上述理由或者共同善的特定性质之主张;然而,提出关于善和行动理由的本质之特定主张,属于关于实践理性的自然法立场的分内之事。所以,一个人可以,一方面主张自然法法理学或者自然法政治哲学,另一方面也能够同时拒绝关于实践理性的自然法立场。①

所以,像我一样(墨菲 2001a),即使有人认为关于实践理性的自然法理论是关于实践理性所能提出的最好理论,其也完全可能在不诉诸任何源自关于实践理性的自然法立场的前提情况下捍卫自然法法理学和政治哲学。事实上,第一章和第二章并没有依赖此类前提,而且上述章节中为法律和行动的决定性理由之间的内在联系所提出的论证,兼容于关于实践理性的诸多理论。然而,之后几章更多的是政治哲学而非法理学的内容,这些章节采用了我所赞成的数个关于实践理性的自然法立场的核心命题,尽管(这显而易见)这些主张对于自然法立场而言绝非独有。我的主张如下:

第一,存在一个关于个体人的善(an individual's good)的正确的、形式上为客观主义(objectivist)的观念。此处的"个体人的善"意指,使他或她处境变好的个人之全部幸福

---

① 有人可能会质疑,为何此种关于法律和行动理由之间联系的法理学命题被标为"自然法理论"。就我所见,理由仅仅出于历史原因。上述法理学命题之所以被贴上这个标签,因为其最具历史重要性的捍卫者是阿奎那,而阿奎那将人类理性行为(rational conduct)的原则视为自然法原则。由此,鉴于阿奎那关于行动理由的特定理论,自然法法理学的根本命题可以同样被表述为主张人法和自然法之间的联系。当然,该标签的危险在于,其可能混淆阿奎那关于实践理性的理论之命题和其关于法理论之命题,并且将对上述理论中的某个理论的反驳视为对其他理论的反驳。

(overall well-being)。这是审慎价值理论(the theory of prudential value)的根本概念。说存在一个关于个体人的善的正确的、形式上为客观主义的观念,就等于主张如下观点:那些使得行动者(agent)处境变好的事态之所以据有此种地位并非由于行动者——无论实际的抑或鉴于理想化状态而以某种方式改进——的欲望、偏好、积极-态度(pro-attitudes)等。(这并非说,那些使得行动者处境好的事态可能不包括涉及行动者主观状态的事态。)

如下说法是一个有争议的命题:一个形式上客观的幸福观念是正确的。然而,这并非仅仅为那些被归类为自然法理论者的人所持有。与许多新亚里士多德主义者(neo-Aristotelians)一样,亚里士多德也持有此种观点,但亚里士多德主义者与上述自然法理论者并不一样。与康德主义者斯坎伦(Scanlon)一样(1998),格里芬(Griffin)这样的功利主义者也主张此种观点(1996)。此种观点的捍卫者所倾向于承认的特定善,并非为自然法立场所独有。所有这些观点倾向于承认如下事物为人类善:身体完整性(physical integrity)、知识、友谊、理性能动性(rational agency)、成就(accomplishment)、游戏和审美体验。尽管存在某些分歧,例如快乐、宗教是否应该被包含到上述列表中;但在诉诸善作为例子时，我将选择那些在客观主义幸福观念的主张者之间大体上无争议的善。

第二，对于成熟的成年人而言，此种——关于个体人的善的——形式客观的观念之内容至少大体上是可以被认知的。简单来讲，这是这样一种观点，即幸福的概要内容(contours)并非是专属于哲学家的领域，或者事实上并非是专属于任何类型的专家的领域；相反，这对于具有理性反省能力的成年人而言通常是可及的。再次强调，这根本不是一个为自然法立场所独有的观点，而是一个被广泛持有的观点。

第三，任何两个独特的个人(distinct individuals)的善之间相互不可通约(incommensurable)；而且事实上，任何两个——分离的人的集合(disjoint classes of persons)的善的——价值之间相互不可通约。这些都是强势主张。此处观点是这样的：如果一个人被要求去评价任何两个——分离的人的集合的善的——内在价值(intrinsic value)，其应该否认如下内容，即一个价值高于、低于或等于另外一个价值。在做出此主张时，我并不打算将"甲比乙更有价值"等同于"较之乙，我有充足的或者决定性理由更喜欢甲"。在此，事态的价值被理解为构成了支持如下主张的部分内容：那些有理由或者最多（most）理由去做什么或想什么的主张。所以，如果如下内容为真，即存在充足的理由或者决定性理由通过向左走去营救五个被困的矿工而非通过向右走去营救一个被困的矿工；那么，我所主张的不可通约命题（the incommensurability thesis）就排除了如下立场：坚持存在充分性理由或者决定性理由向左走的根据仅仅在于，相较于右边一个矿工的善，左边五个矿工的善更有价值。

对于不可通约性的论证如下。假设有这样一个选择，一个人拥有一种可以被用来促进甲或乙的善的资源。该选择通常在实践上是有意义的：一个人不可能通过其中一个选择实现所有的价值，就如同他不可能通过另外一个选择实现所有的价值，反之亦然。上述观点的证据在于，在任何此类情形下，一个人都可能意识到未采纳另外一个选项所导致的懊悔感觉。无论一个人选择什么，其终将失去某些本可以在其他选择中实现的价值。然而，说一个选项较之另外一个选项更有价值，就是说该选项包含了另外一个选项所包含的所有价值，甚至更多。说两个选项具有同等价值，就是说其中的每一个选项都包含另外一个选项所包含的所有善。由于上述所有情形在实践上都并非有意义的选择之情形，所以，所有独特的个人的善之间不可通约[格里塞茨(Grisez)1978;也参见墨菲2001a,第182—187页]。①

第四,存在众多对善的合理回应模式。在此,一个重要的直接比较对象是关于实践理性的后果主义理解。所有此类观点都是促进主义的(promotionist):他们认为对善的唯一合理回应在于促进之、产生之(参见墨菲2001a,第147—156页)。然而,似乎存在对善的其他理性回应模式。一个人也可以尊重善,或者荣耀善。然而"促进"这样的术语并不能够恰当地表现此种做法的合理之处。(我将在第六章第六节为此观点提供深入论证。)

本书前两章的论证并不依赖于上述四个自然法前提,本书其余章节中的多数论证都能够在不诉诸上述四个自然法前提的情况下展开。然而,在一些重要环节上,论证将不得不在如此抽象的层面上展开,以至于我们既难以遵循、评

---

① 重复一下:关于独特的个人的善之间的不可通约性之主张并不意味着,不可能存在决定性理由越过其他人从而促进某个个体人的善。唯有添加如下更深层次的前提,上述两者才具有蕴涵关系:除非某个个体人的善比他人的善更有价值,否则,我们从来不具有决定性理由越过其他人从而促进某个个体人的善。在我看来,这是错误的。一方面,如果一个人能够通过给甲一美元而促进甲的善,同时其唯有通过割断无辜者丙的喉咙来促进乙的善,则较之乙的善,其有决定性理由促进甲的善。由此,在促进不可通约的善的选项之间进行选择的一个方法,就是基于独立的根据排除其中的某个选项。在此类选项之间进行选择的另外一个方法,就是利用不偏不倚的规范(norms of impartiality),例如原初状态思考类型(original position type of thinking);如果我原本就不知道我是甲还是乙,那么我更偏向于帮助甲还是乙呢? 关于面临不可通约性时的理性选择,更多内容参见墨菲2001a,第198—209页,以及本书的第三章第五节;也可参见坎贝尔(Chappell)2005。

价之,又几乎无力抓住任何人的兴趣。然而,有了上述内容,我才能够继续展开关于政治问题的更为实质的阐述。我认为,由此增加的兴趣足以证立我的如下做法:开出一个论证性期票,其必须在其他地方被承兑(例如,墨菲2001a)。

第一章　自然法法理学的表述

一、自然法法理学的根本主张

自然法政治哲学以自然法法理学为先导。因为自然法法理学最为根本的主张是,法律由决定性①的服从理由支持;自然法政治哲学试图描述法律在此种意义上的在场(present)之条件。

"法律由决定性服从理由支持"这样一个命题的捍卫者所面临的直接挑战在于,其似乎要遭受由反例所引发的明显、致命的反驳。因为上述命题似乎意味着,如果一个人没

---

① 回想一下导论第一节中的内容:如果且唯有如果某个理由(或者理由集)使得 Ø-ing 是合理的,且这个理由(或者理由集)使得未能做 Ø 是不合理的,那么,做 Ø 的理由(或者理由集)就是决定性的。

有决定性理由服从某个指令,则该指令就不是法律。然而,我们似乎乐意承认那些我们对之不具有或者将来也不具有决定性服从理由的指令为法律。1850年《逃亡奴隶法案》(the Fugitive Slave Act)要求公民不要阻碍那些试图将逃亡奴隶遣返从而使之重归奴役状态的联邦警察,甚至要协助这些警察。该法案的通过是为了执行宪法条款;而且,该法案是被联邦立法机构以正当的形式制定出来的。该法案为社会所认可,且被司法机关执行。情况似乎是这样的,即不管该法案管辖范围内的人是否具有决定性服从理由,作为社会实践,《逃亡奴隶法案》就是法律。由此,拒绝《逃亡奴隶法案》是法律的做法,无非是混淆视听而已。然而,如果拒绝否认《逃亡奴隶法案》是法律,我们难道不是在拒绝自然法法理学的根本命题吗?

我们也可以换种说法。无论如何妥适地理解法律,我们应该承认,"法律"这个词语的指涉对象由社会实践所确定。无论我们是否认为,就"法律"一词的用法确定该词的指涉对象而言,某些人(例如法官)具有优先地位;我们都应该承认存在如下情形:有这样一种广泛共识,即严重不道德的规则仍是法律。就确定"法律"一词的指涉对象而言,社会实践是基石。由此,无论何种关于"法律"的分析,如果其蕴含着这样一种观点,即在社会实践似乎一致认可的事实

中也会存在谬误;那么,该种分析必然是错误的。正如比克斯(Bix)所言:

> 基本要义在于,"法效力"这个概念与如下事物具有紧密联系:特定社会承认的和国家执行的具有约束力内容。看起来相当清楚的是,在许多社会中,不道德的法律被承认具有约束力并且被执行。有人可能回应道,这些不道德的法律并非真正具有法律效力,当那些官员视不道德的规则具有法律效力时,他们正在犯错误。然而,这仅仅是玩弄文字把戏而已,而且是令人困惑的把戏。我们使用"法效力"来意指任何在惯习上被承认具有约束力的东西。所有官员都可能在什么东西具有法律效力这个问题上犯错误,这样的说法近乎胡说八道。
>
> (比克斯2002,第72—73页)

马默(Marmor)提出一个拒绝自然法命题的类似根据:

> 以某个特定法律体系为例,比如公元1世纪的罗马法。让我们假定一个特定规范P在那时被罗马法律人(lawyers)承认为其法律体系的构成部分。就此,有人

可能会说,该法律人群体已然犯下错误,因为根据法律的"真正本质",P即使在当时也并没有落在其法律体系的外延之内,哪怕该法律人群体并没有能力认识到这一点。上述说法有意义吗?

我相信,针对上述问题,否定性答案几乎不证自明。此种发生在法律领域内的广泛范围的错误性识别将是极度神秘的。

(马默1992,第96—97页)

针对上述反复出现的对自然法法理学的批评方式,有理论者近来回应如下:自然法理论其实从来没有致力于否定如下明显的事实,即可能存在严重不道德的法律,处于该法律管辖范围下的人缺乏适当的理由服从之,更没有决定性理由服从之[参见索珀(Soper)1983,第1181页;乔治(George)1996c,第viii页;比克斯2002,第63页]。沿着上述回应线索有多种进路;其中一种,我称之为自然法的"道德"解读命题。据此种解读,在主张法律和理由之间存在联系时,所有自然法理论者想要做的事情是发出一个夸张的提醒:对某些法律的遵守将构成对合理性(reasonableness)的如此远的偏离,以至于没有适当的理由遵守这些法律;唯一值得我们服从的法律是满足最低限度的特定合理性标准的法律。由此,罗伯特·乔治讲道:"自然法理论者的主张(是)……加之于实在法之上的道德义务性(moral obligatoriness)在本质上是附条件的"(乔治1996c,第 viii 页)。

有两个理由拒绝乔治对自然法命题的解读。第一,该解读将自然法命题从一个隶属于分析法理学的主张转化为一个隶属于道德哲学的主张。如此理解,自然法观点根本不关注于法律的定义性条件,而是仅仅关注于行动者应该如何回应法律的要求。如下看法就其自身而言是不合理的:自然法理论者的关切不是提出关于法律的性质之主张,而仅仅是提出关于服从法律的道德之主张。请记住,典范自然法理论者阿奎那是在如下语境下表述其自然法命题的:一般性地谈论法律的性质,其中许多内容无关乎实践关切(导论第一节)。而且,进一步而言,这就要求在我们大脑中置入这样一种想法,即自然法法学家和其对手之间数个世纪的争论无非是陷入了关于"自然法理论者主张什么"的误解之泥潭中,这个误解既来自于自然法理论者也来自于其对手。① 第二,被解读为道德命题的自然法主张极为无趣,这样的主张在道德和政治哲学史中几乎被每个人接受;

---

① 当然,我乐于承认:论证有时候是目的-交叉的,而且,这在很长一段时间内都可能未被意识到。然而,如下主张令人难以想象,即这样一个争论能够在如下两方之间持续展开:其一,主张排他伦理学命题的一方;其二,主张严格法理学命题的另一方。

所以,其并不值得被如此详加探讨。

我们要寻找的是这样一种对自然法命题的理解:一方面,其要维持自然法命题作为分析法理学之争议主张的地位;另一方面,其还要指明回应上述明显异议的理论渊源。所谓"指明回应上述明显异议的理论渊源",就是指出坚持如下观点的理由:要么自然法命题并不蕴含这样一种主张,即《逃亡奴隶法案》不是法律;要么尽管自然法命题蕴含上述主张,但我们仍可以理解,为何此种蕴含并非如此极度反直觉以至于自然法理论任人唾弃。

考虑一下如下两个对自然法命题的法理学解读,我分别简单地将之称为更强和更弱自然法命题。根据更强解读,法律由决定性服从理由支持与三角形有三条边属于同样类型的命题。存在这样一类命题形式"集合 S 中的对象都是 P"或者"某个 S 是 P",如果添加"x 不是 P"这样一个前提,我们就可以推导出结论"x 不是 S"。三角形有三条边属于此种类型:从三角形有三条边和这个图形不具有三条边,我们可以推导出这个图形不是三角形。根据自然法命题的更强解读,从法律由决定性服从理由支持和这个指令不由决定性服从理由支持,我们可以推导出这个指令不是法律。正是该自然法命题的更强解读为我们所习以为常的自然法格言"恶法非法(lex iniusta non est lex)"进行了背书。

鉴于如下进一步的合理前提,即一个人不可能具有决定性理由去遵守一个要求行不义的法律;所以,强自然法命题就意味着,不公正的法律根本不是法律。

相反,根据更弱解读,法律由决定性服从理由支持与三角形有三条边不属于同样类型的命题。相反,根据此解读,法律由决定性服从理由支持类似鸭子是游泳能手这样一个命题。存在这样一类命题形式"某个 S 是 P"或者"集合 S 中的对象都是 P",如果我们添加"x 不是 P"这样一种前提,我们从中不可以推导出结论"x 不是 S"。相反,我们可以推导出(而且仅仅可以推导出)"或者 x 不是 S,或者 x 是一个有缺陷的 S"[参见汤普森(Thompson)1995 和富特(Foot)2001,第 30 页]。所以,假如我们偶遇一个并非游泳能手的动物,我们不能得出这样的结论,即这个动物不是鸭子;我们能得出的结论无非是,其不是鸭子,或者其是一只有缺陷的鸭子。根据对自然法法理学根本命题的此种更弱解读,我们无法从"一个指令不由决定性服从理由支持"中推导出"其不是法律"。我们唯一能够推导出来的结论是"其不是法律,或者仅仅就作为法律而言其是有缺陷的"。①

---

① 罗伯特·阿列克西(Robert Alexy)将某个规范的合法性标准与某个规范在法律层面的非缺陷性标准之间的差异标示为"区分性(classificatory)"和"品质性(qualificatory)"之间的差异。参见阿列克西 1998,第 214 页和阿列克西 1999,第 24—25 页。

上述每个关于自然法命题的解读都成功地保持了其法理品性而非道德品性,也即其均是关于法律性质的主张。然而,对于上述每个命题而言,其都面临着亟须处理的难题。对于更弱解读而言,亟须处理的难题并非其要遭受源自《逃亡奴隶法案》的反驳。因为更弱解读并不意味着,《逃亡奴隶法案》不是法律;其仅仅意味着,《逃亡奴隶法案》不是法律,或者是有缺陷的法律。然而,此种关于更弱解读如何避开《逃亡奴隶法案》的描述,可能将更弱解读置于遭受来自相反方向反驳的境地,即其面临源自浅薄(triviality)的类似指责,此种指责已被我用来批判乔治关于自然法命题的道德解读。根据道德解读,人们不应服从那些没有好的理由去遵守的法律。根据更弱的法理学解读,那些人们没有好的理由去遵守的法律,至少是有缺陷的。较之道德解读,更弱的法理学解读难道不是更无趣吗?之所以说更无趣,因为道德解读至少识别出所涉及的缺陷,即不值得服从;然而,更弱的法理学解读却仅仅论及指令存在缺陷而已。所以,就人们为何会认为自然法命题的道德解读绝不"乏味(banal)"而言,比克斯感到有点困惑。他随即将道德解读等同于这样一种观点,即不道德的法律是法律之腐化(perversion),或者其作为法律是有缺陷的(比克斯2000,第1620页,注34;也参见比克斯1999,第30页)。

除非混淆关于缺陷性(defectiveness)的特定观念与关于令人反感性(objectionableness)的更一般化观念,上述反驳不会有立足之地。如果更弱解读单单意指,非由决定性服从理由支持的法律在某种程度上是令人反感的,那么,无疑此种解读不会引起人们多少关注。然而,有缺陷这个概念不能被等同于令人反感这个概念:某个事物可能展现在某些方面令人反感的特征,但该特征无论如何却无法构成该事物的缺陷。情况也许是,鸭子身上某种特定类型的羽毛可能确实非常丑陋。在某种明显意义上,一个人会认为具有上述羽毛的鸭子令人反感。然而,上述羽毛的出现并不会如上所言那样使鸭子作为鸭子而言有缺陷。再次:有可能,由于鸭子过多从而给人类造成不便,我们可能正当地认为鸭子的繁殖令人反感。然而,两个鸭子设法繁殖的做法并不由此就构成其自身的缺陷。我们可以说,鸭子的缺陷性标准内在于鸭子的生命:能够算作鸭子的缺陷的东西,并非任何关于鸭子令人反感、不愉快或者无益的东西,而仅仅是鸭子就其物种生命形式而言的不足之处。缺陷的观念是类型-特定的(kind-specific),即通常要参照所涉事物的类型来理解之。正如汤普森的评论那样,"对自然缺陷的真正判断提供了关于对象的'内在批判'"(汤普森 1995,第296页)。

未能明确地标示出有缺陷和仅仅在某些方面令人反感之间的差异，也给克雷茨曼（Kretzmann）针对自然法"恶法非法"命题本来也许合理的弱解读提出了挑战。克雷茨曼通过指出下述内容来捍卫上述口号：一个普遍的现象是，一个术语具有非评价性和评价性两套适用条件（克雷茨曼1988，第102—107页）。所以，一个人可能主张，这个医生根本不是医生，或者一个人的儿子根本不是儿子。在上述每种情形下，前一术语的正确适用完全依赖于非评价性条件（对于前例而言，具有被社会承认的医师证书；对于后例而言，可能是一个人的男性生物学后代，或者是在法律上被承认为特定类型的男性被抚养者），后一术语的正确适用至少部分依赖于评价性条件（就促进健康而言具有适当的关爱之心和能力，或者给予父母适当的关怀和尊敬）。正如拉塞尔（Russell）指出的那样（2000），克雷茨曼并没有充分阐释评价性和非评价性适用条件之间的关系的本质，由此使得克雷茨曼的观点遭受如下指责：恶法主张在如下意义上可能为真，即包括最为强硬的实证主义者的人都能接受之。在本质上，拉塞尔的主张是，克雷茨曼并没有证明恶法命题更像（有趣的）弱自然法解读而不像（无趣的）道德解读。为避开拉塞尔的批评，克雷茨曼需要证明：评价性条件——未能满足此条件将导致自然法理论者称某个规则"根本不是法律"——内在于法律,且其如上那般真正地算作其自然缺陷。

由此,关于自然法命题的更弱理解是一个有趣且有争议的观点。因为更弱法理学解读的捍卫者主张,存在某些关于合法性(legality)、作为法律(being law)的内在标准,以至于不由决定性服从理由支持的法律不符合上述标准,从而就仅仅作为法律而言是有缺陷的。无论自然法命题的弱理解的缺点是什么,浅薄都不属于其缺点。

显然,对于更强解读而言,浅薄也不构成问题。正如《逃亡奴隶法案》反驳所表明的那样,更强解读的问题在于:其未支持如下规则作为法律的资格,即作为社会事实而被指认为法律的规则。由此,面对单单由反例所构成的反驳,更强解读显得似乎不堪一击。更进一步而言,即使那些同情自然法理论的人也认为,强观点不仅错误,而且不融贯。例如菲尼斯就主张,就字面含义进行解释,"不公正的法根本不是法"这个自然法格言"毫无意义、明显矛盾"(菲尼斯1980,第364页)。索珀写道"此种极为明显的矛盾"表明,没人曾经打算主张强自然法命题(索珀1983,第1181页)。乔治评论道,阿奎那非常乐意谈论不公正的法律,这样的事实表明作为典范的自然法立场并非恶法命题(乔治2000,第1641页)。所以,更强解读遭受如下两个批判:其一,就其关于法律必然展现的特征的命题而言,存在明显的反例;其二,其命题确实不融贯。

强解读的捍卫者应该通过对不融贯主张的反驳,从而回应如下指责,即他或她的命题真的没有机会成功。第一,显然,强解读的捍卫者根本没有必要以习以为常的自然法格言"不公正的法根本不是法"来表述他或她的立场。鉴于自然法命题的一般表述为这样一种主张,即法律由决定性服从理由支持,所以人们完全可以抛弃上述自然法口号。我们可以将其否定性意蕴表述为这样一个命题:如果人们对一个指令(或者命令、规则等)缺乏决定性服从理由,那么该指令就不是法律。由此,上述自然法口号中的矛盾在此完全消失。第二,然而,即使一个人仍旧坚持自然法口号,矛盾的指责也可以被转移。通常,诸如"一个……X 不是 X"的断言并非矛盾。大卫·里昂斯(David Lyons)指出,"假冒的美元根本不是美元"明显为真(里昂斯1984,第62页),"伪造的钻石不是钻石"也明显为真。通常,如果在"一个……X 不是 X"中的空白处填充一个否定性形容词(alienans),即一个特定类型的定语性形容词(attributive adjective),则"一个……X 不是 X"就不再矛盾。"伪造的"通常就是这样一个否定性形容词,所以"伪造的钻石不是钻石"不再矛盾:"伪造的钻石不是钻石"被分析为"没有任何既是伪造的同时也属于钻石的东西是钻石",这是不恰当的。然而,某些形容词仅仅在特定语境——适用到特定名词——时才算作否定性形容词。"玻璃的"通常并非否定性形容词(玻璃拖鞋是拖鞋),但其也能够作为否定性形容词(玻璃钻石不是钻石)。"橡胶的"通常并非否定性形容词(橡胶带子是带子),但其也能够作为否定性形容词(橡胶鸭子不是鸭子)。主张强观点的自然法理论者可能主张,在"恶法非法"主张中,当"恶"修饰"法"时,"恶"就是否定性形容词。或者,回到我所采用的自然法法理学表述,强自然法理论者可能主张,当修饰法律时,"不由决定性服从理由支持"是否定性形容词。无论哪种方式,强自然法观点都避开了菲尼斯的指责,即强自然法观点完全矛盾。[关于对否定性形容词的简单讨论以及其作为定语性形容词的地位,参见吉奇(Geach)1956,第33—34页。]

确实,对用"恶法非法"口号来表达基本自然法命题思想的妥适性之反省,能够帮助我们看到为何如下内容并非如此显而易见:自然法命题的强解读如此轻易地俯首于源自《逃亡奴隶法案》的反驳。在此视角下,"不由决定性服从理由支持的法律"就像"玻璃钻石"一样。之所以"玻璃钻石"这个表述可以被用来恰当地描述某些根本不是钻石的东西,这是因为如下事实:这些事物看起来像钻石并且能够引发钻石所能引发的某些兴趣等,以至于被人们视为钻石。确实,这些东西之所以具有钻石的特征,就是为了引发人们视其在某些方面为钻石。同样,依照强解读,不由理由支持的法律确实根本不是法律,但其可能确实具有真正法律的某些特征,这其中最为明显的特征莫过于恰当的渊源谱系。这些特征可能使得那些身处其中的人将之视为一条其自身具有决定性服从理由的指令。确实,一个法律规则之所以具有这些特征,就是为了使人们将其视为真正具有相当分量的服从理由的东西。

比克斯主张,如下做法会招致不融贯的指责,即拒绝赋予那些在惯习上被承认为法律且作为法律被执行的指令以法律效力。强自然法理论者又应该如何回应比克斯的上述主张呢?如果任何关于法律的阐述的成功标准是,公民或者官员认定为"法律"的东西都是"法律",那么,我们当然应该承认强自然法观点注定失败,因为强自然法观点无疑拒绝认定其中某些东西为"法律"。然而,我们会追问:我们是否要视上述一般性共识牢不可破。作为一个有启发意义的类比,考虑一下范·因瓦根(van Inwagen)关于"布莱戈(bliger)"的故事:

当第一批移民者到达之前尚无人定居的普卢若利亚（Pluralia），他们观察到（通常从相当远的距离）一个似乎是黑色老虎的东西，并且他们为之杜撰了一个名字"布莱戈"……然而，在定居普卢若利亚几个世纪之后，一个国外的动物学探险队发现，在某种程度上讲，不存在布莱戈。他们的报告显示，"布莱戈（Quasi-Tigris Multiplex Pluralianus）其实是六个动物。它的'腿'是四只猴子式的生物，它的'躯干'是一种树懒，它的'头'是一种猫头鹰。任何合适种类的六个动物都能暂时结合起来形成布莱戈"。（人们利用望远镜观察到了持续数个小时的结合。）此种幻象令人惊叹。即使一个训练有素的动物学家从十米开外观察布莱戈，其也会发誓观察到了一个单个的、一体化的动物。尽管此种结合的目的无疑在于通过产生一个巨大的、危险的食肉动物的幻象来保护其成员免于捕食，然而，我们所能够做的事情，无非是猜测关于此种神奇的共栖关系的进化史。

（范·因瓦根1990，第104页）

我们从该故事中能够得出什么寓意呢？目前答案并不完全清楚。范·因瓦根得出这样的寓意，即当普卢若利亚人(Pluralians)说"后面土地上有布莱戈!"以及类似的话语时,他们仍旧在说实话;当说"后面的土地上有布莱戈!"时,普卢若利亚人并没有就如下内容发表看法:那些以布莱戈方式组合到一起的不同对象是否构成一个对象即布莱戈。如果我对梅里克斯(Merricks)的理解正确的话(2001),梅里克斯的主张是,当普卢若利亚人说"后面的土地上有布莱戈!"时,他们在说假话:尽管他们所说的话几乎如同真的那般好,而且对于正常的实践目的而言足够好,然而,他们所说的话显然是假的。无论人们以何种方式解读此故事,我认为正如范·因瓦根主张的那样,存在做出如下合理主张的可能性,即确实不存在布莱戈。在范·因瓦根看来,为了使得上述断言有意义并且区分于普卢若利亚民众的言说方式,我们所需要做的事情是给该主张提供注释。在梅里克斯看来,如果我们未被迷惑的话,该主张根本无须注释;需要解释的是:相较于说"后面土地上有独角兽",为何普卢若利亚人说"后面土地上有布莱戈"时更少困惑。无论哪种观点,在范·因瓦根的故事的语境下,我们能够使得取消布莱戈的理论(eliminativism)讲得通。

强自然法理论者应该主张的内容是,不由决定性服从理由支持的法律之地位,就如同布莱戈在范·因瓦根故事所处的地位。作为社会实践,不由决定性理由支持的规则被公民、官员承认为法律，且具有约束力。这些不由理由提供支持的规则是否真正是法律呢？就此所关涉到的这个哲学问题而言，上述事实却并没有使得公民和官员永不可谬。如同布莱戈的情形一样，强自然法理论者在此可以采取如下两条进路之一。其一，强自然法理论者可以主张，尽管民众的"某些不公正的法律是法律"说法非常正确，但是从某种非常重要的角度上讲，这些不公正的法律并非法律。此种类型的强自然法理论者的核心任务在于：解释此种角度为何，并且证明此种角度充分有趣。（一个人不可能仅仅从"值得服从"的意义上讲，不公正的法律不是法律，否则这个人就要承担如下代价，即其无非是主张自然法命题的无聊道德解读而已。）其二，强自然法理论者可能主张，从法律的通常意义上讲，如果人们没有理由服从某个法律，则该法律根本不是法律。我认为此处的任务在于证明：就"指定某些特定规则为法律"的社会实践而言，存在某些假定；这些假定经由更深入的分析可以被揭示出来，但这些假定最终仍旧可能是错误的。经由更加深入的考察可以得出这样的结论，即布莱戈并非一个动物而是六个动物。然而，鉴于"布莱戈是一个动物"之于布莱戈-谈论（bliger-talk）的实践的核心地位，最为直接的推论是，确实不存在布莱戈。经由更加深入的考察可能得出这样的结论，即不由行动的决定性理由支持的法律缺乏某些特征,这些特征的存在被视为构成法律实践的关键环节。如果最终确实如此,那么最为直接的推论是,确实不存在不由行动的决定性理由支持的法律。

现在,一个人可能回应说:即使强自然法理论者的主张——不由决定性服从理由支持的法律根本不是法律——并非不融贯,在布莱戈情形和不由决定性理由支持的法律的情形之间仍旧存在重要差异。就布莱戈的情形而言,我们承认存在某些不正常的东西,也承认在普卢若利亚人的布莱戈-谈论情形和真实情形之间至少存在潜在的紧张关系。然而,就强自然法理论者标榜的关于法律的主张——法律必然由决定性行动理由支持——而言,我们却可以仍旧无动于衷。官员一如既往地适用不公正的法律(或者承认其是法律,但拒绝适用之),公民一如既往地服从、改良之,他们丝毫感受不到任何紧张关系。这难道不就证明了如下看法:即使存在概念空间允许我们主张强自然法理论者想要提出的那种类型的观点,但"法律必然由此类理由支持"这样的观点确实没有根据?

并非如此。第一,强自然理论者想要做出的主张并不直接意味着,民众——一般民众或者法律官员——不能一如既往地适用"法律"一词。这一点(至少似乎)从修正的形而上学理论(revisionary metaphysical theories)层面来看是相当清楚的,这些理论本身并不建议改变日常语言的实践。第二,民众对强自然法理论的主张无动于衷,这样的事实并没有证明强自然法理论的主张是错误的。语言的日常使用者在如下事项上并不具有终极权威:其所使用的术语的分析之正确性,关于其参与其中的实践之假定。再次,考虑一下布莱戈。假设我们给一个普卢若利亚人展示关于布莱戈的事实,然而,这个普卢若利亚人依旧认为存在布莱戈。哲学家可能指出,关于布莱戈-谈论的某些特征非常清楚地显示,对于将后方土地上的一团东西以及其他类似东西认定为布莱戈而言,如下这一点至关重要:它们是单个、持久的物体,而非动物之间的临时结合。然而,普卢若利亚人可能就是看不到这一点。尽管普卢若利亚人对术语"布莱戈"的使用方式确定了其指涉对象,但就他们的使用方式如何确定该术语的指涉对象和他们在任何特定时刻是否正确适用了该术语而言,他们在个体层面或者集体层面都不享有某种类型的不可谬性。这同样适用于法律。就将一些现象标示为法律而言,起始点在于某些人类行动者的实践。然而,这并没有使得这些行动者在如下方面不可谬,即他们是否正确地将特定事物视为法律的例子。当然,我承认比克斯的观点给强自然法理论者造成了很大麻烦。然而,相较于任何哲学家在他或她的观点悖逆于常识时所遭受的压力,此种压力并不算更大。强自然法理论者承受着论证如下观点的重担,即由决定性理由支持对于法律而言至关重要。下面的事实使得上述重担更加沉重:此种观点使得他或她持有这样的命题,即存在许多被社会用来施加制裁的规则,这些规则被公认为"法律",但其实根本不是法律。然而,我们已然知晓这一点。某个哲学立场的捍卫者需要为其立场论证,这并不构成对该哲学立场的批判。

17 　一个人可能同意我在布莱戈情形中的多数论证,却拒绝如下两者之间的类比:其一,动物学探险队拒绝承认不莱戈的存在;其二,强自然法理论者拒绝承认不由决定性理由支持的法律的存在。在评论近来关于分析法理学的成功标准之阐述时,莱特非常有益地区分了如下两种做法:其一,将法律的概念视为自然类型概念["此种概念的外延仅仅由如下事物确定:人们普遍接受的由科学归纳(合乎法则地)所确定的事物范围"];其二,将法律视为一个诠释性概念["任何满足如下条件的概念:(i)其起到诠释性角色,即其在人类如何使自己以及其实践对于自己而言显得可理解(intelligible)方面起到作用;(ii)其外延由上述诠释性角色确定"](莱特2003,第40页)。在普卢若利亚人话语中,布莱戈的概念是一个自然类型的概念。然而,视法律为诠释性概念的做法现在却深入人心。有人可能认为,布莱戈的概念和法律的概念之间的上述差异可能被转化为这样的差异：就概念所适用的对象而言，概念的使用者在多大程度上能够大面积地犯错。然而，针对法律的概念，我们为什么要接受那种要求在自然类型或者诠释进路之间排他性地二选一的观点呢？这远非清晰可见。而且，即使我们接受上述观点，其为何就转化成为对强自然法理论者必然主张的可谬性之拒绝呢？这也远非清晰可见。

第一，任何能够紧紧捕捉到人的自我理解并且具有实践性（即关涉到行为指引）的概念，其都要使自己体现在那些以该概念来理解自身的人的行为倾向中。法律正是此种概念。所以，法律必将以如下方式被理解：一方面，就法律这个概念在自我理解方面的角色而言，此种方式是恰当的；另一方面，就关于——针对法律制度而言的——人之行为的恰当的民众惯习的或者社会科学的归纳而言，此种方式能够在其中占有一席之地。换种方式来说，如果我们要致力于给出一个恰当的作为诠释概念的法律之阐述，我们就要知道，如果该概念不能够被置于社会科学的归纳中发挥作用，则我们就失败了。如果上述所言正确，则就像布莱戈的概念一样，法律的概念也起到了自然类型概念所起的作用。所以，上述两种概念之间并不存在如此严格的区分，以至于足以使得一个人就如下问题犯嘀咕：在将某些对象识别为布莱戈的情形之下可能大面积地犯错,是否表明在将某些对象识别为法律的情形之下也可能大面积地犯错。

第二,即使完全关注于作为诠释概念的法律,如下内容也绝非一目了然:诠释概念为什么不能允许概念使用者在适用过程中大面积地犯错。如果对于作为语言使用者(language-using beings)的我们的自我理解而言存在某些核心概念,那么诸如断言(asserting)、质问(questioning)、命令(commanding)和认为(deeming)等的言语-行为(speech-acts)概念位列其中。然而,似乎非常清楚,就上述概念在特定类型情形下的适用而言,许多人可能犯错。我们可以确定地说,道德或宗教概念的绝大多数使用者,视其对这些概念的相当多的用法为断言性的(assertive),无论是积极的还是消极的(给牛津救济会捐助是正确的或不正确的;上帝存在或者不存在)。然而,当逻辑实证主义宣称这些使用道德、宗教概念[或者伪-概念(pseudo-concepts)]的方式根本不是断言性的[例如,艾耶尔(Ayer)1946(1936)],无论其最终合理性如何,他们的主张显然并非不融贯。即使语言的使用者、言说者和听者主张断言正在被做出和回应,我们仍旧可以这样回应:这些使用者困惑于何者是真正的断言。而且,此种批判者必将追根溯源地诉诸断言的构成性特征(constitutive features),这些断言的构成性特征——在逻辑实证主义者看来——在道德和宗教言说中事实上并不存在。

所以，虽然比克斯摒弃了强自然法法理学的主张，但一种攻击比克斯的方式在于，证明其做法在根本上低估了概念使用者在使用这些概念的过程中的可谬性。然而，回应比克斯的不融贯指责的另外一种方式在于，证明上述指责甚至同样适用于那些自我定位为反对自然法理论的法理学者的广为流行的观点。如果比克斯正确的话，那么作为法理学理论的一个适格条件在于：如果某些社会的所有法律官员坚持"x 是该社会中的法律"，则由该理论就必然要推导出"x 是该社会中的法律"。然而，包括奥斯丁式（Austinian）粗糙法律实证主义和哈特式（Hartian）精致实证主义在内的现有法理学理论都未满足上述限制条件。所以，比克斯的论证失败之处在于，其试图证明过于夸张的观点。

在此，我仅仅期望证明，奥斯丁式和哈特式实证主义都未能满足上述限制。根据奥斯丁的一般法理学理论，每个法律都是一个由主权者发布的且以制裁为后盾的命令[奥斯丁 1995（1832），第一讲，第 21 页]。制裁是针对违反命令的对象实施的、无可置疑的不利后果之威胁[奥斯丁 1995（1832），第一讲，第 22 页]。从奥斯丁的观点可以推导出，所有法律都以制裁为后盾。然而，可能存在这种情况：某些社会中的所有法律官员可能都坚持认为，不以制裁为后盾的特定规范也是法律。如果奥斯丁的观点为真,没有制裁的法律根本就不是法律。由此,奥斯丁式实证主义违反了比克斯的限制条件。①

19 我们再来看哈特的观点。在一个特定社会里某个事物是否是法律?站在哈特的立场上,这依赖于这个事物是否被承认规则承认为法律;而所谓承认规则通常是极为复杂的规则,这些规则指引法律官员制定、识别和适用法律[哈特1994(1961),第94—95页]。从哈特的观点可以推导出这样的观点,即没有任何法律不被承认规则确认为法律。然而,情况也可能是这样的:某些社会中的所有法律官员可能都坚持认为,某些未被承认规则所确认的特定法律也是法律。(承认规则的内容可能是:如果规范 N 是最初被正式通过的宪政体系的一部分,则其就是法律。然而,就规范 N 是否是最初被正式通过的宪政体系的一部分,他们可能都

---

① 比克斯正确地指出,就反对布莱克斯通(Blackstone)的自然法观点而言,奥斯丁的论证存在可疑之处。在此,奥斯丁讲道:"说与神法相冲突的人法不具有约束力或者不是法律,这是无稽之谈。最为有害的法律,以及那些违反上帝意志的法律,其也从来都是并且继续是司法审判机构强制实施的法律。假设主权者以死刑的方式禁止某个行为……假设我实施了此种行为,我以违反上帝之法为理由反对此种判刑……法庭依然会依据我已经指责为不具有法律效力的法律,驳回我的辩护理由,依然会将我处以绞刑"[奥斯丁 1995(1832),第五讲,第158页]。正如比克斯所指出的那样,奥斯丁的论证过头了:推而广之的话,其将排除官员的任何法律错误,此种立场仅仅为最早的法律现实主义所主张(比克斯1993,第86页)。

持有错误的观点。)如果哈特的观点为真,未被承认规则确认的法律根本不是法律。由此,哈特式实证主义违反了比克斯的限制。

在此,有人可能这样反驳:尽管所有法律官员可能在"被承认规则确认为法律的东西是什么"方面都犯迷糊,但他们完全不可能在"承认规则是什么"方面犯迷糊。然而,尽管我们当然应该承认,法律官员的实践是使得承认规则成其所是的东西,因为承认规则并非某些法律官员要能够使其清晰可见的东西;但所有法律官员可能都深深地迷惑于承认规则是什么。被承认规则学说真正证立的全部东西在于:在法律官员的真实实践中存在某些东西,这些东西确立了承认规则的内容。然而,如下观点与上述立场一致:在我们乐意称之为"法律官员的真实实践"的任何活动中必然存在为真的东西(a necessary truth),这使得我们坚持"就任何非由行动理由充分支持的规则而言,承认规则不可能赋予其法律效力"。"存在此类必然为真的东西"的说法可能是错误的,但此种观点绝非不融贯。

事实上,如下内容足以证明哈特式实证主义违反了比克斯的限制:关于承认规则的哈特式学说意味着,要么所有法律官员在"承认规则是什么"方面可能犯错,要么所有法律官员在"一个特定的例子是否是法律"方面可能犯错。再想象这样一个社会,其中所有法律官员似乎被如下规则指引,即"如果规范 N 是最初被通过的宪政体系的一部分,则其就是法律"。他们全都明确接受这个规则,即"如果规范 N 是最初被通过的宪政体系的一部分,则其就是法律"。然而,他们全都错误地认为某些例子 n 是最初被通过的宪政体系的一部分,他们由此全都认为 n 是法律。而且,如果他们认识到 n 事实上并不是最初被通过的宪政体系的一部分,那么他们全都会停止说 n 是法律。(假设 n 事实上并没有被承认规则的任何其他元素承认为法律。) 我们不得不在如下两者之间二选一:要么当所有法律官员说"'如果规范 N 是最初通过的宪政体系的一部分,则其就是法律'是承认规则的一部分"时,他们是在犯糊涂;要么当所有法律官员说"n 是法律"时,他们是错误的。两者似乎都违反了上述限制条件;根据比克斯的说法,上述限制否定了强自然法命题。

在此,我们再讨论最后一个关于自然法法理学基本命题的评论。有时候对自然法法理学的批评是这样的,即其混淆了"法律是什么"和"法律应当是什么"。现在,如果确实如此,这算是一个严肃的批评。除了关于上帝的理论,任何将"x 是什么"等同于"x 应当是什么"的理论都是错误的。然而,自然法法理学显然并不接受上述批评。第一,弱自然法命题容许有缺陷的法律,其肯定没有将"法律是什么"等同于"法律应当是什么"。所以，唯有强版本的自然法法理学需要认真对待上述批评。第二，上述反驳也不适用于强版本。因为有可能在某些事项上应该存在法律，但事实上却不存在：立法机关可能疏于履行自己的责任，未通过那些必不可少的法律。所以，我们也许不需要认真对待上述口号式的反驳。我们最好将其解读为这样的反驳：根据自然法理论者的观点，"不应该是法律的东西"属于"不是法律的东西"的子集；如果某条措施不应该是法律，那么强自然法观点就拒绝赋予其法律地位。然而，此种带有责备意义的反驳也错失焦点。因为可能存在满足强自然法标准并且由此算作法律的规范，但其仍旧不应该是法律。可能存在这样的规范，其或者在内容上或者在通过方式上稍微偏离正义，但是我们在此仍旧存在决定性服从理由。（想象这样一部税法，相较于那些境遇糟糕的人应该得到的东西，该税法给予这些人的东西稍多一些。）

上述反驳缺乏根据。无论是强或弱版本的自然法理论者，其兴趣在于主张"法律的存在"和"法律的规定性效力（prescriptive force）"之间的联系。然而，上述反驳却假定自然法理论者的兴趣在于主张"法律存在"和"法律存在的可欲性"之间的联系。一个可能的（would-be）规则的"规定性效力"和"其存在的可欲性"之间的联系是偶然的。任何改良版本的反驳都无法适用于一种可被认可的自然法观点。

我们尚未发现去相信更强或更弱的自然法命题解读的任何理由。然而，我们已经看到，作为具有诸多鲜活可能性的理论，两者都从已有批判中成功突围。

二、自然法理论和法律实证主义

近来有这样一些做法，其试图在自然法法理学和法律实证主义之间搭建某种类型的和解桥梁。这在某种程度上令人吃惊，因为如果存在某种东西将法律实证主义界定为一个运动的话，那么此种东西其实就是对自然法理论的拒绝。隐藏在上述和解做法背后的观点似乎是这样的：法律实证主义误解了那些对于自然法立场而言具有核心地位的内容，所以实证主义者一直以来念兹在兹要拒绝的内容其实并非自然法观点的核心要素，实证主义者一直以来念兹在兹要主张的内容兼容于自然法观点，甚至就是自然法观点的一部分。我们已经看到此类和解的一种努力，即自然法理论者命题的道德解读（第一章第一节）。如果所有关于自然法理论者的命题的内容无非就是这样的意见，即某些法律如此邪恶以至于其不应该被遵守；那么如下内容将是显而易见的，即实证主义者将几无可反对的内容。因为法律实证主义是关于"法律的存在以及法律何时出现"的命题,其并非关于"何时服从法律是应当的"的命题。而且,如下事实一直以来都是法律实证主义作品强调的主题:可能存在恶法,就此而言需要广泛改革甚或不服从[参见哈特1983c(1958)]。然而,我们已经拒绝了自然法命题的道德解读,我们坚持的自然法命题是法理学命题而非道德命题。但是,我们已经考察过的强、弱自然法命题的法理学解读又在何种程度上兼容于法律实证主义呢?

有多少令人困惑的关于自然法理论的根本主张的陈述,就有多少令人困惑的关于法律实证主义的根本主张的陈述。然而,所有这些法律实证主义者都主张某些诸如朱尔斯·科尔曼(Jules Coleman)所谓的"分离命题(separation thesis)"的内容:

> 至少存在一个可以想象得到的承认规则(由此一个可能的法律体系),其并不将作为道德原则的真值(truth as a moral principle)规定为任何法律命题的真值条件。
>
> (科尔曼1982,第141页)

其他不说,承认规则是这样一个规则,即其他规范借此获取它们作为法律的地位[哈特1994(1961),第100页;

关于承认规则的不同功能的阐述,参见科尔曼1996]。所以,依照科尔曼所表述的分离命题,可能存在这样一个承认规则:其赋予某些规范以法律地位,不管这些规范是否是真正的道德原则。

尽管科尔曼所表述的分离命题肯定会被所有法律实证主义者主张,①但其可能被表述的更宽泛化,由此承载更多信息,同时还丝毫不丧失实证主义者的支持。科尔曼对分离命题的表述过于狭隘的第一处表现在于,他仅仅关注于"道德原则"。之所以这么说科尔曼,因为实证主义一直以来其实不仅仅致力于专门否认法律和道德价值领域之间的必然联系,而且更致力于广泛地否认法律和实践合理性领域之间的必然联系。上述表述过于狭隘的第二处表现在于,其诉诸"作为道德原则的真值"观念。依此陈述,分离命题兼容于如下主张:任何可以想象得到的承认规则,都将"与真正的道德原则相一致"规定在任何法律命题的真值条

---

① 也可以参见,例如奥斯丁1995(1832),第五讲,第157页;哈特1983c(1958),第55页;拉兹1979a,第39—40页;加德纳(Gardner)2001,第201页。我并没有将霍布斯列入此清单,尽管他典型地被描述为实证主义者(例如参见加德纳2001,第200页)。一方面,霍布斯在什么能够算作市民法方面设置了源自自然法的内容限制(参见墨菲1995);另一方面,霍布斯对法律的阐述包含如下内容:法律发端于主权者,在此,(不像奥斯丁)主权者被以道德术语界定为这样的一方,即国家(the commonwealth)的成员通过有效约定(convenant)向其交出权利的一方。由此,霍布斯在法律的渊源和内容上都设置了价值(merit)限制,这是坚定的非实证主义者才会干的事情。

件之中。所以,作为实证主义共同命题的分离命题可以被更好地表述为如下观点:至少存在这样一个可能的承认规则(由此,一个可能的法律体系),其并不将"与真正的实践原则(true practical principle)兼容"规定为任何法律命题的真值条件。

显然,自然法法理学的强解读不兼容于法律实证主义的分离命题。因为依照强解读,法律存在的部分真值条件在于,法律由决定性行动理由支持。因此,如果任何承认规则宣称赋予一个不由上述理由支持的规范以法律地位,则这样的承认规则是不可能存在的。当然,作为让步,强解读的捍卫者可能向实证主义者的某些说法妥协。例如,他或她可能允许存在一个技术意义上的法律效力,此种法律效力可以为公民所利用,这也是律师和法官的惯用手段。而且,此种法律效力的标准没有或者不可能包含任何对实践原则的诉诸。他或她可能允许拥有好的理由使此种有限的、技术意义上的法律效力作为通用语(lingua franca)对于如下这些人可及:这些人要不然可能在实践合理性的问题上产生分歧。然而,强解读的捍卫者不能再退步了,其必须彻底地拒绝分离命题。

然而,自然法命题的弱解读完全兼容于至少字面上的法律实证主义。因为如下观点与弱解读兼容:对真正的实践原则的偏离,不必然妨碍规范获得法律地位。根据弱解读,上述偏离无非可能使得这些规范就作为法律而言有缺陷而已。如下内容与弱自然法命题是一致的:存在这样的承认规则,其将那些就作为理性指引而言相当不妥的规范识别为法律。实证主义者已经论及法律实证主义与上述类型的自然法观点之间的兼容性。尽管尼尔·麦考密克(Neil MacCormick)主张弱解读,其仍自称为实证主义者。如下是其评论:

> 当然,可能存在这样的立法,其由合适的权威以恰当方式制定,但其严重缺乏或者悖逆于正义的要求。作为特定法体系的成员的相关成文法规范的不正义,并没有如上那样将这些规范的效力置于受质疑的地位。其所施加的义务或者赋予的权利,并没有因为如下原因而丧失作为真正的法律义务或者法律权利的地位:其强加或者赋予的内容在道德方面的错误。然而,与真正的法律、法律义务和法律权利比较,其是有缺陷的或者非标准的或者腐化的例子。
>
> (麦考密克1992,第108页,
> 上述强调是本书作者添加上去的)

而且,尽管无疑存在这样一些实证主义者,其明确主张诸如弱自然法命题这样的观点应该被拒绝(参见克莱默1999);然而,这些人认识到为了达成上述目的需要深入论证:弱自然法命题并没有被任何——就其自身而言在实证主义者之间无争议的——法律实证主义的立场表述所排除掉。所以,我们没有理由自始(ab initio)就认为,如果坚持弱自然法命题,那么就必然要拒绝法律实证主义。

然而,有人可能主张,尽管弱自然法命题兼容于字面上的法律实证主义,但其在某种程度上违背了实证主义的精神。因为如果弱自然法命题为真,我们可以推导出如下内容:如果一个人没有完整地理解实践合理性要求,其就不可能拥有一个关于法律的完整性描述理论。因为一个人不可能拥有关于法律的完整性描述理论,除非其拥有关于法律的可能缺陷方式的穷尽式阐述;因为一个人不可能拥有关于法律的可能缺陷方式的穷尽式阐述,除非其完整地理解实践合理性要求。而且,"完整地理解关于实践合理性要求,对于完整地描述法律而言是必要的"这样一种观点无疑背离了实证主义的理论目标,即使没有违背关于实证主义命题的明确表述。

如下内容是从弱自然法命题相当直接地推导而来:一个人不可能拥有关于法律的可能缺陷方式的穷尽式阐述,除非其完整地理解实践合理性要求。然而,"没有关于法律的可能缺陷方式的穷尽式描述,就不可能有关于法律的完整性描述理论"这种主张的根据是什么?需要注意的第一点是,虽然下面谈到的情形并非此处讨论的对象,但我们都能发现其中所涉及的理论非常奇怪;因为这些理论宣称是关于 x 的完整理论,但并不提供关于 x 的可能缺陷方式的穷尽式阐述。假设,我宣称拥有关于汽车的穷尽式描述理论,却大胆地承认我不拥有关于汽车何时有缺陷和何时无缺陷的穷尽式阐述。或者,假设我宣称拥有关于肾脏的穷尽描述理论,却大胆地承认我不拥有关于肾脏何时有缺陷和何时无缺陷的穷尽式阐述。① 在这些情形下,似乎非常明显,关于汽车或者肾脏的完整性描述理论各自包含了关于汽车或肾脏的缺陷的完整理论。由此,证明责任似乎落在主张如下观点的人身上:即使一个人不拥有关于法律何时以及可能的缺陷方式的完整阐述,其也能够拥有关于法律的完整描述理论。然而,我真不知道一个人将如何回应之。

---

① 如果某人尚未阐述关于汽车的功能,则我们可以说,其尚未充分阐述关于汽车的理论。然而,如果要使自己拥有关于汽车功能的观点,则这就是使自己拥有关于汽车的缺陷的观点。所以,如果一个人要完整地描述汽车,则此种描述必须包含关于汽车功能的完整描述。如果一个人要提出关于汽车功能的完整描述,则该描述必须包含关于汽车缺陷条件的完整描述。经由适当调整(mutatis mutandis),同样的论证明显适用于肾脏。(当然,有人可能拒绝如下做法,即缺陷的观念严格、准确地适用于诸如肾脏这样的自然对象上。然而,这并非此处涉及的问题。鉴于缺陷的观念毫无隔阂地适用于肾脏,此处涉及的问题是,关于肾脏的完整描述理论能否不提供一套关于肾脏缺陷的妥适阐述。)

到目前为止可见,实证主义预设的方法论允许一个人在如下条件下继续推进法理学探究,即并不承诺关于行动者应该如何集体地或者个体地行动的特定观念。就此而言,弱自然法命题的捍卫者必然拒绝实证主义的方法论。在此问题上没有和解的可能性。正如我在本书开始指出的那样(导论第二节),我们可以在不诉诸道德或者政治理论的特定细节的情形下表述、初步捍卫自然法法理学。然而,一旦弱自然法命题得以被捍卫,这就意味着一个丰富的法理学——即使其仅仅致力于妥适描述——不能够放弃道德和政治理论(参见菲尼斯1980,第15—19页)。

第二章　自然法法理学的捍卫

一、弱自然法命题的三条进路

强自然法命题主张,未由决定性服从理由支持的法律根本不是法律。弱自然法命题主张,未由决定性服从理由支持的法律单单就作为法律而言是有缺陷的。我在本章有两个核心目标:第一,捍卫弱自然法命题为真;第二,证明如下内容,即成功地捍卫弱自然法命题,这并非捍卫强自然法命题的中转站,而是质疑强自然法命题的开端。所以,尽管对自然法法理学的通常批判(第一章第一节)未能提供严肃的理由来拒绝强自然法命题,但拒绝强命题的理由在推进捍卫自然法观点的过程中就会浮出水面。

我将考察关于弱自然法命题的三条初步合理进路。使得上述每条进路显得初步合理的地方在于，每条进路都在表面上提供了关于法律的存在条件和其非缺陷条件之间的区分技术，由此提供了某些用来识别"法律的非缺陷条件是什么"的线索。第一条进路是菲尼斯所赞成的"法律视角（legal point of view）"进路。此种进路诉诸如下观念：存在一个独特的法律视角，从此视角出发刻画的法律是典型的法律（第二章第二节）。第二条进路是穆尔（Michael Moore）所描述的"作为功能类型的法律（law as functional kind）"论证，但穆尔并不十分赞成此种进路。此种进路诉诸如下观念：法律具有功能；如果法律未由决定性服从理由支持的话，则其就没有履行该功能（第二章第三节）。第三条进路是"作为言语行为的法律（law as illocutionary act）"论证。此种进路将法律比拟或者识别为特定类型的言语行为；而且唯有法律由决定性服从理由支持，这些言语行为的非缺陷性条件才被满足（第二章第四节）。① 我不赞成第一个论证：

---

① 我在此没有考虑德沃金（Ronald Dwokin）的观点；有人可能感到吃惊，因为德沃金至少表达了有限的如下意愿：将自己描述为自然法理论的支持者（德沃金1982，第165页）。然而，很难将如下两个观念等同：其一，作为自然法理论者的德沃金之观念；其二，德沃金的有限理论雄心。因为德沃金的理论雄心仅仅在于提供一套关注于我们自己的法律实践的阐述："对于我们来讲，法的一般理论是对我们自己的法律实践的一般性解释"（德沃金1986，第410页）。一种地方观念的自然法理论绝非自然法理论。

在我看来,法律视角的论证产生了规范性法理学命题,而非描述性法理学命题。然而,第二个和第三个论证性策略成功了,而且两者的成功并非仅仅(令人起疑的)是巧合(第二章第五节)。

二、法律视角和弱自然法命题

菲尼斯写道,我们不应该期望提供一套关于法律的充要条件的阐述,由此,某些法律体系、个体规范和司法裁判经由符合这些条件而算作法律,其他不符合这些条件的则不算作法律。相反,我们应该期望能提供关于法律和合法性的核心、典范例子的阐述。依据上述阐述,我们就能够将某些社会体系和社会规范清晰地归类为法律,将某些社会体系和社会规范断然地归类为法律之外的东西,将某些社会体系和社会规范归类为只不过在某个或者其他特定方面达不到或者不同于核心情形而已(菲尼斯1980,第9—11页)。

菲尼斯的自然法命题之论证策略使自然法法理学由此脱离了哈特和拉兹(Joseph Raz)的法理学方法,两者的方法在菲尼斯看来自身大体上是合理的。菲尼斯如此赞扬哈特式和拉兹式法理学,即哈特和拉兹的观点能够超越更早的实证主义观点将法理学的研究向前推进如此之远,这是通过他们或多或少自我有意识地利用如下三个方法论特征而完成的:其一,关注法律体系的实践视角;其二,使用关于定义的核心含义进路;其三,采纳那些采取内在者视角的人的视角。第三个特征恰恰构成了菲尼斯论证自然法命题的根基。哈特反驳了早期实证主义者的观点;在他看来,早期实证主义者的观点未考虑那些就法律体系而言采取内在视角的人的视角,这些采取内在视角的人将法律视为指引他或她的行动标准。所以,哈特的理论更偏好内在视角,而此种视角正是视法律为行动标准的人之视角。哈特坚持认为,我们无须更深入地细化内在视角。有些人出于如下原因视法律为其行为的根据,即长期利益的考量、一时兴起、对他人的无私关怀、道德要求、取悦父母以及遵守悠久的传统等。在哈特看来,这些人都采取了内在视角。就由这些人的不同动机出发从而构建法理论而言,哈特并不感兴趣[哈特1994(1961),第203页]。

菲尼斯对自然法命题的论证策略在于:其一,采取哈特的出发点,即分析法理学必须恰当地考虑此种内在者的视角;其二,试图证明哈特对内在视角的刻画太无区分度以至于未能考虑到某些内在者的视角比其他内在者的视角更为典型。在菲尼斯看来,就法律而言明显存在一个最为核心的内在视角:

如果存在这样一个视角,从此视角出发,法律义务至少推定地(presumptively)被视为道德义务……从此视角出发,法律秩序——不同于自由的或者静态的习惯秩序——的建立和维持被视为道德理想,即使不是正义的强制性命令;那么,此种视角就构成了法律视角的核心情形。

(菲尼斯1980,第14—15页)

然而,即使在此核心法律视角内,我们也应该注意如下区别:

在那些从实践视角出发视法律为实践合理性之一个方面的人中,可能存在这样的人:关于实践合理性在此领域实际上要求什么,其观点比其他人的观点在细节上更为合理。由此,核心情形视角自身是这些人的视角:其不仅仅诉诸实践合理性,而且在实践上也是讲理的。*

(菲尼斯1980,第15页)

---

* 就本书中关键术语"reason""rationality"与"reasonableness"的翻译,在此一并说明如下。参考陈嘉映、童世骏的观点,根据本书以及法理学的具体语境,译者将"reason"译为"理性"或"理由",将"rationality"译为"理性",将"reasonableness"译为"合理""合理性"或者"讲理"。参见陈嘉映:《说理》,华夏出版社2011年版;童世骏:"理性、合理与讲理",《哲学分析》2012年第3期。——译者

第二章 自然法法理学的捍卫

从此核心视角来看,那些不能使人在道德上负有义务的法律将被视为是有缺陷的、不足的(deficient)和不达标的。而且,由于核心法律视角是进行分析法理学研究的恰当视角,我们有理由主张,仅就作为法律而言,那些未作为实践合理性的强制性要求而发挥作用的法律是有缺陷的。

此种策略仅仅打算证明弱自然法命题;而且,显然,此种策略能够证明的也仅仅是弱自然法命题而已:此种策略诉诸法律的核心、典范观念,这并非要排除有限的、技术层面上的法律效力。可见,菲尼斯基于上述论证拓展了哈特的方法论。但令人困惑之处在于,我们为什么要遵循菲尼斯的上述做法呢?哈特有好的理由将论证负担置于这些人身上,即那些希望使某些特定版本的内在视角更优先的人:尽管哈特反对法律现实主义者的论据显示,法律理论必须解释如下事实(datum),即"人们就法律规范的体系能够采取内在视角[哈特1994(1961),第88—91页]",也即"人们视法律规则的存在为行动理由或者行动理由的构成部分";然而,这并没有自然地深入拓展到人们之所以如此对待这些规则的根源。内在视角远非仅仅不同视角的"混合体",哈特在内在视角中不再细分的做法具有清晰的理据,所以哈特并非站不住脚。如果要撼动哈特的理论,还需要菲尼斯去做进一步的论证。然而,菲尼斯在前述论证的关键环节所讲的东西都未能撼动之。法律倾向于不考虑人们守法的动机。尽管菲尼斯诉诸某些视角在产生法体系方面的更大功效,但人们可能这样正确地反驳道:其一,虽然"解释法体系如何产生"和"解释法体系为何出现"这两项任务之间具有有趣的关联性,但它们是不同的问题;其二,相较于充分实践合理性的人的视角,某些视角在产生和维持法体系方面具有更大的功效性,例如那些持有虚假的部落道德或者国家主义道德之人的视角。

通过将"刻画法律的任务"如此紧密地等同于"阐述充分实践合理的人在涉及法律时应该感兴趣的东西的任务",菲尼斯的观点似乎变成了单纯的应用伦理学。他在追问,充分讲理的公民或者法官应该感兴趣回应的法之特征。他尤其在追问,如下这些法律的特征为何:当这些法律出现时,充分讲理的公民或者法官可能视其具有权威性。然而,这似乎使得菲尼斯的观点太像无趣的道德解读。由此,这引发其批判者质疑,自然法理论有何值得大惊小怪之处呢(第一章第一节)?此种给予内在视角以极大优先性的做法,使得菲尼斯超越描述性法理学而更为直接地进入到规范性法理学。然而,菲尼斯视自己与哈特、拉兹一起在进行描述性法理学的研究。(有人可能质疑,菲尼斯是否确实视自己在进行描述性法理学研究。在我看来,他显然在进行描述性法理学研究;参见菲尼斯1980,第21页。然而,也有相反的观点;参见莱特2003,第33—37页。)

由此似乎,即便退一步来讲,就那些视法律具有推定义务性之人的视角的核心性而言,菲尼斯在此处所提出的论证也并非自足的。哈特不断地将法律规则与游戏规则进行比较,此种比较在此也是有益的。就板球规则而言,一个人不仅仅需要从第三者视角来理解之,也需要从游戏参与者视角来理解之:一个人需要理解,在板球比赛中,板球规则在运动员和官员做出裁决的过程中如何发挥作用。然而,如下问题并不相关:为何板球运动员视板球规则为其行为指引。描述性理论者需要做的所有事情在于提供关于上述规则的阐述,此种阐述展示了如下内容:针对所涉及的规则,一个人何以可能采取上述立场。就此处的问题而言,法律并非板球。所以,可能存在这种情况:我们有理由把如下视角摆在优先位置,即那些视法律为能够产生道德上的义务的人的视角;我们却没有理由把如下视角摆在优先位置,即那些出于某些特定理由视板球规则为调整其行为的准则的人。然而,除了关于视角的论述,我们必然需要其他东西来推动上述解释;我们必然需要利用法律的某些特征来推进上述解释,这些特征将法律规则与板球规则区分开来。也许,这是——与板球的功能构成对比的——关于法律的功能的深层事实;也许,这是——与板球官员的主张构成对比的——关于处在优先位置代表法律发言的法律官员所做出的主张的深层事实。确实,两者看起来都构成了捍卫自然法命题的有益起点。

三、法律的功能和弱自然法命题

弱自然法命题的一个充满希望的论证进路,将通常的功能观念作为其起点。根据此种论证进路,经由澄清某些法律体系或者规范的功能,我们能够看到:某些法律体系或个体法律规范具有——包括行动理由的在场的——非缺陷性条件。有人可能担忧,自然法命题的此种类型论证必然是浅薄的。例如,有人可能发出这样的质问,还有什么能够比如下做法更容易呢?首先,我们给法律赋予一个承载道德的功能;其次,我们基于此种归属而主张,没有履行此种功能或者未能令人满意地履行此种功能的法律,要么根本不是法律,要么仅仅是有缺陷的法律。显然,没有任何针对自然法命题的有趣论证——其源自法律具有功能这样一个观念——可能沿着上述路径发展。然而,相较于上述论证表明的内容,给某个对象赋予功能是一件远远更受限制的事情。我不能简单地给法律教授赋予一个功能,即"让纽黑文市人丁兴旺";由此断言,那些不住在纽黑文市的法学院教师,根本不是法律教授或者仅仅是有缺陷的法律教授。给某些对象或者制度赋予功能必须满足的条件是什么呢?这些条件如何能够证明关于自然法命题的某种表述正确呢?

大体而言(这并非原创,而且也并非完全无争议),我们能够说,x 要具有功能 Ø-ing,下述条件必须被满足:

(特征性活动)x 是 Øs 的类型的事物;

(目标产出)x 的 Ø-ing 倾向于带来某些目的-状态 S;

(目的论)x 之所以 Øs,因为 x 的 Ø-ing 倾向于带来某些目的-状态 S;

(价值)S 展现了善的某些相关变体。

我们有理由认为:单个而言,上述每个条件是必要条件;整体而言,上述条件是充分条件。心脏具有一个特征性活动:泵。心脏泵倾向于促进血液循环;而且确实,心脏之所以泵,因为心脏的泵有助于血液循环。(在两个方面是这样的:第一,具有心脏的动物具有反馈循环机制,以至于血液循环在部分上构成了心脏能够继续泵的原因;第二,之所以心脏的此种结构和活动恰恰被选择,是因为其在促进血液循环方面的功效。)有人认为,整体而言,上述前三个条件为充分条件。但在我看来,如下内容也是重要的:血液循环对于动物有益。如马克·贝多(Mark Bedau)指出的那样,正是由于棍子产生的反流作用,一根棍子在溪流中倚靠在石头边,这可能展现上述前三个特征:第一,棍子倚靠在石头边;第二,棍子倚靠在石头边引发了反流;第三,其之所以倚靠在石头边,因为棍子倚靠在石头边引发了反流。然而,没有人会提出如下观点:棍子的功能是倚靠在石头边(贝多1992a,第786页)。一种解释上述情形的方式在于强调如下内容:只有存在通过某个事物的活动而实现的善时,该事物才被赋予功能;此种善或者是该事物的设计者所追求的目的,或者是该事物的自我维持,或者其他等等(也参见贝多1992b 和墨菲 2001a,第26—28页)。

由此,为了通过法律的功能(或者法律的诸多功能之一)证明自然法命题为真,我们需要证明如下内容:其一,上述不同的条件被满足;其二,当特定的法律体系或者法律未作为行动的理性标准而发挥作用时,则该特定的法律体系或者法律就未履行其功能。穆尔所提出的论证就是此种策略的一个例子。穆尔提出,自然法法理学命题最有希望的论证进路就是法律的功能。当学者们刻画法律的性质时,其通常主张,我们要以某些独特特征来定义法律。然而,穆尔想说,更可能的情形是:我们以其功能、其服务于某些目的来定义法律。为此,穆尔主张,我们必然要寻找法律所服务的某些独特目标,否则我们不能够以服务于上述目标的功能来定义法律。如果我们发现存在此类目的,如果我们能够证明法律为了促进此目标而必须是道德-义务-施加的(moral-obligation-imposing),那么,我们就有理由说,法律必然依赖于道德义务(moral obligation):法律必然在道德上使人负有义务(morally obligatory),任何在道德上不能够使人负有义务的规范不可能是法律。事实上,穆尔认为,如果此种论证的前提能够得以证明,那么结论将会是强自然法命题(穆尔1992和穆尔2001)。

正如穆尔所指出的那样,如果我们要提出一个符合上述框架的合理论证,我们会遭遇到各种各样的麻烦。在穆尔看来,通过功能-类型-成员身份而对定义进行的限制,导致自然法理论者陷入两难的困境:或者,"以服务于某些目的来定义法律"的努力将失败;或者,"试图证明,法律为了服务于此目的而必须道德-义务-施加"的努力将失败。其中的难处在于,为了以服务于某些目的来定义法律,此种目的必然是独特的;也即,其必然是这样一种目的:仅仅经由或者通过法律才能服务于此种目的。所以,法律服务的目标不能够简单地被界定为"一切值得追求和促进的事物"。然而,穆尔质疑道,任何并非"一切值得追求和促进的事物"的事物如何能够成为道德义务的来源呢?而在自然法理论者看来,道德义务对于人法至关重要。①

31 正如上述论证所展示的那样,在我看来,困境的第二个方面是没有问题的。因为正如穆尔所提出的论证,守法的道德义务的来源并不必然等同于法律所服务的目标。所以,有人可能认为,尽管存在某些法律所服务的独特目标S,如下事物自身并不足以让法律在道德上使负有义务:法律服务于S。然而,情况可能是这样的,为了服务于S,或者恰当地服务于S,人们必然处于守法的道德义务之下;而且,此种道德义务可能来自不同渊源:同意、就促进S而言的公平、对于法律帮助我们促进S的感激等。如果穆尔对困境的第二个方面的表述指向了一个真正的困难,那么此种困难其实在于,如何发现法律的某些如下目的:只能通过义务性规范才能促进的目的,不管此种义务的来源如何。例如,假设服务于菲尼斯式共同善(第三章第三节)是法律的功能。显然,除了通过施加义务的手段,可能存在其他手段服务于菲尼斯式共同善。穆尔提及,一个以制裁为主的政权可能奏

---

① 穆尔对此两难困境给出了一个尝试性回应:尽管法律所服务的目的不等同于"所有现存的价值",但其与"所有现存的价值"的实现如此相关联以至于能够产生道德义务。穆尔认为,菲尼斯所理解的共同善(the common good)是那些个体人为了实现其值得选择的善的观念而利用的条件之总和(菲尼斯1980,第154页;相关讨论,参见第三章第三节),这是此种类型的可能目的之一(穆尔1992,第223页)。

效(穆尔1992,第225页)。或者,在公民极为热心公益和极为温顺的社群里,一套并不附加义务的公共标准可能就是充分条件;因为他们热心公益和温顺,这就可能足以使得他们依照公共标准行动。

更为麻烦的事情仍旧在于如下困难:如下情况似乎是明显的,即不存在穆尔意义上的"法律所独特地服务的"善。不存在仅仅通过如下制度所服务的善:那些可能经由无限想象而被视为法律体系的制度。那些明显在前理论上(pretheoretically)是超法律(pretheoretically extralegal)的制度,都可能服务于菲尼斯式共同善、德沃金的整全性(integrity)(德沃金1986,第95—96页)。穆尔发现了此种问题并由此主张,如果这为真,那么法律不可能是纯粹的功能类型(穆尔1992,第223页)。

尽管我赞成,在此确实存在需要关注的问题;然而,穆尔的部分错误必然在于,其苛刻地理解"使得某物成为功能类型的东西"。就我所知,我们没有理由认为:某物要成为功能类型,其必须通过服务于某些目标的方式而被恰当地标示出来。正如我们所见,功能类型通常被如下内容标示出来:通过某些典型活动而服务于某些目标。由此,功能归属既包括目的也包括手段;说"x 是功能类型 F 的成员",就是说,在部分上"其特征性活动 Ø-ing 倾向于实现某些特定的目的-状态 S"。就每一个 x 而言,即使其特征性活动都倾向于实现同样的目的-状态,每一个 x 未必都属于同样的功能类型;因为其特征性活动可能有天壤之别,以至于其不能被置于同一类型。穆尔的如下观点显然是正确的:心脏属于功能类型,且可能存在由不同结构、材料构成的心脏。然而,尽管心脏的目的在于促进血液循环,但显而易见,唯有特征性活动是泵的事物才能被归类为心脏。

32　穆尔所理解的功能类型完全被其所服务的目的标识(individuated);此种理解过于苛刻,这给穆尔的论证带来不必要的麻烦。鉴于对功能类型的如下理解,即功能类型也被其成员的特征性活动所标识;情况可能是这样的,即法律为了其目的而进行的特征性活动提供了自然法命题所需要的支持。所以,我们可以说,尽管法律体系可能促进不同目的,所有这些都包含秩序的施加(the imposition of order);然而,我们也可以说,法律的特征性活动在于,通过提供行动者具有决定性服从理由的规则从而实现此种目的。这使得我们有理由说,法律的(或者一个)功能在于通过制定行动者具有决定性服从理由的规则从而施加秩序。由此,自然法命题将不从法律所服务的目的之中获得其论证资源(这正如穆尔的观点),而从法律为服务此种目的所实施的特征性活动之中获得其论证资源。

显然,持有如下观点并不存在任何不融贯之处:某些事物的功能在于提供由决定性行动理由支持的指令;由此,如果该事物的指令未由此种理由支持,则其就是有缺陷的。例如,假设我们试图建造一个"理由-支持规则"机器(a 'reason-backed rule' machine)。当一个人拉动机器把柄时,机器就会在其屏幕上以手柄拉动者的语言呈现一条手柄拉动者具有决定性理由服从的规则。对该机器的如下描述是精确的:其功能在于呈现那些操作者具有决定性理由服从的规则。就该机器何时如其被设计的那样运转以及何时没有如其被设计的那样运转而言,如果有人要提供更为完整的阐述,则这个人必将借助于其自身关于行动者有理由做何事的观点,不论此种观点理论化与否。例如,如果你去拉动该机器的把柄,该机器显示"你应该将你收入的三分之一捐给牛津饥荒救济委员会",那么除非你能够知晓一个人在诸如你所在的情形下是否具有理由做出此种牺牲,否则你无法知晓该机器是否如其被设计的那样运转。由此,规范性条件就进入到对该机器的功能阐述之中;而且,如果我们要证明该机器何时有缺陷何时无缺陷,我们就需要规范性论证。然而,毋庸置疑,当我们将此种功能归属于该机器时,我们所干的事情是描述性的:我们在描述该机器的功能为何,并非在附加此种功能,亦非在建议我们应设想该机器要具有此种功能。

现在,我们容易看到,在理由-支持规则机器的情形下,为何"给出由决定性行动理由支持的指令"是该机器的特征性活动。因为我们拥有源自人工制品的设计者的权威性陈述,即此种活动是该机器要做的事情。然而,一个人该如何证明这是法律的特征性活动呢?由于我们缺乏源自法律制度设计者的权威性陈述,我们可能怀疑如下两种主张:其一,我们能够构想出一个关于法律的特征性活动的可捍卫的阐述;其二,任何此种阐述将会把"提供由决定性行动理由支持的规则"纳入法律的特征性活动之中。然而,我们无须怀疑"提供一个关于法律的功能的阐述"的可能性。而且,一旦我们知晓这是如何完成的,则我们就证明了"提供由决定性行动理由支持的规则"这样的功能之赋予毕竟还是合理的。

首先考虑一下,在缺乏源自机器设计者的权威陈述的情况下,你将如何证明理由-支持规则机器具有提供由决定性行动理由支持的指令的功能。你能够做的一切无非是观察如下内容:人们如何对待该机器、该机器的输出、内部运作和外部环境。假设,你有如下证据。该机器的手柄通常被理性存在物所拉动。该机器输出的东西通常是手柄拉动者具有决定性理由服从的指令。"该机器输出的东西是手柄拉动者具有决定性理由服从的指令"经由诉诸该机器的内部运作而被阐明;其构件在大多数时候被如此建造,以至于其输出的东西是由决定性理由支持的指令。当出现一些不由决定性行动理由支持的指令时,我们可以利用该机器的内部运作或者环境的某些改变来解释之。人们就开始改变该机器的内部运作机制,或者将该机器移动到不同环境中去,或者试图改变现在的环境;而且他们会一直做下去,直到该机器再次开始输出一套由决定性行动理由支持的指令。在给机器赋予提供由决定性行动理由支持的指令的功能时,你需要的就是此类证据:该机器的活动就在于提供此种指令;而且,其之所以如此构造、改变,似乎就是为了能够继续开展此种活动。

正如穆尔所讲的那样,要证明法律的功能在于提供由决定性行动理由支持的指令,方法之一是:看看那些被前理论标示为"法律"的体系的不同运作方式,看看其活动是否易于被"给出由决定性理由支持的指令"所阐述、调整。有人可能指出那些拉兹引导我们去关注的法律体系的特征:其一,法律体系宣称具有权威(参见拉兹1979b,第30页);其二,其指令通常随规范性理由而动,而非逆规范性理由而动(拉兹1985和拉兹1986,第53—69页)。有人也可能指出,法律将制裁附着于特定活动之上的典型方式,制裁在此给予行动者以深层理由从而克制自己不实施上述特定活动。还有人可能指出富勒(Fuller)所谓的造法失败的八种方式。在富勒看来,推定的法律规则在如下情形下无法获致合法性:就事论事(ad hoc)、未恰当地公布、溯及既往、费解、相互矛盾、对当事人提出超出其能力范围的要求的规则、频繁修改、无诚意(参见富勒1964,第39页)。就现在的目的而言,与富勒的八种方式相关之处在于:上述每种方式都以某种方式昭示着,法律未能为管辖范围内的人提供行动理由。基于此种考量,一个人可能很顺利地得出如下结论:法律的特征性活动部分在于,制定行动者具有决定性理由服从的规范。所以,即使法律的特征性活动所服务的目的自身并非明显地使负有义务的目的(an obviously obligatory end),假设法律所服务的目的是诸如哈特、富勒所讲的实现社会秩序或者社会控制,自然法命题在如下条件下仍可得以维系:其一,法律的特征性活动在于,提供作为行动的理性标准的指令;其二,因为这些指令是实现社会秩序的手段,所以法律提供这些指令作为实现社会秩序的手段。

现在,有人可能反驳:"法律的特征性活动是提供作为行动的理性标准的指令"几乎不可能,因为那么多的法律的指令显然并非如此。从低层面来讲,我们可以诉诸诸如《逃亡奴隶法案》那样极端的情形，或者诸如关于停车法令那样老套的情形。从高层面来讲，我们可以诉诸支持如下主张的日益增多的文献：法律缺乏权威，其指令事实上通常并不构成行动者遵守之的决定性理由。①

此处，一个初步的回应恰恰是这样的：说"Ø-ing 是 x 的特征性活动"，并非说"所有 x 通常 Ø"。说"Ø-ing 是 x 的特征性活动"是说"x 是做 Ø 的类型事物"，而这兼容于"x 未能做 Ø"；而且，即使"在多数情形下 x 未能做 Ø"，亦无碍于"x 是做 Ø 的类型事物"。然而，上述反驳确实提出一个非常重要的问题：就法律未提供由决定性理由支持的指令而言，我们如何知道其并不算作"这是法律的特征性活动"主张的反例，而算作"法律未履行其特征性活动"主张的例子呢？

就人工制品而言，答案通常容易：我们关于"一个事物属于何种类型、此种类型的事物的特征性活动是什么"的信息来源，通常至少大体上由制造者的意图所决定。然而，就法律而言，如同其他大型社会制度一样，我们所面临的某些东西并非思想者的意图之产物。在此，更合适的类比物是器官系统。我们知道，心脏的特征性活动在于泵血，这是其

---

① 此种文献卷帙浩繁且日益增多。重要文献包括西蒙斯（Simmons）1979，拉兹1979a，史密斯（Smith）1973 和格林（Green）1990。上述文献在如下作品中被探讨：埃德蒙森1999b、1999c。而且，上述文献在如下作品中被（最为广泛地）探讨：埃德蒙森2004。

功能。我们可以在不诉诸设计者意图的情况下知晓上述内容。尽管存在"某些动物会心脏衰竭"的事实,我们仍可以知晓上述内容。我们说心脏的特征性活动在于泵血,并非仅仅因为统计学上发生频率的原因;我们可以再设想,心脏衰竭症状灾难性地更为频繁地爆发。此种事态使得我们有理由说,所有的心脏都没有正常运转。然而,此种事态并没有使得我们有理由说如下内容:其一,心脏的特征性活动已经改变;其二,在"什么是心脏的特征性活动"方面,我们犯下了错误。我们之所以坚持"心脏的特征性活动是泵血"的判断,因为关于特征性活动的判断是在具有优先地位的常态背景(a privileged background of normalcy)下做出的。诉诸常态背景的改变,我们可以解释某个事物对特征性活动的偏离。

为了维持"法律的特征性活动在于提供行动者有决定性理由服从的指令,即使存在对上述活动的偏离情形"这样的立场,我们在此情形下必然要主张:其一,对诸如法律制度进行描述时所需的具有优先地位的背景没有出现;其二,诉诸对此背景的偏离,我们可以解释对如下活动的偏离,即提供行动者有决定性理由服从的指令。此中关键的一环在于,评价人类制度所要参考的背景要尽可能地接近人类生产生活的正常环境。然而,人类是理性动物,当其正常生产生活时,其要依相关理由所要求的内容来行动。所以,在一个人类正常生产生活的世界中,除非法律的指令由适当理由支持,否则法律将不能够通过发布指令而实现秩序之目的。所以,我们理应如是说:法律的特征性活动在于提供由令人信服的行动理由支持的指令,那些未能做到这一点的法律就作为法律而言是有缺陷的。

如前所述,关键环节在于坚持,评价诸如法律的人类制度所要参考的背景应尽可能地接近人类生产生活的正常环境。我希望,此种常态背景的观念在直觉上是吸引人的。然而,我们也可以通过——给体系及其部分赋予功能时所面临的——限制条件来捍卫此种常态背景的观念。再次提醒诸位,当体系及其构成部分具有功能时,重点在于我们要尽可能拥有一个关于体系及其构成部分的功能互不抵触之阐述。因为拥有功能在部分上就是倾向于平衡状态,所以,一旦体系及其构成部分被赋予的功能之间相互抵触的话,就会引发人们对如下两方面的质疑:其一,推定的构成部分是不是该体系之构成部分;其二,功能被正确地赋予了该体系抑或其构成部分。因为如果该体系和其构成部分的活动相互之间抵触的话,那么该体系或者其构成部分必然无法达至所描述的平衡状态。由此,我们应该二选一:要么,修正我们针对该体系及其构成部分进行的特定功能归属;要么,重新评估我们关于作为该体系构成部分的一个或者更多要素的理解。

所以,针对体系及其构成部分的功能归属将以"在两者之间协调"的方式进行。而且,我们没有理由在抽象层面上主张,相较于我们关于体系的构成部分的判断,我们关于体系的功能之判断应该更易或更不易被修正。然而,存在这样一类事物,其构成部分的功能确实比其体系的功能更具优先性:在此,构成部分具有的功能,(逻辑上)独立于并且(逻辑上)先于其作为该体系的构成部分的存在。这对于法律而言为真。在理解法律体系及其中的法律之功能时,我们有极好理由视构成部分的功能为固定的、为理解法律的功能之背景:因为人是自然之物,其基本正常生产生活先于其为自己发现或者创造的诸多制度。所以,我们以功能术语来评价法律,这正确地将正常生产生活的人类预设为具有优先地位的背景。

当然,有些人仍旧会怀疑如下观点:我们在任何情况下都要以功能术语理解法律,以至于不符合这些标准的指令作为法律而言是有缺陷的。减少此种怀疑论的另外一种方法在于指出,这个世界还存在似乎也需要功能分析的非法律现象,对其的特定功能分析涉及行动理由。考虑一下由刘易斯(Lewis)描述的("首个,简单的")惯习(convention)

观念。

当人群 P 的成员身处反复出现的情形 S 中,其行为中的规律性行为 R 在如下条件下构成惯习:如果且唯有如果,就 P 的成员而言,在任何情形 S 中,

1. 每个人遵守 R;

2. 每个人期望其他任何人都遵守 R;

3. 在其他人遵守 R 的情况下,每个人都更愿意遵守 R;因为 S 是协调问题,对 R 的统一遵守是 S 情形下妥适的协调平衡状态。

(刘易斯1969,第42页)

此种定义是功能定义:我们不能够恰当地理解惯习,除非将之作为针对特定类型的问题之解决方式来理解。如下说法不足为怪,即某些规律性行为是惯习,但其有缺陷。因为如下规律性行为可能被合理地描述为惯习,尽管其在某些方面有缺陷:该规律性行为并非普遍地被 P 的成员偏爱,但即使人们意识到存在偏离者,其仍存续下来且被 P 的大多数成员所偏爱。而且,如下说法亦不足为怪,即某个甚至满足刘易斯陈述的第一个标准的惯习也有缺陷:如果对 R_1 的统一服从是 S 的协调平衡状态,但在 S 中存在另外一个可

及的帕累托-优先(Pareto-superior)协调状态 R_2,那么,我们可能认为 R_1 在某个重要方面有缺陷,因为尽管 R_1 完成了惯习要干的事情,但其没有 R_2 干的好。

在涉及惯习问题时,功能分析是必不可少的。而且,我们几乎没有理由担心惯习的功能分析涉及实践理性。由此,我们既无须在法律的功能分析方面踌躇不前,也无须犹豫不决于如下观念,即关于法律的恰当功能分析诉诸特定类型的服从理由。

四、言语行为和弱自然法命题

弱自然法命题的第三个可能进路诉诸如下观念,即法律是或者类似于言语行为(illocutionary acts)*。我将主张如下内容:第一,将法律理解为言说者是正当的;第二,强制性法律规范正是法律对处于其管辖之下的人发出的如下命令(demand),即他们要履行特定行为。然而,命令的非缺陷性条件之一是,对于命令指向的对象而言,其存在决定性理由服从该命令。由此,我们可以推导出,如果强制性法律规

---

* "illocutionary acts"与文中其他地方出现的"speech-acts"的区别在于,后者表示语言学一般层面上的言语行为,前者表示与更为具体"以言表意(locutionary acts)""以言取效(perlocutionary acts)"并列的"以言行事(illoeutionary acts)"意义上的言语行为。——译者

范未由决定性服从理由支持,则其在本质上是有缺陷的。可见,这等同于针对强制性法律规范的弱自然法命题。我将以如下方式结束针对弱自然法命题的言语行为论证:将针对强制性法律规范而提出的论证拓展至其他类型的法律。

作为言说者的法律

在日常言语和哲学作品中,将林林总总的言语行为之履行归之于法律,这是一件司空见惯的事情。没有人困惑或将困惑于如下报道:美国法要求居民于4月15日前交税;或者,美国法曾经宣告黑人不是公民且不可能成为公民,但是其现在不这样说了;或者,弗吉尼亚州(Virginia)法律告诉我们,除了其他要求之外(inter alia),一个有效的遗嘱必须有两名见证人签名。尽管哲学家更犹豫一些,但其一直以来乐意视法律及其制度为言说者。拉兹的法理学的一个核心命题是,法律宣称要成为实践性权威。① 尽管就拉兹主张法律所宣称的内容而言,人们之间存在许多分歧(例如参见索珀2002,第51—88页),然而,那些与拉兹进行理论对话的人,大多认可"视法律自身为言说者"的正当性。

现在,有人可能抱怨:此种关于法律活动的描述方式似

---

① 参见如下讨论:拉兹1979a,第29—33页、第146—159页和拉兹1984a,第123—131页。

乎预设了一个非常奇怪的"万物有灵论（animism）"（穆尔的术语；参见其1987，第837页）；或者，更具体而言，此种描述方式通过赋予法律以宣称、断言、命令而预设了针对法律而言的拟人论（anthropomorphism）。尽管已有关于此种看待法律的方式的某些初步之捍卫，且其似乎在大体方向上正确，然而，在我们能够主张"视法律为言说者"的正当性之前，我们仍需进一步夯实之。例如，莱斯利·格林（Leslie Green）捍卫如下谈论"国家宣称具有权威"的方式之妥适性：

> 说国家对我们"做"和"做出主张"……这难道不是危险的比喻吗？然而，并非所有的比喻都是危险的，上述比喻在如下方面具有功效：避免使用那些关于国家官员——尤其是立法和执法官员——的活动的繁琐遁词。当然，当我们说国家向我们提出忠诚（allegiance）的要求时，我们仅仅在概述官员们特定的相关政治行为：他们已经通过一个标榜要给我们施加义务的法律，警方和法庭视这些义务具有约束力并且将执行之，等等。原则上，我们能够将"作为行动者的国家的言说"置换为一组"关于个体人、官员和社会规则的更为错综复杂的词汇"，但这样做毫无益处。
>
> （格林1990，第66页）

为了对格林公平合理,我们可以说,格林在此仅仅明确指向此种阐述所采用的形式,且此种指向要被如下内容评价:该指向是否阐明了充分描述"作为言说者的国家之观念"的光明之道。而且,对于澄清法律作为言说者的地位而言,诉诸作为真实、鲜活和典范的言说者的官员之活动,看起来确实是一种有益的方式。然而,这仍旧埋下了怀疑的种子。因为,针对国家在做出主张的过程中所涉及的某些内容,格林的论述依赖于如下观念:存在"一个标榜给我们施加义务的法律"。然而,较之"国家宣称做某事"这个观念,"法律标榜做某事"的观念,在表面上看来,拟人化的意味丝毫未减。

拉兹和格林的如下做法是正确的:以遵循日常谈话的方式承认"将言语行为归于法律"的妥适性。然而,值得思考的问题在于,为何将言语行为归于法律就是恰当的。而且,对于我为弱自然法命题提出的论证而言,此种归属的恰当性至关重要。有人对上述思考法律的方式提出质疑,认为其无非是一个比喻,而且无法进行有益的分析。任何此类质疑都将考验我为弱自然法命题提出的论证。我将以这样一个更为一般化的问题展开讨论:任何实体要成为言说者必须满足的条件是什么呢?

一个实体要成为言说者,必须具有特定程度的信念和欲望-状态(desire-states),必须具有特定程度的规范性立场,还必须能够引发特定范围的事件。正常成年人就是一个典型,其满足此处所讲的限制条件。他们能够形成信念、欲望和意图;他们能够使自己承受批判性评价标准;他们能够引发那些表达信念、欲望和意图的听觉和视觉事件,由此使自己以特定的方式负责任。例如,典型的主张者能够形成关于其所持有的命题的信念;能够凭借其理解、使用特定词语、术语的能力来表达这些信念;能够故意形成所需的词语、术语;由此,能够使自己对言说的内容、时机负责任,也能够使自己承受因为错误断言而导致的非难。① 现在,如下内容是清楚的:法律不是典型言说者。相信 p、欲望 p 和对 p 负责都是有心灵的存在物之状态;然而,法律不像人类、天使和上帝,其并不具有心灵,由此既不能拥有典型的信念、欲望,也不能成为最直接意义上的负责任的行动者。然而,问题并不在于法律是否是典型言说者而在于如下做法是否正当,即在任何超越比喻的意义上给法律赋予这些特征。

作为信念者和欲望者的法律。一方面,我们身边有典型的信念者和欲望者,即成熟的成年人;另一方面,我们身边也有这样一些事物,我们有时候将信念和欲望赋予之,然

---

① 关于言语行为的本质,不同的理论者认为"言说者身份(speakerhood)"这些必要特征在解释方面具有不同的重要性:有些人认为,信念和欲望的表达非常重要;有些人认为,在观众那里产生特定的信念或欲望非常重要;还有其他人认为,强加特定的规范性立场最为重要。在此,我无须参与这些争论。

而我们显然是在比喻意义上这样做的。我有时候说：尽管我当时实际上并没有按电脑上的某个键，但我的电脑认为"我按了字母 a 这个键"；或者每当道路上有些许冰雪迹象时，我的汽车就想要启动牵引力控制系统。然而，尽管此种言说明白易懂，而且每个人也都了解我在说这些内容时所意指的东西，但上述说法之所以具有可理解性，这是通过比喻来诠释的结果。但是，如下观念并非上述意义上的比喻：法律相信或者渴望某些东西。法律的信念、渴望在如下两者之间占据了一个中间位置：其一，自然人的典型信念、渴望；其二，诸如电脑、汽车这些人工制品仅仅在比喻意义上的信念、渴望。

首先，让我们从欲望展开讨论。人的实实在在的(literal)欲望和汽车在比喻意义上的欲望之间共同的基础在于目的论结构：赋予某物欲望就是坚持主张，存在某些其倾向于达至的目的-状态(end-state)，该事物将[在其他条件不变的情况下(ceteris paribus)]持续行动，直到目的状态被实现(参见史密斯1994，第111—116页)。现在，就完整的(full-blooded)欲望而言，通常存在一个关于欲望的典型现象学，且为实现目的-状态而进行的行为之调整是通过完整的信念来完成的。汽车启动牵引力控制系统的"欲望"并不伴随着关于欲望的此种典型现象学，目标的实现亦非通过完整的信念来完成。

现在,就欲望而言,法律处于上述两个极端之间的中间位置。法律体系是目的论体系,所有的法律体系都倾向于通过施加行为标准来归序(order)。而且,不同类型的法律指令被如下事物所区分:其一,基本目的(basic ends),即法律指令倾向于达至的基本目的;其二,从属目的(subordinate ends),即法律指令为实现基本目的而利用或克制不利用的东西。由此,至少相较于"我的汽车想要启动牵引力控制系统"这样一种说法,"法律想要达至秩序"这种说法是恰当的。然而,就法律而言存在更深层次的问题,即其目标的获致是通过真实、鲜活和典型的欲望者的动机系统而实现的。正如格林在稍早的段落中指出的那样:首先,法律的活动主要经由图梅勒(Tuomela)所谓的"关键(operative)"成员——官员——被实施;其次,其也经由如下这些人被实施,即那些采取哈特所谓的就法律而言的内在视角的人。法律为了实现特定目的状态而对自身行动的调整,是那些关键法律行动者的欲望——这是针对关键行动者而被激发的——之结果(图梅勒1995,第232—234页)。①

---

① 假设,我告诉你,我的汽车极为特殊。其牵引力控制系统的启动方式是这样的:存在一些处于观察点的小矮人,一旦道路湿滑,其就想要开启牵引力控制系统;而且,当小矮人观察到道路湿滑时,其就由此开启牵引力系统。我认为,这将使得我的主张"汽车想要启动牵引力系统",更接近于实实在在的真实,更远离单纯的比喻。

第二章 自然法法理学的捍卫

赋予法律以信念，这也是正当的，而非仅仅比喻的。再次，典型的信念者和我的电脑之间的共同之处在于，他们都拥有某种表征（representing）事态的方式，这可能被用来作为深入表征的基础，或者作为对促进目标的（goal-promoting）活动进行调整的基础。共同的表征事实使得信念之比喻在如下情形中变得合适：电脑对我按下"a"键的表征。现在来看，尽管法律显然并非典型信念者，但当我们说其拥有信念、形成判断时，我们并非仅仅是在比喻意义上讲的。因为法律对事态的表征经由如下典型信念者的认知性措置而完成：其一，法律官员关于法律的当下活动在实现目的方面的功效判断，使得参照目的重新调整法律的活动成为可能；其二，那些就法律而言采取内在视角的人。

由此，论证就成了下面这个样子。其一，给法律赋予目标、表征，这应该无争议。其二，这些目标和表征——经由作为典型欲望者和信念者的关键行动者——在法律中被例示的特定方式正当化了我们的如下做法：将"法律拥有目标"理解为"欲望"，以及将"法律拥有表征"理解为"相信"。现在，有人可能追问如下情况是否属实：仅仅当法律体系发展到"存在诸如立法者、法官等这样独特类型的工作人员，法律经由这些人的动机性、认知性能力方可运转"的程度时，我们才能够将法律理解为言说者。在没有这些关键人物的情况下——想象哈特所描述的更为原始的规范体系,其拥有关于义务的初级规则,但缺乏改变规则、裁判规则和承认规则[哈特1994(1961),第91—92页]——我们似乎就没有理由赋予法律任何判断或者目标。

我不认为,上述推论严丝合缝。我认为,在此能够推导出来的内容是,较之"清楚地存在一群对法律运行负责的官员"的情形,在其他情形下给法律赋予欲望、信念(以及言语行为,在此对言语行为的赋予预设了赋予欲望、信念的可能性)将更为含糊和不确定。比较如下两种情形:原始社会与具有图梅勒所谓的"共同(joint)""团体(group)"信念(或欲望)的发达社会(图梅勒1995,第307—308页)。团体信念(或欲望)的条件要求关键行动者的出场,这些行动者作为关键人物能够拥有此类信念(或欲望)。通过此类关键行动者的出场,我们就可以相当清楚地界定给团体赋予信念或者欲望的条件。共同信念(或欲望)并不要求上述官方身份,但这导致了一套更不清晰地被界定的共同信念或者欲望之条件。因为如果在成员之间不存在全体一致,那么如下问题就变得不清晰了:共同信念或者欲望在何种程度上能够被赋予。这在原始和发达法律体系中都一样。在发达法律体系中,精确界定的官员阶层使得法律的识别成为可能,即使在该法律体系之下可能有许多异议者。然而,如果不存在一个被精确界定的官员阶层，那么，异议者的存在就使得我们难以就如下内容进行断言：是否真的存在规则，以及法律的目标或者信念是什么。[就此，也参见吉尔伯特（Gilbert）1994b，第144页。]

作为拥有规范立场的法律(the law as possessing normative standing)，一个人也必须具有恰当的规范立场，其才能够言说。言说就是使自己以特定的方式负起责任，这里所涉及的责任的类型在不同类型的言语行为中存在差异。在此，这使得一个人因未尽到自己的责任而承受批判、责难。

此种责任通常归之于法律。因为"要求"的内容，或者因为未能提出"要求"，法律要遭受责难。因为做出了特定承诺，或者因为未履行已经做出的特定承诺，法律要遭受责难。法律的一般性指令和特定裁决要遭受批判。法律并非单单为：从其中产生指令的生硬渊源，被凿刻在石头上从而不受批判。我们可以依据有理、有力的论据，展开对法律的批判，也能够期待修正法律。通过法律体系的官员，法律的内容和适用才能得到改变。当然，正是由于法律体系的官员之权力，上述批判才具有意义。法律要具有为言说所必需的规范性立场，如下条件足矣：法律能够明显地被视为对言说的内容负责。

作为因果上有效的法律。(The law as causally efficacious.)

最后，一个人为了能够言说，其必须具有如下必不可少的因果能力（causal power），即形成作为言语行为发生的载体的书面或者言语的语词。由于法律是制度，所以其通过必要的语言内容进行干预的能力经由那些占据制度角色的官员来展现。法律之所以具有为言说所必需的因果能力，这是因为其官员具有为言说所必需的因果能力。

强制性的法律规范和"要求（Demands）" *

由此，将法律称作言说者，就是以如下方式使用"言说者"这个观念：一种无疑是拓展的，但并非简单的比喻方式。将法律视为言说者，这是正当的，也是具有信息含量的。正如我稍后将要论证的那样，存在不同类型的法律命题，其真值有趣地与法律所实施的言语-行为相关联。然而，为了简洁性，也为了首先处理那些在历史上处于自然法理论者和法律实证主义者争论核心的法律规则，我们可以从义务-附加性（duty-imposing）法律入手，这些法律使得某些行为具有强制性。

我在此想要提出的主张是，义务-附加性规则本质上包含了法律的"要求"："集合 M 中的所有成员要 Ø"这样一个

---

* 如果将"demand"直译为"要求"，有时候会混淆其动词与名词形式。为了文意清晰，我们有时候加引号以标识其名词形式。——译者

义务-附加性规则,是法律对集合 M 中的所有成员提出的"要 Ø"的要求。下面是关于此种观点最坦率的论证。一旦人们共同承认存在一部——施加强制性规范于生活于其下的人的——法律,那么,人们也会共同承认法律要求该规范所命令的行为。我们承认,美国法律体系包含一个要求在 4 月 15 日前交税的强制性规范;我们也承认,美国法律要求在 4 月 15 日前交税。我们承认,美国法律体系包含一个禁止盗窃邮件的强制性规范;我们也承认,美国法律要求我们不要盗窃邮件。而且,一方面,我们承认,美国法律并不要求我们支付款项来支持某个既存宗教;另一方面,我们也相应地承认,美国法律体系并不包含要求支付款项来支持某个既存宗教的强制性规范。所有这些都非常明显,我们无须再提出更多的例子。

我们应该承认,如果且唯有如果法律要求 Ø-ing,那么才存在要求 Ø-ing 的强制性法律规范。然而,此种双重条件式情况显然并非仅属偶然:如下想法是荒谬的,即认为法律的"要求"和强制性规范的出现无非是偶合而已。而且,此种联系显然也并非两个独立的事态之间的简单相互蕴含,因为如下想法相当牵强附会:一旦存在一条要求 Ø 的强制性规范,也就存在某些进一步的、独特的事态,即法律要求 Ø-ing;一旦不存在这样一条强制性规范,法律也就必须克制自己不要求此种行为。鉴于法律的"要求"和强制性规范的出现之间的联系的非偶然性，如下假设显然更为合理：存在一条要求 Ø-ing 的强制性法律规范，正是法律在要求 Ø-ing。

再次，考虑一下那些近来为了证明"强制性法律规范的存在"而提出的分析，再比较此种分析与如下事态：那些我在为"法律在言说（the law speaks）"这样一种主张提出理由时所诉诸的事态。"法律在言说"的说法包含如下内容：法律具有特定信念和欲望，法律使得自己以特定方式负责任，法律以语言方式进行干预。至少在发达法律体系下，我们要以"官员就其作为官员而言进行的回应"来理解上述每项内容。然而，就任何关于"法律规则的存在体现在那里"的陈述而言，其将诉诸的正是这些事态[参见，例如哈特 1994（1961），第 55—58 页]。所以，就"一条要求 Ø-ing 的强制性法律规范"正是"法律要求 Ø-ing"这样一种想法而言，其深层理由在于，恰恰同样的事态将会出现在对上述两个观念的分析之中。

复次，考虑一下如下待解释项。当法律体系包含要求集合 M 中的所有成员都 Ø-ing 的强制性规范时，我们由此知道法律对"集合 M 中的所有成员都 Ø-ing"具有兴趣：法律意图他们去 Ø-ing，致力于他们去 Ø-ing，希望他们去 Ø-ing。然而，就规则自身而言，其仅仅在体系中的出现，并没有给出关于如下内容的任何启示:我们为何由此认为,任何人具有"人们要履行被要求的行为"这样的目·的·或者意·图·或者目·标·。但是,如果视法律的强制性规范为法律所提出的"要求",由此我们就使得如下事实不再神秘:当存在一个要求 Ø-ing 的强制性规范时,我们就知道,法律想要人们去 Ø。因为当一个人提出"要求"时,通常的情况是这样的:他或她想要那些"要求"所指向的人照此行事。[使用言语行为理论的术语来讲(参见本节后面的部分),这是一条关于"一个人要求甲去 Ø"的真诚条件:一个人意图甲去 Ø。]这使得我们具有更深层次的理由认为,法律的强制性规范始终等同于法律的"要求"。

在此,对于"强制性法律规范要被理解为法律的'要求'"这样的观点,可能有些人抵制之。这难道不是哈特在《法律的概念》(*The Concept of Law*)中断然反驳过的法律的命令观吗?

不是这样的。对于哈特针对由奥斯丁启发的(Austin-inspired)法律的命令观的反驳,如下两点至关重要。其一,命令被视为法律的本质。哪里存在真正的法律,哪里就有命令。其二,所涉及的命令是主·权·者·的命令。该主权者是某些至高无上、法律上不受限制的一方,人们对之有服从的习惯。针对此种观点,哈特正确地反驳道:其一,以命令的观念来理解某些类型的法律是不合理的,尤其是那些给私人或者公共官员赋予权力的法律;其二,仅仅选择那些源自上述主权者的命令为法律,就无法恰当理解,立法权威的更替流变过程中,如何使得法律具有持续性[哈特 1994(1961),第 26—49 页、第 51—61 页]。然而,如下内容并非本节论证的构成部分:强制性法律规范——我视其为法律的"要求"——是原始的规范性要素,从中其他法律规范得以被建构。所以,哈特对仅仅关注于命令的奥斯丁式观点的批判,并不适用于我所捍卫的观点。如下内容亦非本节论证的构成部分:我们必须在不诉诸法律概念的情形下识别这样的某一方,即其"要求"就是法律的"要求"的一方。我在前文将之等同于强制性法律规范的"要求",不是奥斯丁式主权者的命令,而是法律自身的命令。所以,哈特对奥斯丁式理论所采取的诉诸主权者观念的做法之批判,在此亦无立足之地。

44 "要求"和行动的决定性理由

法律的强制性规范就是法律的"要求"。上述将两者等同的做法之相关性在于,正是通过"将这些规范理解为'要求'",我们才能明白:如何可能存在一些内在于法律的缺陷性和非缺陷性标准,其使得诉诸行动理由至关重要。因为

"要求"属于某种类型的言语行为，言语行为具有内在于自身的缺陷性和非缺陷性标准，所以，某些包含诸如"要求"在内的言语行为的缺陷性和非缺陷性的标准，使得诉诸行动理由至关重要。

为了提出该部分关于弱自然法命题的理据，我首先需要阐述一些关于言语行为的内容，这些内容都并非我的创新。正如塞尔（Searle）和范德维肯（Vanderveken）所讲，言语行为是"人类交流的最小单位"（1985，第1页）。言语行为试图通过语言做事情，试图通过履行言语行为来实现某些事态。所有此种行为都可诉诸语力（illocutionary force）和命题性内容（propositional content）来分析。由于语力不同，那些具有同样命题性内容的言语行为可能并不相同：即使言语行为的命题性内容"你按时上课"都一样，但"命令你按时上课"仍不同于"预测、请求、庆祝你按时上课等"。我们通过某些条件能够等同或区别不同的语力，这些条件使得由语力在部分上所构成的言语行为成为成功的或非缺陷的言语行为：特定类型的言语行为的成功条件是这样的条件，即一个人要实施该类型的言语行为所必然要实现的条件；特定类型的言语行为的非缺陷性条件是这样的条件，即预设在该类型的言语行为之中的条件，实施者致力于通过实施该言语行为而获致该条件。

对于区分语力而言最为根本之处在于语旨(illocutionary point)。所谓语旨,就是内在于成为那种类型的言语行为之内的目标。例如,一种基础性语旨是断言,人们提出该命题的意义在于表征世界。尽管还有其他语力成分,语旨是最为根本的,其界定了构成成功实施言语行为的条件(塞尔和范德维肯1985,第51—59页)。如果作为断言的行为没有将世界表征为事实上以特定方式存在,该行为就不成功,也根本算不上断言行为。

然而,除了完全不成功之外,还存在着言语行为可能出错的其他方式。一个试图做出断言的人可能仅仅由于语言不合适(linguistic incompetence)而导致最终根本没有做出任何断言。但是,虽然断言可能成功,其仍旧可能有缺陷:因为存在如下诸多可能性的断言方式,即其虽有不足却并未丧失作为断言的资格。因为除了语旨之外,还有关于语力的诸多要素,"获致这些要素"被言说者预设在言语行为中。这些要素包括:真诚条件(sincerity conditions),即预设在言语行为之中的言说者的精神状态;预备条件(preparatory conditions),即预设在言语行为之中的世界的状态。例如:在断言的情形下,真诚条件之一是言说者相信所断言的命题,预备性条件之一是被断言的命题具有某些积极的认知状态(positive epistemic status)。一个断言p的人在做出断言时预设了上述条件,并且致力于实现上述条件。就此,最为明显的检验之法是:断言 p 但拒绝相信 p,这一定是矛盾的;断言 p 但否认对于言说者而言,p 具有任何积极的认知状态,这也必然是矛盾的[塞尔和范德维肯 1985,第 17 页、第 18—19 页;也参见奥尔斯顿(Alston)1999,第 77—78 页]。然而,这些关于断言的非缺陷性条件,并非其成功条件。撒谎就是做出一个与心灵相悖的断言(参见《神学大全》第二集第二部,第 110 题第 1 节);胡扯(bullshit)就是做出一个断言,却不顾及断言的积极认知状态[参见弗兰克福特(Frankfurt)1998b];而且,撒谎和胡扯都是可能的。然而,撒谎和胡扯都是具有内在缺陷的断言形式,它们就其类型而言就是有缺陷的。上述评价并非对撒谎和胡扯做出任何道德上的宣告。这仅仅是说,撒谎和胡扯属于某种类型的断言,它们是就其类型而言有内在缺陷的例子。

与具有不同语力的言语–行为相对应,存在着不同的成功和非缺陷性条件。我在此的目的是主张,作为"要求"的非缺陷性条件之一是,被要求的一方具有决定性理由服从该"要求"。论证如下。①

(1)"要求"是一种指令性(directive)言语行为:内在于

---

① 接下来的论证以某些更为详细的形式出现在墨菲 2002a,第 24—27 页。

"提出要求"的意义在于,提出一个要-被-完成(to-be-done)的行为。

(2) 当一个人指引另外一个人去 Ø 时,则其必然蕴含着另外一个人具有某些理由去 Ø。

(3) 尽管某些指令性行为给所涉及的对象以不按照指引采取行动的自由选择权,但是"要求"并没有给予此种自由选择。

(4) 在(2)和(3)中指出的"要求"之特征——致力于服从的理由和此种服从的非自由选择性——导致这样一个结果,即当一个人要求另外一个人去 Ø,则其必然蕴含着另外一个人具有决定性理由去 Ø。

(1) 假定,我们认可塞尔关于基本语旨的目前的标准分类:断言的、指令的、承诺的、声明的、彰显的(expressive)。据此观点,断言的意义在于提出一个作为精确表征世界的命题,承诺的意义在于提出一个命题从而使得言说者致力于实现之,指令的意义在于提出一个命题从而使得对象(们)执行命题所表征的行为,声明的意义在于提出一个命题从而使得通过实施该行为本身而使此命题为真,彰显的意义在于提出一个命题从而彰显一个人要达至该命题所表征的事态的态度。尽管正如我们所讲的那样,存在其他语力要素,正是这些其他要素区分了不同类型的言语行为,但

第二章　自然法法理学的捍卫　　97

是,语旨是最为根本的,其界定了什么构成了言语行为的成功之实施(塞尔和范德维肯 1985,第 51—59 页)。

显然,鉴于基本语力的标准分类,"要求 p"属于指令性言语行为的范畴。然而,就此语旨被表述的方式而言,存在一个问题。因为,一个人能够成功地提出一个要求,即使被要求的一方未被该要求所触动。[我们应该注意如下事物之间的区别:第一,以言行事行为的成功;第二,交流行为自身的成功;第三,以言取效行为(perlocutionary act)——某人由此而想达至的事物——的成功。]似乎这样说更好:某人在发出指令时,内在于其行为中的意义在于,提出某个命题作为要-被-完成的事情。因为此即那些能够算作成功发出指令的东西:"发出某个指令"所要求的最基本的效果在于,指令发出者成功地将之作为要-被-完成的事情而提出。显而易见,这就是由"要求"所体现的语旨:"要求"提出某个行为作为要-被-完成的事情。

(2) 如果一个人实施指令性行为,所指向的对象具有实施被指令的行为的理由。(注意:说"如果一个人实施指令性行为,那么这必然表明,所指向的对象具有实施被指令的行为的理由",这并非说"一个人无论何时指令其他人去 Ø,其他人都具有去 Ø 的理由",而是仅仅说"一个人无论何时指令其他人去 Ø,这个人就使他或她自己主张,至少一旦自己发出指令,其他人就具有去 Ø 的理由"。)为此种观点提出证明的一种方式在于:首先,单单考察不同类型的指令性行为,例如请求、要去、命令等;其次,注意在每种情形下,实施该行为的人使他或她自己主张,存在某种具有特定分量的理由去实施被指令的行为。然而,要证明"某种类型的言语-行为必然蕴含某个命题",更有说服力、更坦率的方式是"矛盾测试(paradox test)":证明如下行为必然是矛盾的,即某个人实施某个言语-行为,却拒绝该命题。如果一个人去考察任何随机选择的指令性行为,那么显然如下行为必然是矛盾的:某个人实施某个行为,却否认所指令的人具有任何理由附和之。假设,我要求你:给我取一本书。"事实上,没有任何东西——甚至我将要做出的"要求"也没有——给你提供最微弱的理由去取拉兹的《法律的权威》(*The Authority of Law*)的复印件。但是,给我取那本书!"此处的矛盾是明显的。即使就诸如请求这样更温和的指令而言,如下做法也是矛盾的:某个人做出请求,却否认存在任何理由服从之。指令乃由理性存在物针对理性存在物而发出的,由此这些指令蕴含着,在某些方面,服从指令是有理由支持的(塞尔和范德维肯 1985,第 17 页、第 18—19 页;也参见奥尔斯顿 1999,第 77—78 页)。

(3) 如果一个人实施指令性行为,更不必说(a fortiori)

提出要求,那么这就蕴含着如下内容,即所指向的对象有理由依照指令而采取行动:指令行动者去 Ø,这就蕴含着行动者有理由去 Ø。在此,我想说的是,在特定"要求"的情形下,那些——由指令性行为表明其存在的——理由具有决定性。为了证明上述观点,我们需要注意命令性行为中的如下要素,这些要素并不适用于所有指令性行为。某些指令性行为允许对象拥有不服从的选择自由权,另外一些则不允许此种选择自由权(塞尔和范德维肯 1985,第 198—199 页)。例如,"请求"允许请求所指向的对象拒绝实施请求之内容。然而,命令却不允许这样。在此宽泛的指令分类下,"要求"显然落在非自由选择这一边。毕竟,当某人说"我请求你做此事,尽管如果你选择不去做的话,你可以不去做",这可能并不矛盾。然而,当某人说"我要求你做此事,尽管如果你选择不去做的话,你可以不去做",这不可能不矛盾。

(4) 总而言之,如下事实给予我们理由去相信"要求"所蕴含的行动理由是一种特殊类型的行动理由,也即决定性行动理由:(a)"要求"体现了非选择性特征;(b)所有指令性行为——包括那些提出"要求"的行为——蕴含着,针对所指向的对象而言的行动理由之存在。如果提出"要求",这就蕴含着除了服从之外别无选择。然而,除非支持服从的理由是决定性理由，否则何以留给理性存在物除了服从之外并无其他选择呢？为了确证此结论，我们可以再次直接诉诸矛盾测试：一个人能够非矛盾地说"我在此请求你去 Ø，同时我承认，你在综合考量之后可以合理地拒绝去 Ø-ing"；然而，其不能非矛盾地说"我在此要求你去 Ø，同时我承认，你在综合考量之后可以合理地拒绝去 Ø-ing"。蕴含在所有指令性行为中的行动理由，以及作为"要求"的部分构成要素的指令性力量（directive force）之程度，这两者意味着：如果一个人提出要求，那么这就蕴含着决定性服从理由之存在。①

48　适用于强制性法律规范的自然法命题之论证

由此，如下内容就构成了适用于具有义务-附加性的法律的自然法命题之论证。假定存在这样一部具有义务-附加

---

① 有人可能质疑，这是否过于强势。例如，考虑一下小孩子给父母提出的各式各样的无理要求。我们在此是否要假定：这些要求蕴含着，父母具有决定性服从理由呢？好吧，是的，我们要这样假定。言语行为是否具有特定意蕴，并非在任何情形下都是上述类型行为的实施的特征。所以，情况并非是这样的："孩子不知道决定性理由"这样的事实好像是对"'要求'蕴含着决定性服从理由"这样的主张的反驳。言语行为类型以及语言术语的一个重要特征在于，某人可能对之具有不同程度的把握；某人的把握程度在部分上由其对如下内容的理解程度决定："实施这些言语行为或者使用这些术语"的意蕴。事实上，使得某些小孩子的要求如此有趣的部分原因在于：其蕴含着服从理由的出现，然而这些理由并没有如此明显地出现。

性的法律：集合 M 中的所有人去 Ø。这样一部法律的存在，恰恰就是法律的"要求"：集合 M 中的所有人去 Ø。然而，法律的要求"集合 M 中的所有人去 Ø"是有缺陷的，除非对于那些属于集合 M 中的人而言存在决定性理由去 Ø。然而，这就是论证弱自然法命题所要求的所有内容：因为依照弱自然法命题，鉴于任何不由决定性理由支持的指令要么不是法律，要么单单就作为法律而言是有缺陷的；所以，法律由决定性理由支持。

适用于拓展的弱自然法命题之论证

在强制性法律规范的情形下，弱自然法命题的论证最为直截了当。然而，并非所有法律规范都是强制性法律规范：有些法律规范赋予权利，其他一些法律规范则赋予权力。有人可能简单地对自然法观点进行限制，以至于其仅仅适用于强制性规范：依照此受限的观点，自然法理论者感兴趣主张的无非是，具有义务-附加性的法律由决定性行动理由支持。毕竟，捍卫自然法命题的人最感兴趣的正是这些规范。有人可能想知道，赋予权利或权力的规范在何种意义上能够"由决定性理由支持"，以至于如果其未被如此支持，则其就是有缺陷的。即使适用于强制性法律规范的弱自然法命题极度有争议，其意义也是足够清晰的：如果一条强制性法律规范要由决定性理由支持,那么就要存在服从该规范的决定性理由。然而,初步看来,如下内容并非那么清晰:在其他法律规范的情形下,自然法命题具有何种意蕴。

自然法命题拓展于其他类型的规范的方式之一是坚持如下内容:权利-授予规范和权力-授予规范无非是极度复杂的强制性规范。哈特彻底地批判过此观点,我在此也不想重蹈覆辙。

我将要采取的进路立基于如下想法:一旦我们认真对待"法律是言说者"这样的观念,则我们就没有理由假定,法律实施的言语行为单单就是"要求"。"要求"是一个带有指令性语旨的行为。然而,很可能是这样的,即法律不单单发布指令,其也可以做出断言、承诺、声明。我们几乎没有理由要求,甚至希望如下两者之间一对一严丝合缝:其一,言语行为的基本类型;其二,法律规范的基本类型。然而,如果我们要探寻关于如下事物的阐述,即"义务-附加的法律规范和其他类型的法律规范之间的关键差异"以及"行动理由可能被卷入这些规范的不同方式",那么我们可以从这里开始,即考察言语行为而非指令性言语行为。

让我们从权利-授予规范开始。我所表述的假定可以如下方式适用到权利-授予规范上来。当存在一条权利-授予的法律规范时,则至少在权利并非仅仅是强制性法律规范的影子之处,法律已经在"做出承诺"的特定言语行为意义上做出一个承诺。存在一条法律规范,其赋予集合 M 中的人去 Ø 的权利,这仅仅是法律在实施一个承诺性行为:就集合 M 中的人去 Ø 而言,承诺自己将以特定方式行动。(这至少对于如下这样一种特定类型的 Ø-ing 而言为真,即那些保护集合 M 中的人的利益的 Ø-ing,或者保护集合 M 中的人的选择权的 Ø-ing,或者诸如此类的任何其他 Ø-ing。)我所主张的观点可能被那些接受关于权利的选择理论的人接受(例如,哈特 1995,第 175—191 页),或者可能被那些接受关于权利的利益理论的人所接受(例如,拉兹 1986,第 165—192 页)。

例如,假如我们认为存在自由言论的法律权利。据此观点,如果存在自由言论的权利,则法律无非是在自我承诺,以特定方式对待公民的言论:不以特定方式阻止之,排除其他公民以特定方式阻止之,等等。[当然,该承诺的精确内容取决于如下两方面的内容:其一,所涉及的霍菲尔德式权利(Hohfeldian right)之类型;其二,我们认为"自由言论"的内容是什么。]或者,假设存在"未经法律上的正当程序不被剥夺财产"的权利。我认为,如果要存在"未经法律上的正当程序不被剥夺财产"的权利,则法律无非是在自我承诺,以特定方式对待公民的财产:未经法律上的正当程序不得从公民那里拿走财产。存在权利-授予的法律规范,就是法律自我承诺以特定方式行动。

在细节上加以必要修改之后,针对如下两者进行论证是一样的:其一,沿上述线索理解权利-授予规范;其二,将强制性规范理解为法律的"要求"。第一,我们确实承认,如果且唯有如果法律做出此种承诺,则存在法律权利。而且,由于如下想法是荒谬的,即上述事态仅仅是偶然共同-实现的或者相互蕴含却又独特的;所以,我们应该认为其是同样一个东西。第二,阐述如下两者所得出的清单是一致的:其一,如果"存在法律权利"为真,则何种事态必然要被实现;其二,如果"法律自我承诺做某事"为真,何种事态必然要被获致。第三,当我们知晓某个法律权利的存在,我们就知晓法律具有某种类型的目标,即改善公民行动的条件,或者保护公民行动的条件,或者至少不阻碍公民的行动;如下事实很好地解释了"我们知晓上述内容":作为言语-行为的承诺的真诚条件是,一个人意图实施自我承诺的行动。

现在,如果权利-授予规范的存在正是法律的承诺,那么我们就可以提出关于如下内容的阐述:其一,将弱自然法命题拓展于权利-授予规范意味着什么;其二,论证弱自然法命题在权利-授予规范的情形下为真。因为,与"要求性行为

(demanding acts)"一样,"承诺性行为(commissive acts)"也具有包含行动理由在内的非缺陷性条件。然而,尽管存在某些行动理由,其存在是"要求"的预备性条件,是所指向的对象的行动理由;但也存在某些行动理由,其存在是"承诺"的预备性条件,其恰恰是言说者的行动理由。一个人自我承诺"在情形 C 下去 Ø",则其就预设了如下内容:一旦做出该承诺,则他或她在情形 C 下就有决定性理由去 Ø。(关于此种假定性主张的证据,正是矛盾测试:如下行为是矛盾的,即某人自我承诺"在情形 C 下去 Ø",这个人却允许自己甚至在做出该言语行为时仍可以非常合理地"在情形 C 下不去 Ø"。)然而,如果上述内容为真,那么在如下情形中该言语行为是有缺陷的:一个人承诺要做出某种行为,但这个人甚至在做出承诺之时却不具有决定性理由去实施此种行为。

如果某个法律规范给集合 M 中的人赋予权利去 Ø,法律却不具有决定性理由去保护(……)集合 M 中的人 Ø-ing,则这个法律规范是有缺陷的。注意:说"如果不存在决定性理由去保护(……)集合 M 中的人 Ø-ing,则这样的规范是有缺陷的",并非说"在创立该规范之前,可能不存在此类决定性理由"。这里的主张是:如果不存在决定性理由——甚至包括经由规范的产生而引发的理由——去保护(……)公民

Ø-ing，则规范是有缺陷的。

在此，有这样一个例子。假设如下内容为真：一个人绝对没有决定性理由去支持他人实施道德上邪恶的行为（即在如下描述的情形之下，一个人绝对不具有决定性行动理由：维护 A 去实施 Ø-ing，但 Ø-ing 却是道德上邪恶的行为）。支持，假定如下内容为真，即为了使配偶顺从自己意志而采取的虐待行为是道德上邪恶的。且进一步假定，在某些法律管辖范围内，法律明确赋予了丈夫以上述方式对待妻子的权利。依照适用于权利-授予法律的弱自然法命题，就作为法律而言，该权利-授予的法律规范在本质上是有缺陷的。因为，法律在此情形下承诺要支持虐待妻子的做法，且该承诺预设了法律由此具有决定性理由去支持虐待妻子的做法；然而，鉴于"该实践在道德上是邪恶的"这样的假定，则法律不可能具有决定性理由支持虐待妻子的行为。所以，单单就其作为法律而言，任何赋予上述做法以权利地位的法律规范都将是有缺陷的。

51　　复次，权力。为了解释自然法命题如何能够适用于权力，我们有必要考察宣称（declaration）这种言语行为在法律之中的普遍存在方式。宣称是言语行为，正是通过实施该言语行为，某个事态得以产生：宣称 p，使得 p 情形出现。法律使用宣称来澄清某个术语的法律意义：法律宣称，谋杀是故意恶意杀人,盗窃是在犯罪的目的刺激下破门而入,等等。目前来看,法律宣称就其本身而言并没有多大意思。使得法律宣称变得有趣之处在于其实践效果。法律宣称"如果某物是 x,那么其就是(算作)y",其中的有趣之处在于:相对于 y 而言,法律要求集合 M 中的人以某种方式行动;或者,相对于 y 而言,法律承诺自己以某种方式行动。法律当然可以宣称,在犯罪目的刺激下破门而入的行为是(算作)盗窃;然而,如果不联系"我们不得实施盗窃行为"这样的法律要求,则上述法律宣称无意义。

我主张,法律权力应被理解为如下两者的结合:其一,特定类型的法律宣称;其二,法律的承诺、要求,其涉及宣称的对象。当存在法律权力时,法律的宣称包含了一个由行动者来决定是否实施的行为,行动者可以选择实施该行为从而引发相应的法律承诺、要求。所以,法律权力是这样一项法律宣称:在条件 C 下,x 是(算作)y,而且,C 是由行动者来决定是否实施的行为;同时,这还伴随着法律承诺(相对于 y 而言,法律要去 Ø)或者法律要求(相对于 y 而言,集合 M 中人要去 Ø)。

这非常抽象。下面举一个例子:考虑立遗嘱的法律权力。根据上述阐述,该法律权力包含法律宣称和法律承诺。其中的法律宣称是这样的,即如下意图之表达算作遗嘱:某人就其死后如何处置其财产的意图的表达,此种表达以特定方式被书写,并且在两个见证人在场的情况下由立遗嘱人签名(……)。其中的法律承诺就是要去执行遗嘱的条款内容。通过实施法律关于遗嘱的宣称所描述的行为,行动者可以引发法律做出如下承诺:实现行动者的特定意愿。

为了理解"法律权力要由决定性理由支持",我们需要诉诸如下内容:由法律承诺或者要求构成的法律权力之要素。因为"由决定性理由支持"完全是个实践性观念,只要一项法律的宣称呈现为法律命令或者法律承诺的形式,其就不会遭受实践性批判。只要法律承诺去执行那些表达在遗嘱中的意图,则我们就没有理由批判一项关于什么算作遗嘱的宣称。一个人可能据此主张,单单就作为法律而言,一条关于遗嘱的特定法律规则是有缺陷的;其中的原因在于:如果法律承诺去执行那些所涉之人不能承诺执行其条款内容的遗嘱,那么,该法律就出现了一个内在缺陷。①

---

① 如何给制裁提供一个言语行为分析呢?根据一种简单的想法,一条规定制裁的规则可能是一个法律承诺;因为说"存在一条给冒犯行为(offense)O 规定制裁 S 的规则",就是说"法律承诺施加 S 于那些已然实施冒犯行为 O 的人身上"。从前述论证中可以清晰地看到,单单就作为法律而言,一个规定制裁的规则如何可能是有缺陷的:即使在法律做出承诺之时,如果不可能存在充足理由施加上述制裁于实施冒犯行为的行动者,那么就作为法律而言,该规则就是有缺陷的。(例如,如果酷刑是一种并没有充足理由加在冒犯者身上的制裁,那么,就作为法律而言,任何规定酷刑作为对某些冒犯行为的官方回应的法律规则就是有缺陷的。)然而,存在某些复杂情况:正如我之后主张的那样(第六章第一节),惩罚也由权威性指令构成;而且,如果未将此考虑在内,则任何对规定制裁的规则的恰当分析都将是不完整的。

驳斥拉兹命题

有人可能主张,通过诉诸作为言语行为的法律规范之性质来论证弱自然法命题,这是没有必要的辗转迂回:通过诉诸拉兹法理学的基本命题,我本可以提出一个达至同样结论的更快捷的论证。拉兹主张,法律必然主张具有权威。他并没有主张,法律必然具有权威。事实上,他拒绝之。他主张,现代法律体系缺乏其在本质上要追求的权威(拉兹1979a,1984b)。如果以上观点为真,则在直接论证弱自然法命题方面,"法律必然主张具有权威"这样的观点可能作为前提发挥作用。因为,如果我们赞成拉兹的观点即"法律必然主张其指令具有权威",则我们由此可以推导出:法律为自己设立了一个特定的规范性标准,一旦法律未能符合该标准,则法律就是有缺陷的,且单单就作为法律而言是有缺陷的。出于上述原因,某些实证主义者认为,拉兹的主张"法律主张自己具有权威"是特洛伊木马,这样一种主张不应该占据实证主义大本营的位置,以免被那些具有自然法目的的人利用[参见克莱默 1999 和戈兹沃西(Goldsworthy)1990]。

尽管有人可能诉诸拉兹的命题作为前提来建构关于弱自然法命题的论证,但是我们拒绝这样做。拉兹的命题是,法律在本质上主张具有权威。我在论证弱自然法命题时所依赖的相应命题是，法律承诺达至这样一种状态，即存在决定性理由服从法律的指令。拉兹的观点和我的观点之间存在两个明显差异。

第一个差异是这样的。拉兹的命题涉及如下内容：法律必然主张的命题，即法律具有权威。我所依赖的前提涉及如下内容：当法律提出"要求"时，法律必然承诺的命题，无论法律是否曾努力使得该承诺显而易见。如果严格分析拉兹的命题，我们就会发现：其是非常不合理的，而且，拉兹的证据并不足以充分证立之。拉兹诉诸法官和其他官员对于"法律的要求"的表述方式：他们视"法律的要求"为义务（duties）或者责任（obligations）；他们把自己描述为权威；他们把那些未遵守法律的要求的人标识为冒犯者，并且对之定罪。然而，似乎相当清楚，可能存在这样一个法律体系：在该法律体系中，官员并不把自己标识为权威，官员并不把所施加的要求描述为义务或者责任，官员也不把违法者描述为冒犯者，并且不对之定罪。在此，我所设想的内容并非克莱默所想的内容，即一个仅仅奠基于由暴力支持的赤裸裸的命令之上的政权（克莱默1999，第83—89页）。相反，我所设想的是一个远远更为良善的情形：在其中，法律事实上是权威的，每个人都笃信之，而且没有人试图费劲使之显而易见。在此政权之下,如下说法是虚假的,即法律宣称具有权威。法律根本就没有宣称那种类型的内容,法律并没有在该问题上发表意见[也可参见西玛(Himma)2001;德沃金2002,第1661—1667页;索珀2002,第79—87页]。我没有以"法律主张什么"来构建论证自然法命题所依赖的前提,我转而以"法律承诺什么"来构建论证自然法命题所依赖的前提,其中原因在于如下两个命题并非一一对应:其一,某人通过实施言语行为而承诺的命题;其二,某人通过实施该言语行为而主张的命题。

  现在,有人可能说,如果这就是我捍卫的命题和拉兹自己的命题之间的差异,那么此种差异事实上十分微弱。可以肯定,拉兹非常乐意承认,法律必然承诺"法律具有权威"这样的观点。然而,在此存在一个深层次的差异。拉兹主张,法律主张的命题是"法律具有权威";我主张,法律承诺的命题是"法律由决定性行动理由支持"。上述两个观念之间存在重要差异:"法律具有权威"意味着"法律由决定性行动理由支持",但"法律由决定性行动理由支持"并不意味着"法律具有权威"。因为法律若要具有权威,如下两个条件必须被满足:其一,必须存在决定性理由遵守法律[拉兹认为,这些理由必须是受保护的理由(protected reasons),即遵守"法律的要求"的一阶理由(first-order reasons)和不要基于那些悖逆于遵守"法律的要求"的理由而行动的二阶理由（second-order reasons）]；其二，这些决定性理由必须包括如下事实，即法律要求该行为（参见墨菲2002a，第15页；墨菲即将出版的书）。然而，在我看来，并没有充足的理由跟随拉兹的脚步越过如下第一种主张而过渡到第二种主张：第一种主张，法律致力于其由决定性服从理由支持；第二种主张，这些服从理由包括"法律的要求"自身。

我之所以如此说，有两点理由。第一个理由恰恰在于，一旦我们认可，强制性法律规范正是法律的"要求"，那么，我们没有任何理由去假定，所有法律体系必须主张"每个此类'要求'都具有权威"。① 我之前主张，在提出"要求"的背后隐含着的所有东西无非是：存在某些理由的集合，其对于增进服从而言具有决定性影响。提出"要求"的人并不致力于，这些理由成为任何特定类型的理由。其可能包括命令者如此-言说（say-so），也可能不包括；其可能包括特定化的或者非特定化的制裁，可能包括独立的道德理由，还可能包

---

① 对比哈特1983b，第10页："在我看来，如下假设是不现实的：法官在做出关于法律义务的陈述时，通常必然相信或者伪装相信如下虚假的理论，即通常存在守法的道德义务。在我看来，上述关于法律义务的陈述可能被更好地建构为关于如下内容的陈述：根据那些被法官接受为确立了关于司法、执法的正确标准的法律，对于法律的对象而言，恰当地被要求的行为方式是什么"（强调为原文所有）。

括独立的审慎理由。从"一个命令被发出"这样的事实,我们可以知悉,除非存在决定性理由服从之,否则该命令就是有缺陷的。仅仅从"命令者缺乏权威",我们不可能知悉命令是有缺陷的。

之所以不主张"法律致力于其具有权威"的第二个理由,要求我们回到如下法律体系的例子中去:该法律体系发布了许多义务-附加性规则,但其从来没有提出明确的关于权威的主张。问题在于:单单由"法律体系发布了义务-附加性规则"这样的事实,我们可以就"该体系致力于或者非致力于具有权威地位"说什么呢?无疑,答案依赖于:法律体系将什么内容创立为规则。假定,该法律体系包含的所有义务-附加性规范都要求,一个独立地被实践理性所要求的行为。在更无争议的领域,法律体系的所有规则单单复制自然的实践合理性(natural practical reasonableness)的内容:法律禁止故意杀害无辜者、酷刑和强奸等。我们没有任何根据主张,法律致力于具有权威。情况可能是这样的:支持"法律的要求"的行动理由并非法律如此-言说,而是道德自身。拉兹的如下想法是正确的,即每个法律义务都标榜具有某些理由-给予之渊源,但这并没有使得法律承诺如下主张:存在一个针对所有规则的单一理由-给予之渊源,即"法律自己如此-言说"。

现在，有人可能反驳，即使我已经提出理由来质疑拉兹的命题，但这样做也会危及到我自己的自然法立场。因为我主张，就"法律致力主张提供关于服从的决定性根基"这样一种观点而言，不存在为之辩护的优先性理由之集合；理由可能是权威性理由，也可能是独立的道德或者审慎理由，或者还可能是由制裁的威胁所引发的理由。然而，有人可能说，如下看法无疑是一种非典型的自然法观点：那些据称支持遵守法律的决定性理由，可能根本就不是源自法律的权威之理由；相反却是源自道德规范的独立理性力量之理由，或者源自法律制裁的单纯强制力之理由。

在我看来，与其说下述观点是在批判我，不如说是一个捍卫自然法法理学的手段：那些据称支持遵守法律的决定性理由，可能源自独立的道德关切（至少在那些诸如禁止强奸、谋杀或者酷刑的规范那里，这是合理的），而非法律的权威（至少在那些诸如涉及征税、交通规则的规范那里，这是合理的）。对于批判者而言，也许更有希望的批判线索在于，这些理由可能源自制裁。然而，如下想法是错误的：就支持法律规范的理由之渊源而言，法律的缄默给自然法理论的批判者提供了帮助。第一，法律宣称要被其支持的行动理由的渊源，事实上并非自然法理论者和其批判者之间争论的核心来源。实证主义者的分离命题从来没有仅仅被表述为这样的主张,即"法律事实上是权威的"位于任何法律命题的真值条件之中。相反,该命题通常被以如下术语表述:通常,是否被道德或者实践原则所蕴含,是否符合道德或者实践原则,抑或,是否与道德或者实践原则相一致(参见第一章第二节)。而且,即使我的论证中所使用的前提允许,制裁提供遵守法律规则的理由,上述命题仍旧能够夯实弱自然法主张,即某些行为不可能被非缺陷性法律规范要求。因为仍旧可能是这样的,即存在这样一些规则,即使没有制裁也足以使得服从这些规则在实践上讲是合理的。例如,阿奎那认为杀害无辜者无论在何处通常都是错误的(《神学大全》第二集第二部,第64题第6节);他就此会说,就作为法律而言,要求此种杀戮行为的法律是严重有缺陷的,因为在任何条件下都不可能存在恰当的理由去杀害无辜者。由此,就"法律由服从的理由支持"这样一种主张而言,即使法律对其的承诺在理由渊源问题上保持沉默——即使遵守法律的理由被规定为源自制裁——法律和服从的理由之间的内在联系仍将支持自然法法理学。因为如果存在这样一些行为,即无论制裁为何,人们从来都不具有决定性理由去实施之,那么任何对其实施加以命令的法律都将是有缺陷的。

第二,即使言语行为理论对于命令情形下的服从理由之渊源没有影响,也可能在诸如仁慈的考虑因素(considerations of charity)中存在如下主张的根基:法律通常并不将其"要受到理由支持"的主张奠基于制裁之上。在此,我们可以将关于法律提出主张且承诺特定命题的拟人化语言稍微拓展一下,且通过类比令其更加容易进行。假设有这样一个人(例如,简),其把许多规则加之于一大帮人。简具有某些胁迫性权力。如果她愿意选择的话,她能够使特定的人遭受痛苦。她也具有某些信息收集能力:在某种程度上,她能够发现谁遵守了规则以及谁没有遵守规则。现在,假定简的规则-附加行为(acts of rule-imposition)是真诚的:她事实上相信其规则-附加行为的前提为真,所以,她也相信,在这些规则的所有适用情形中,规则的适用对象都具有决定性理由依照这些规则行动。然而,她针对不服从而施加制裁的能力是十分受限的。她可能仅仅抓住有限数量的冒犯者,而且没有人能够提前知晓她将会抓住谁和她将不会抓住谁。鉴于她的规则-附加行为的真诚性,以及鉴于她知晓自己通过制裁给予行动理由的有限能力,如下主张似乎是仁慈的:她关于服从理由的信念,并非源自其胁迫性权力,而是源自其他地方,即源自她所制定的内容或者源自她的权威。当然,关键点在于,如果我们仍旧乐意使用法律-附加性规则

(law-imposing rules)的语言,例如提出主张以及承诺某些命题等,那么在大量情形下,仁慈的考量因素会很好地引导我们这样做:将"法律要由理由支持"这样的主张拓展到如下更进一步的主张,即所涉理由并非由制裁提供,或者并非单单由制裁提供。

五、功能论证和言语行为论证之间的关系

我已经捍卫了关于弱自然法命题的两种进路:法律的功能论证(第二章第三节)和言语行为论证(第二章第四节)。前者主张,法律的功能是提供由行动的决定性理由支持的指令;后者主张,法律等同于言语行为,其中的非缺陷性条件是法律由行动的决定性理由支持。这些论证看起来属于相当迥异之类型,我却视两者皆为成功。这表面上看是巧合,实则值得深思。

然而,这绝非仅仅是巧合。我们能够就如下观点给出合理阐述:如果法律的功能论证成功,则言语行为论证必然也成功。因为如果法律的功能论证正确,则法律的功能在于提供由行动的决定性理由支持的指令。我们可能视这些指令单单为规则。然而,法律体系被活生生的人之思想、判断、行为和语言所体现。对于法律体系的存在而言,

关键在于：其指令被表达为实实在在的人之要求，不管是那些使用指令去调整其行为或者其批判他人（或者其自己）行为的普通民众，还是那些其特定角色在于将指令适用到普通公民身上的法律官员。由此，我们必然可以推导出如下结论：如果一个体系的功能在于发布由决定性服从理由支持的指令，并且其功能由诸如我们这样的理性存在物的言语-行为所执行，那么，该体系就应该产生这样的言语行为，即其非缺陷性条件包括其要由决定性服从理由支持。

再次，回想一下理由-支持规则机器（第二章第三节）。假设此种机器的设计并非由硅片展现，而是由小矮人展现。如果这些小矮人搜寻相关信息从而形成关于手柄推拉者具有决定性理由去做的内容的判断，并且这些小矮人——通过直接陈述的形式"你有决定性理由去 Ø，或者通过应当-陈述（'你应当去 Ø'）"，或者通过要求（Ø!）——表达出来该判断，那么，我们显然有理由讲：该机器实施了言语行为，并且该言语行为预设或者主张对于手柄拉动者而言存在决定性理由服从指令。然而，这同样适用于法律：鉴于人类在法律体系的功能的发挥中所起到的特定作用，我们有理由说，法律实施了言语行为；同时，我们也有理由认为，如果这些行为是非缺陷的，则其就要由决定性服从理由支持（第二章

第四节)。所以,如下观点并不令人吃惊和也不令人起疑:法律的功能论证和言语行为论证都是达至弱自然法命题的成功路径。

六、弱自然法命题、强自然法命题和法律实证主义

就作为法律而言,不由决定性服从理由支持的法律是有缺陷的。所以,弱自然法命题为真。然而,自然法法理学者应该继续前行捍卫更强的命题——不由决定性行动理由支持的法律根本不是法律——吗?我认为,自然法法理学者不应该继续前行捍卫更强的命题;因为我之前为论证弱自然法命题而提出的论据,提供了质疑强自然法命题的理由。

法律的功能论证(第二章第三节)没有提出任何接受强解读的理由;事实上,其提出了让我们怀疑强解读的理由。穆尔为论证强自然法命题而提出功能类型的论证(尽管他并没有考虑将弱自然法命题作为备选方案)。然而,如下假定似乎是谬误的:无论依照穆尔的功能类型论证还是依照我所建议的修正版本,结论都是强自然法命题。依此观点,如果法律不由决定性服从理由支持,则其就不能发挥功能;然而,我们为什么认为"根本不存在不由决定性服从理由支

持的法律",而非仅仅认为"所有这些法律是有缺陷的法律"呢?毕竟,某些事物具有 Ø-ing 的功能,但其现在并没有 Ø-ing,而且在目前条件下也无力 Ø,这是司空见惯之事:坏掉的闹钟、折断的胳膊等为证。坏掉的闹钟仍是闹钟,只是有缺陷而已;在滑雪事故中摔断胳膊,并不等于在滑雪事故中失去胳膊。我们不应该期望从功能类型论证中得出超越弱自然法命题的结论。

这同样适用于言语行为论证。再次考虑一下如下主张,即谎言和未被证立的断言在本质上是有缺陷的。如下说法过于强势:谎言根本不是断言,或者未被证立的断言根本不是断言。为了能够将之识别为谎言、未被证立的断言,我们需要能够将之识别为断言、如实地对世界之呈现。而且,如下说法明显是错误的:一个人不能够为了他或她的特定目的而有效地使用谎言、未被证立的断言。一个人可以成功地撒谎、胡扯。然而,对于所有人而言,如下说法并非过于强势而无法成立:恰恰在其本质上,此类断言是有缺陷的。无论愿意与否,参与到断言中就是参与到一种具有内在目的的活动之中去;不真诚、没有证据或者虚假的断言未能符合无瑕疵的断言之标准。这就是如下现象的原因:尽管"撒谎性断言根本不是断言"确实不为真,但其被承认为关于某些确实为真的事物的夸张表达;然而,"粗鲁的断言根本不是断言"既确实不为真,也不被承认为关于某些确实为真的事物的夸张表达。

此种情形的一个有趣特征在于,通常就判断一个人是否做出断言而言,我们的标准是自然、社会事实:他或者她的嘴巴在移动吗?从嘴巴里发出来的声音要被承认为词语吗?这些词语从语法上讲构成宣称性句子吗?言说的语境是如此这般,以至于在此种语境之下说出此种语句的民众通常打算要做出断言吗?如此种种,不一而足。我们用来判断"某个断言是否被做出"的标准,通常是非评价性。而且,如下情况并非偶然:如果说,为了知晓某人的言语是否算作断言,我们不得不参与到规范性的认识论中去,那么,"能够基于他人的证词而形成信念"这样的善就不可能实现。然而,尽管关于"是否做出某个断言"的记录标准大体上是事实性的,但关于"某断言是否具有缺陷"的判断标准要诉诸认识论和语义学价值:诉诸隐含在做出断言之中的证立、真值与真诚性,这样好吗?

现在,我想说,当我们考虑断言之外的言语行为时,上述模式会再次出现。我们用来判断"某个指令是否已经发出"的标准在大体上是事实性的,这至关重要:因为指令的部分意义在于改变人们关于要去做何事的观点,这或者通过改变理由的平衡而实现,或者通过提出这些理由而实现,或者通过使得这些理由更鲜活、在动机上更有效而实现。①我们用来判断"某个承诺是否已经做出"的标准大体上是事实性的,这至关重要:因为承诺的意义在于改变某人要做的事情、某人行动的合理方式。所以,一旦我们认可,要以"要求"和"承诺"这样的术语来理解义务-附加性和权利-授予性法律,那么我们就应该进一步认可,"是否存在此类法律"是一件大体上由自然、社会事实决定的事情。因为像"断言"一样,"要求"和"承诺"都是言语行为,我们关于"言语行为是否存在"的标准直观来讲大体上是自然、社会事实问题。我们判断法律是否存在的标准大体上是自然、社会事实问题,这是重要的:如果说,为了知晓法律是否存在,我们不得不跳入道德哲学,那么,法律通过制定行为标准来解决实践分歧的诸多能力将会被削弱(参见拉兹 1985),我们依靠法律的承诺来安排自己事务的能力也将会被削弱。由此,自然法理论者应该承认法律实证主义者的分离命题(第一章第二节),并且拒绝更强的自然法法理学命题。

---

① 除了增加行动理由之外,还要注意"要求"能够指引行为的其他诸多方式:其既能够影响到一个人对于已经存在的行动理由的认知性反应,也能够影响到一个人对于已经存在的行动理由的意志性反应。这是我批判夏皮罗(Shapiro)的强硬实证主义论证的根据(1998)。

七、自然法政治哲学的议程

就像我在第一章第一节中所讲,自然法政治哲学的议程由自然法法理学确定。自然法法理学关注于非缺陷的法律的条件,并且在这些条件中纳入了"那些法律管辖之下的人具有决定性理由服从之"这样的条件。自然法政治哲学追问:在何种条件下,公民具有决定性理由服从法律呢?鉴于法律由那些在智力方面并非远远高于常人的、在美德方面显然亦非远远高于常人的一伙人制定,法律如何可能具有拘束力呢?法律又如何可能成为由决定性服从理由支持的规范呢?

如我在第二章第四节中所暗示的那样,一种答案是这样的:因为法律仅仅复制了自然的实践合理性的内容,所以被自然所要求的东西被囊括到法律之中。然而,正如我也在该部分末尾所暗示的那样,此种事态远非典型状态。我们在发达法律体系中所遇到的多数情形似乎是偶然的规范设定,而非由先于社会制度运作之前的自然所确定的东西之重现。理性的规范(norms of reason)展现了规范开放性(normative openness):关于我们应该如何理性行动的许多内容并未由自然的实践理性决定。尽管此种规范开放性可能是重大的人类善的源泉,因为其使得人类在建构自我生活和排列自我选择方面的创造性成为可能;然而,其也构成了建构公共生活——在其中,行动者试图协调相互之间的行动——的重大困难之源头。即使行动者分享一个共同目标并且期望齐心协力去实现之,但就遵守何种行动规划而言,他们之间仍旧可能存在分歧。而且,关于实践理性的规范开放性可能使我们确信,有分歧的行动者之间没有一方是错误的。即使行动者在某些抽象的描述层面分享共同目标并且期望齐心协力去实现之,但就抽象规划之共同目标如何分解为具体目标而言,他们之间仍旧可能存在分歧。而且,关于实践理性的规范开放性可能使我们确信,有分歧的行动者之间没有一方是错误的(参见墨菲 2001a,第 252—254 页)。法律是建构此类行动者共同生活的一种方式:法律致力于确立共同行动的决定性标准,并且由此排除特定类型情形中的(合理的)实践分歧。法律致力于消除某些规范开放性,这些规范开放性甚至在理性的行动者之间都会产生实践性分歧。

我们可以这样坦率地亮出这个问题:非缺陷的法律如何可能呢?当法律超越自然的实践理性所能单独规定的内容时,法律如何可能成为行动者拥有决定性理由服从的行为标准呢?由法律所规定的公共行为标准并没有被自然的实践理性独一无二地支持,则其如何能够决定性地确立一个人应该做什么呢?自然法观点主张,相对于政治社群的共同善而言,法律处于优先性地位,正是通过此种优先性地位,法律才具有上述独特角色。下一章,我们将探寻关于共同善的阐述,此种善具有对于发挥上述角色而言必要的被拔高的规范性地位。

第三章 共同善

一、自然法政治哲学中的共同善

正如我们在第二章第四节中所见的那样:法律作为"要求"提出者的地位并没有证明,法律致力于"其是权威的"这样的观点;法律作为"要求"提出者的地位仅仅证明,法律致力于"其指令由决定性行动理由支持"这样的观点。然而,正如我们在第二章第七节中所见的那样,鉴于"实践理性之规范开放性"和"行动者之间共同行为的根基"在理性上的可欲性,非缺陷性法律的典型特征在于"法律被设定为具有权威"。我们由此转向第二个关键的自然法命题(导论第一节):法律的理由–给予之力量源自政治社群的共同善。当法律具有权威时,自然法理论者想说,其之所以具有此种地位,理由在于人们根据政治社群的共同善而创设法律。据此观点,共同善是某些事态(可能极为复杂的事态!),其之所以是善,因为其是有理由被以促进、荣耀、尊重等诸如此类方式被对待的东西;其之所以是共同的,因为其具有对于政治社群的所有成员而言的价值。

有必要稍微停顿一下指出,共同性(commonness)标准意味着,霍布斯式共同善的观念至多是离经叛道的自然法共同善观念。回想一下霍布斯所描述的"人类的自然状态(natural condition of mankind)"。在人类的自然状态下,人类行动者大体上是自私的、在智力和体力方面大致平等的,他们处于一个适度匮乏的状态,缺乏任何胁迫性政治权威。此种状态无疑是一种战争状态,自然状态下的民众的生活糟糕且短寿。霍布斯主张,尽管自然状态下的民众甚至可能具有迥异之目标,然而,他们必然会意识到和平是善的,他们也会承认达至和平的唯一方式是共同缔约来建构一个近乎绝对的政治权威即主权者,该政治权威拥有权利和权力来逮捕、惩罚所有那些参与到危害和平的行动中去的人。62现在,难道我们没有恰当的理据坚持如下观点:在霍布斯的自然法观点之下,共同善——和平——作为之后关于政治权威的来源、本质和形式的推理的关键前提而发挥作用?

在某种意义上讲,对于霍布斯式行动者而言,和平无疑是共同善,但这是在非常弱的意义上来讲的。理由在于,除了外在表象之外,并不存在如下的单一事态,即自然状态下的人将之视为共同、合理的追求之对象的事态。鉴于霍布斯对这些行动者的描述,自然状态下的每一方当事人所欲求的并非和平本身(peace as such)或者对于自然状态下的所有人而言的和平,而是对于他或她而言的和平。每一方当事人所力图实现的事态在本质上来讲均具有自我指涉性(self-reference),这完全是行动者-相对(agent-relative)之目的。无论如何,霍布斯式的行动者都没有理由促进实现所有行动者能够处于和平状态的条件,他或者她仅仅有理由促进实现他或者她能够处于和平状态的条件。① 霍布斯认为,如果所有的行动者都如此行事,普遍和平将会降临。然而,并不存在这样一种强硬立场,即普遍和平对于霍布斯式行动者而言是共同善。② 我稍后将视此为赞成关于共同善观念的自然法阐述(the natural law credentials)的理由,因为

---

① 某些学者认为:由于霍布斯式行动者,或者接受自然法则,或者通过签订契约从而服从主权者,所以,这些行动者转而确实以特定方式共享目的。这至少是一个关于霍布斯的合理解读,尽管这给霍布斯提出了不同的论证性难题。无论如何,"霍布斯式"在此意指一类关于共同善的观点,而霍布斯实际的观点可能是,也可能不是其中的一个例子。

② 在墨菲 2001a,第 126—127 页,我谈论了此种针对社群基本善而言的霍布斯式理由。

其比霍布斯的观念更为充分地满足"共同性"准则。

所以,自然法立场坚持,对法律权威的解释需要参照对于政治社群的成员而言真正共同的善。如果一个人致力于阐述由自然法观念所限定的法律权威,那么有两个任务必须要完成。第一,这个人需要证明,共同善能够胜任如下挑战:存在一个关于政治社群的共同善观念,它能够承载自然法立场赋予之的规范性负担。第二,这个人需要证明,法律如何相关于或者能够相关于以如上方式被认知的共同善,以至于法律具有权威。第二个任务将是下面两章的关注焦点。我在本章将考察如下问题:鉴于共同善必须扮演给法律的权威提供规范力量的角色,我们应该如何理解共同善呢?

我将考察的三个关于共同善的备选观念分别是工具式善(instrumentalist good)、独特式善(distinctive good)和聚合式善(aggregative good)。依据工具式观点,共同善体现在如下条件之中:就社群成员实现对于自己来说有价值的目的而言,这些条件是充分或有益的手段。依据独特式善的观点,共同善体现在获致某些内在地具有善的属性之事态,这些事态确实是作为整体的社群之善(这对立于单纯的社群成员之善)。依据聚合式善的观点,共同善体现在实现某些个体的内在善之集合,典型情形是所有(并且仅仅)政治社群的成员的善。本章其余大部分(第三章第二节至第三章第五节)的目标在于:一方面,展现聚合式观念之立场在完成自然法阐述所赋予的角色方面的优点;另一方面,主张唯有借助聚合式观念,工具式善和独特式善的观念方才具有合理性。本章将以如下内容作为总结(第三章第六节):关于"法律权威如何从共同善中产生"的一般化自然法阐述。我们将在第四章和第五章考察上述阐述的具体细节。

二、论证聚合式共同善观念

支持聚合式共同善观念的理由简单、直接。想想任何处于政治社群中的某个个体甲,并且想想甲在其中兴盛的事态,即甲享有那些真正使得人类生活运转良好的善(导论第二节)。此种事态是政治社群的成员应该承认的行动理由:在制定法律或政策时,所提议的法律或政策之于甲之兴盛的影响,与该法律或政策相关。采纳某个法律或政策的原因在于其会促进甲的善,拒绝某个法律或政策的原因在于其会阻碍甲的善。[1] 当然,可能存在其他考量因素,这些

---

[1] 这当然完全兼容于如下观点,即有许多涉及个人的兴盛无法直接通过法律或政策被达至。

因素凌驾于或者以某种方式排除了那些——基于相对于甲的善而言的效果——采纳或者拒绝某项法律或政策的理由。然而,这并不会引发人们质疑甲的善在政治事务中的重大相关性。

所以,甲在其中兴盛的事态是——甲所在的政治社群中的——政治行动的根本性理由。现在,想想如下事态:在此事态中,甲和另外的个体乙都兴盛。甲和乙在其中都兴盛的事态是更强的政治行动理由;而且,以最直率的方式来讲:甲和乙在其中都兴盛的事态包含了,甲在其中兴盛的所有重要事态以及更多的东西。为了建构聚合式共同善的规范性理想(the normative ideal),我们单单需要将此种增添过程贯彻到底,从而将政治社群的所有成员的善纳入到该政治社群的共同善之中。聚合式地被认知的共同善就是此种事态:在其中,政治社群的所有成员都充分地兴盛。

就聚合式共同善而言,并不存在任何认识论上的可疑之处。鉴于人类在理解幸福的根本要素方面上的一般能力(导论第二节),我们几乎不可能基于如下理据进行反驳:因为,依照聚合式观点,共同善的观点奠基于关于幸福的观点之上,共同善的观点奠基于关于审慎价值的理论之上。而且,就我所知,由于每个规范性政治理论都发展了,或者至少假定了关于个体幸福的观念,所以,无论依照何种观点来看，聚合式地被建构的关于共同善的观念都未在认识论层面阻碍新的政治思想。

有人可能主张：聚合式共同善的问题不在于，我们不能够理解它；聚合式共同善的问题在于，我们能够相当透彻地理解其要求，我们能够看到其呈现给我们的是一个无法实现的理想。此种反驳具有更强、更弱两种版本。根据更强的版本，聚合式共同善是一个不融贯的理想，因为存在某些对于人类兴盛而言至关重要的善，实现这些善会导致其他人未能兴盛。[例如，想想如下（虚假的）观点，在至关重要的人类善中，其中有一种是支配所在社会集团中的其他成员。据此观点，如下这种社群的观念将是不融贯的：此种社群中的所有成员都充分兴盛。]根据更弱的版本，虽然聚合式共同善融贯，但其在实践上不可及：善的广泛多面性、资源的有限性、人类意志和追求善的能力的限度都印证了，聚合式共同善并非合情合理的理想。

我不接受如下观点，即人类善如上述那般以至于一个人的兴盛必然导致其他人未能兴盛。但在我看来，即使接受此种可能性，对更强和更弱版本反驳的回应理应都一样。我承认，或者人类善的本质，或者其与政治社群中的行动环境的结合，均意味着聚合式共同善无法实现。然而，这并没有排除聚合式共同善作为如下事物而发挥作用：其一，正确政治商谈(deliberation)的起点;其二,特定政治社群中的法律或政策所具有的任何规范性力量之根基。聚合式共同善能够作为规整型理想(regulative ideal)发挥作用,其在实践上可能无法实现,然而,可实现的目标和具有拘束力的公共规范之根基却能够被证立。

想想如下类比:其一,一个人自己的个体善的观念;其二,一个人充分兴盛的条件。如果该观念被如下命题所反驳,即"鉴于人类善的多重性、人类善之间的张力以及人类在追求自己的善方面所能投入的时间和精力的有限性,一个人无法实现如此被认知的自己的善",那么,这其实并非多有分量的反驳。因为在此存在两个轻而易举的回应。第一,一旦我选定一个更深层次的、在实践上可以实现的且合理的关于自己整体善(overall good)的观念,则其在上述更强的意义上就像是对我的整体善的限制或者缩减。第二,出于对自己的善的考虑,一旦我受制于要去促进某些目标或者遵守某些规范,则最终原因在于——我如上那样受制于的——个人的整体善之规范性理想。如果"一个人充分兴盛的不可实现性"并非对"将一个人的整体善等同于其充分兴盛的条件"的反驳,那么"每个社群成员的充分兴盛的不可实现性"也并非对"将共同善等同于每个社群成员充分兴盛的条件"的反驳。

基于如下理据的反驳也无立足之地：聚合式共同善并非充分地共同。尽管共同善奠基于个体的善，但如此被认知的共同善对于所有公民而言是一样的；尽管共同善由个体善构成，但所有理性的行动者都应该承认，其为一个值得追求的目的，对其的描述是一样多的。霍布斯式共同善（第三章第一节）无非是不同的行动者经由实现那些——为促进自己的目的所必需的——条件而引发的结果，然而，聚合式共同善却并非这样一个霍布斯式共同善。面对"为何霍布斯式共同善值得追求"这样的追问时，讲理的行动者的回应千奇百怪：甲会说这将服务于甲的善，乙则会说这将服务于乙的善，等等。面对"为何聚合式共同善值得追求"这样的追问时，讲理的行动者的回应如出一辙：甲会说这将服务于甲的善、乙的善和丙的善（……），乙则会说这将服务于甲的善、乙的善和丙的善（……），等等。尽管共同善的"质料（material）"是个体善，这并没有使得聚合式共同善更缺乏共同性。（或者，我如此讲道；然而，参见第三章第四节中独特式共同善观念的捍卫者可能提出的回应。）

自然法阐述赋予共同善观念的角色在于，提供一个在规范上有分量的根基，由此我们能够解释法律的权威；对于扮演此种角色而言，上述共同善观念似乎是一个有希望的备选项。我们可以清楚地看出，如果一个人接受这样一点，即某个个体的善给政治社群所有成员提供了行动理由,那么,聚合式共同善——包括政治社群的所有成员的善——确实将成为一个非常强的行动理由。[如下内容将是第七章的主题:聚合式共同善所提供的行动理由是否具有足够分量从而提供——对于法律的非缺陷而言是必要的(第二章第七节)——服从法律的决定性理由。]

三、反对工具式共同善观念

我所捍卫的聚合式共同善观念有两个主要对手:工具式阐述和独特式阐述。我们首先从工具式观点入手。约翰·菲尼斯关于共同善的阐述,将共同善等同于广泛获致如下事态:这些事态对于政治社群的公民之兴盛而言具有工具性价值。菲尼斯坚持认为,共同善由如下内容构成:"有助于、方便并且促进(该社群中)每个个体自身发展的物质性和其他条件的全部整体,包括合作形式"(菲尼斯1996,第5页;也参见菲尼斯1980,第147页)。① 尽管依照菲尼斯的观点,共同善仅仅是工具上的善,即作为促进公民能够参与其中

---

① 在提出上述阐述时,他认为自己在遵循约翰二十三世的《慈母与导师》第65部分(John XXIII, *Mater et Magistra*, §65)。在那里,共同善被视为"关于社会生活的条件之全部整体,依靠这些条件,人们得以更为充分且容易地达至完美境界"。

的真正善的手段，但我们不应该（如该定义阐明的那样）将共同善的特征仅仅限制在物质性手段上，共同善也包括特定制度（例如婚姻）之维持和有助于公民兴盛的道德环境之保护（也可参见乔治1993）。

无疑，较之聚合式观点，工具式图景在认识论上不是那么更容易令人起疑：正如聚合式观念所假设的那样，如果我们能够就人类善的内容讲出某些具有信息含量的东西，我们也能够就特定类型的条件——在其下，公民得以更好地被武装起来去追求自己的善——讲出某些具有信息含量的东西。然而，在我看来，其对忠诚和共同性问题的回应显示了，工具式观点依附于聚合式观念。

我们为何对促进工具式被认知的共同善感兴趣呢？菲尼斯在其作品中提出两个答案。第一是不合理的和特别的(ad hoc)。第二个答案则表明，工具式被认知的共同善的规范性力量来源于聚合式被认知的共同善的规范性力量。

就促进共同善的理由而言，菲尼斯可能为之提出了答案。为了理解其中的答案，我们需要就如下内容稍微谈谈：他所理解的正确实践思考的结构是什么。依照其自然法观点，就像我在导论中（导论第二节）所简单论及的自然法观点，实践推理的第一原则是许多基本善，这些基本善是那些就其自身而言值得追求的东西。① 这些基本善是行动者幸福的要素,是行动者得以变得更好的方式。就回应这些善的行动计划而言,调整我们的选择、承诺的东西是实践合理性原则(principles of practical reasonableness),这些实践合理性原则排除掉了可能的特定行动计划或者行动计划的酝酿方式,而排除的根据在于这些行动方式或者选择方式不兼容于完全的实践合理性。② 菲尼斯现在主张,实践合理性的这些原则之一是,行动者必然热爱、促进其社群的共同善(菲尼斯1980,第125页)。进而,如果政治社群的共同善是此种复杂的工具善,则我们可能通过诉诸如下实践合理性原则来回应忠诚问题:行动者在理性上必然促进其社群——包括其政治社群——的共同善。

当然,随即而来的问题在于:实践合理性原则——要促进一个人生活于其中的社群的善——的根据是什么?菲尼斯的正式观点是,实践合理性原则是自明的、不可推导的。

---

① 在1980年的作品中,菲尼斯的清单包括:生命、知识、审美体验、游戏、实践合理性、友谊、社群以及宗教(第86—90页)。在其之后的作品中,他在若干方面进行了改动:(1)他扩大了游戏的范围,从而使之包括工作中涉及的娴熟表现;(2)他纳入了一种特定形式的人际交往的善之独特形式,即他所称的"婚姻善"。

② 在其1980年的作品中,菲尼斯的要求包括:形成融贯的生活计划,对该计划展现恰当的投入和超脱,在基本善之间不展现恣意的偏好,在那些能够参与基本善的人之间不展现恣意的偏好,在由其他原则所设定的限制之下有效地行动,在每一个行动中尊重每一种基本善,促进所在社群的共同善以及遵循自己的良知(第103—126页)。

我认为菲尼斯的主张类似如下立场：一个理解了基本善之本质的人能够随即承认，这些原则详细列明（由此排除掉）了某些针对这些善的不恰当回应。由此，并非每一个具有最低限度理性的行动者都将主张这些原则：那些对基本善的特征具有虚假看法的人将倾向于主张，那些与正确实践合理性原则处于剑拔弩张之势的主张。由此，在捍卫这些原则时，菲尼斯的主要任务在于：一方面，揭示基本善——上述原则列明了对于其的恰当回应——的特征；另一方面，批判与之构成竞争关系的基本善观念。① 然而，对于"要求促进一个人生活于其中的社群的共同善"这样的原则，我们并不具有诸如此类的辩护。事实上，我们根本不具有任何辩护。其仅仅被规定为一条实践合理性原则而已。如果对此的辩护显而易见抑或原则自身如此自明以至于无须阐明，则上述形式的做法也许并不令人反感。然而，事实并非如此。

第一，捍卫实践合理性原则的典型做法，包括了诉诸基本善的特征；这些毕竟是实践推理的首要原则，由此衍生出

---

① 仅举几个例子：菲尼斯在主张"在那些能够享有基本善的人之间不偏袒"的原则时，他强调这些基本善的行动者-中立的性质。菲尼斯在捍卫"为了某个独特的基本善而意图破坏另外一个基本善，这通常是错误的"这一观点时，他主张，反对者拒绝上述观点的根据在于基本善之间的可通约性，但独特的基本善之间实际上是不可通约的。参见菲尼斯1980，第106—109页、第118—125页。

所有实践理据。然而,如果菲尼斯意图利用该原则去夯实"促进政治社群的共同善"这样的理性要求,则他必然要寻找另外一种捍卫的线索。因为依照菲尼斯的观点,政治社群的共同善是一种工具善,而非一种基本善。这是极有疑问的,因为没有任何实践思考(practical thought)可仅经由工具善而被合理地调整(governed),其仅可经由——工具善能够作为工具而服务的——特定或者不特定的内在善而被合理地调整。

第二,该原则远非明显的。该原则作为实践合理性的要求,其并非仅是一条陈述何谓基本善的原则,还应该包含相较于"在社群中与他人相处是一件善事"更多的内容。当菲尼斯主张"友谊和社群是基本善"时(菲尼斯1980,第88页),他确实在主张"在社群中与他人相处是一件善事"。然而,较之"我们在道德上要去促进我们的政治社群的共同善"这样的主张,"存在某些理由去建立、促进友谊和社群"是一个远远更为微弱的主张。我们其实想要更深入了解该原则如何以及为何控制我们的实践推理。

在我看来,放在菲尼斯关于实践合理性理论的观点之更宽泛的语境下,其对该原则——关注于促进个人生活于其中的社群的共同善——的处置方式是不可理喻的。我由此认为,对于解释讲理的公民针对工具式被认知的共同善而具有的忠诚而言,诉诸该原则并非有益方式。有远远更为直接的方式可以来解释之。我们在多大程度上对任何工具善感兴趣,就在多大程度上对某个或者许多内在善——工具善相对于其而言是工具——感兴趣。由此看起来,如果我们要理解讲理的公民针对工具式被认知的共同善而具有的忠诚,我们将诉诸如下善:就该善而言,工具式被认知的共同善相对于其而言是工具。鉴于菲尼斯将共同善描述为,该社群中的诸多个体之人为了兴盛而能够利用的条件;看起来,正是社群之中公民的整体兴盛,提供了工具式被认知的共同善所具有的规范性力量。然而,如果那就是提供了工具式被认知的共同善所具有的规范性力量的东西,那么我看不到工具式共同善这样一种观念的优势,因为聚合式观念在基础层面上完成了所有规范性工作。

就共同性准则而言,我们可以表达类似的观点。工具式被认知的共同善是真正共同的还是仅仅在(例如)霍布斯式意义上是共同的呢?这个问题的答案将取决于如下目的:就该目的而言,工具式被认知的共同善是手段。如果我应感兴趣于工具式被认知的共同善的理由在于,工具式被认知的共同善的实现使得我能够促进我自身的善;如果你应感兴趣于工具式被认知的共同善的理由在于,工具式被认知的共同善的实现使得你能够促进你自身的善;那么,在促进如此认知的共同善时,我们并非致力于共同善:我们每一个人真正致力于的东西仅仅是,那些对于我们每一个个体人而言善的共同善之特定方面而已。唯有将工具式被认知的共同善视为有利于诸如聚合式被认知的共同善的东西,其共同性方才有效。然而,再次,如果我们能够自信地说,"唯有通过将工具式立场与聚合式观念相关联,工具式阐述才满足共同性准则",那么,我们似乎有强硬的理由主张聚合式共同善观念,而非工具式共同善观念。

  我关于聚合式共同善优先于工具式共同善的主要论证线索是,工具式观点依附于聚合式观念。我现在并不确定,工具式观点的捍卫者需要拒绝之。工具式观点的捍卫者必将继续主张,存在独特的理由维持工具式观念。工具式观念的捍卫者可能会承认,就规范性力量和共同性问题而言,工具式观点依赖于聚合式观点。然而,这些捍卫者仍坚持主张,存在其他理由支持以工具式方式识别政治社群的共同善。

  让我们回到菲尼斯。在《自然法与自然权利》(*Natural Law and Natural Rights*)一书中,他在关于政治社群的聚合式共同善观念和工具式共同善观念之间徘徊。然而,在其后期作品中,他明确地采纳了工具式观念。就我所见,他为采纳工具式观点提出两点理由:第一,聚合式被认知的共同善是无法实现的目的;第二,工具式被认知的共同善能够支持关于有限政府的立场。然而,在我看来,上述两个论证都没有提供从聚合式观点转向工具式观点的理据。

如下是可实现性论证(realizability argument):

> 如果政治社群的客体、意旨或者共同善确实是自足的生命,如果自足性(autarcheia)确实是亚里士多德所定义的那样,即不缺乏任何东西的生命、完全圆满状态的生命,则我们必然会说,政治社群具有一个其不可能希望达至的意旨、一个完全不可及的共同善。
>
> (菲尼斯1996,第7页)

事实上,该论证无法令人满意。为回应上述论证,我要说的第一件事情是,菲尼斯所提出的共同善观念——物质条件等的整体集合——也完全超越了政治社群的可及范围。我们可能如此思考:一旦工具意义上的共同善完全实现,将会是什么样子呢?就像如下情况:对于公民可能具有的每一个合理目标,唯一能够阻止公民达至该目标的东西是公民缺乏达至该目标的意志。这远远超越了任何政治社群的可及范围。当下可能的回应是:工具式共同善无疑不可能实现,但较之聚合式共同善,工具式共同善能够获得更大程度的实现。我不认为这是真的,我也不认为此处的对比多么合理。但在我看来,即使如此,这也并非如此重要的反驳。正如我(在第三章第二节中)所主张的那样,像个体人的善一样,共同善的观念作为**理想**而发挥作用,这可能并非某些在实践上可以实现的东西,但仍然是慎虑(deliberation)*的起点。①

为支持工具式观念,菲尼斯提出的其他主要论证包括:此观念似乎更适合提供关于有限政府的原则性理据。菲尼斯似乎如此理解"有限政府",即其行动不仅仅受制于适用于所有行动者的自然的实践合理性基本原则,而且受制于**反家长主义**(antipaternalism)和**辅助性**(subsidiarity)原则。存在关于反家长主义的众多理解,其中某些可能为菲尼斯所拒绝。然而,最起码来讲,反家长主义原则指,不能仅仅为阻止有能力的人不讲理地行动而利用政治权威。菲尼斯想要捍卫的另一个限制政府的原则是辅助性原则,这是天主教社会思想的原则,即政治权威不要代替更低级的组织

---

* 鉴于"deliberation"一词的复杂性,我结合语境分别将之译为"商议""慎虑"等;我亦将与之相关的"deliberative"一词分别译为"商议性""慎虑性"或是"审慎"等。——译者

① 关于作为理想的共同善的观点,如下作品也有所阐述:柯克伦(Cochran)1978,第236页。在此,柯克伦将共同善的此种观念归于耶夫·西蒙(Yves Simon)。

来为该更低级的组织提供善。① 然而,如果一个人要主张聚合式共同善观念,那么这个人将发现自己致力于推进仅仅诸如此类的(例如)自我关涉的(self-regarding)不道德行为的犯罪化,这并非因为深层次的不可欲的社会效果,包括道德环境——在其中,恶行不被鼓励——的恶化,而是仅仅因为"以实践上不合理的方式行动"对于采取此种方式的行动者而言是糟糕的,并且由此损及聚合式共同善。进而,聚合式观念似乎并没有给辅助性原则留下足够空间,而依照辅助性原则,政府的恰当角色是"帮助个人和团体为了实现其选择的目标、承诺而协调其活动,并且以与政治社群的共同善的其他方面相一致的方式来完成上述角色"(菲尼斯1996,第6页)。工具式观点更适合于如下政府观念:在这样的政府下,政府不可以是简单的家长主义,而且甚至在原则上不可以越俎代庖地完成更低级组织的任务。因为如果政治权威的目的是促进共同善,而且共同善在原则上受制于工具善,则政治权威不可能——以能够证立家长主义或越俎代庖地完成个体、团体自身的恰当任务的方式——超越工具善的规定。

---

① 此处的经典表述,参见教皇庇护十一世的《四十年通谕》第79部分,1931年[Pope Pius XI's *Quadragesimo Anno*(1931), §79]。

在我看来，所有这些完全搞反了。依照自然法阐述，反家长主义和辅助性原则的吸引力应该能够参照善而被解释。为了推导出关于反家长主义和辅助性原则的论证，我们并非必然应该限缩关于善的理论。为了推导出上述两个结论，关于共同善的理论并非必然应该被垄断，即使在发展关于共同善的理论时，我们的探索方向由反家长主义和力挺辅助性原则（prosubsidiarity）的直觉形塑。我们已经完成的立场阐述应该提供某些关于如下内容的解释：从善的本质到反家长主义、力挺辅助性原则之间的转化。确实，下述观点看起来清楚无疑：一个人是否应该接受反家长主义、力挺辅助性原则作为关于政治权威恰当发挥作用的核心理论的一部分，这取决于一个人关于内在善的理论，而内在善构成了聚合式共同善。

在此有一个例子可能有助于澄清该问题。假设一个人坚定致力于关于善的边沁式理解，即所有的善归根结底是个体的，并且可以化约为无痛苦的快乐。据此观点，唯一值得追求的东西是快乐，唯一值得逃避的东西是痛苦。现在，在我看来，关于政治秩序的边沁式立场，对于反家长主义和力挺辅助性原则而言几乎没有益处。如果唯一有价值的东西是快乐和痛苦，那么"这些快乐和痛苦是否由国家通过家长主义方式提供"又有何区别呢？如果唯一有价值的东西是快乐和痛苦,"这些快乐和痛苦是否由政治制度、家庭、行会或者个体提供"又有何区别呢?这可能造成的差异又是什么呢?边沁主义者可能支持反家长主义或者辅助性原则作为如下内容的经验性概括:产生快乐、逃避痛苦的最佳手段。然而,对于边沁主义者而言,在原则上偏好更低层级组织针对自身而产生快乐和避免痛苦,这是匪夷所思的。而且,如果边沁主义者宣称,不应该以快乐和痛苦来理解政治社群的共同善,而应该以个体能够针对自身而实现快乐、避免痛苦的条件来理解政治社群的共同善,那么,我们真不知道边沁主义者到底在玩弄什么把戏。如果边沁主义者使用内在善观念,这将使得任何原则上诉诸反家长主义和辅助性原则的做法变得不明智。

使得设想的边沁主义者诉诸反家长主义和辅助性原则的做法不明智的地方在于,边沁主义者关于内在善的理论。同样,我们可能会说,使得反家长主义和力挺辅助性原则变得明智的东西是,另外一个关于内在善的不同理论。关于人类善的自然法阐述——首要的例子是菲尼斯的理论——通常足够丰富多彩,以至于与边沁主义者的观点不同,其所主张的善包括了行动者的慎虑、判断、选择和行动(例如参见菲尼斯 1980,第 59—99 页;墨菲 2001a,第 100—135 页)。通过诉诸一种或者另外一种这样的基本善,一个人能够为反家长主义和力挺辅助性原则提供某些支持。一个人至少能够基于如下理由提出一个弱反家长主义理据,即存在表面上的理由反对任何关于行为的法律限制:在审慎考虑达至其实践性结论的过程中涉及善,而法律规则的存在切断或者至少限制了慎虑的相关范围。(之所以反对利用法律来禁止所有的撒谎,一个好的但绝非唯一的理由在于,如下做法是善的:虽然没有任何法律调整某个人在该事项上的实践思维,但这个人却达至"不要撒谎"这样的慎虑性结论并且依之而行动。)一个人至少能够基于如下理据提出一个弱力挺辅助性原理,即存在表面上的理由反对从某个个体人身上抽离出——执行他们自己能够履行的任务的——责任:在慎虑和判断、明智、有挑战性的工作等之中涉及善(导论第二节)。[沿此线索的论证,参见沃尔夫(Wolfe)1995。]

现在,工具式观点的捍卫者可能会说,如下内容是某些类似他或者她心里一直所想的东西:尽管聚合式被认知的共同善提供了关于共同善的规范性力量和共同性,由聚合式共同善的特征所调整的合理的实践性思考启示我们,针对政治商议(deliberation)和行动而言,工具式被认知的共同善是尤其恰当的最近之理想。一旦看清楚聚合式共同善的本质,我们就会明白:对聚合式共同善的促进和尊重,要求我们将自己限制到作为政治商议和行动的客体的工具式共同善之上。如果确实如此,则聚合式观点的捍卫者将无以反驳。然而,在我看来,我们有理由质疑,事情会如此整齐划一。无疑,有时候也会产生这样的难题,这些难题并非仅仅作为无聊的思辨对象,而是作为严肃的实践问题。有人可能问道:"即使慎虑性自由是重要的,但就算不考虑某些自我关涉的行动之于特定的他者关涉的(other-regarding)义务或者更为一般层面上讲的道德环境的效果,难道某些自我关涉的行动不会是如此邪恶或者丢人现眼,以至于其要成为国家行动的恰当对象?"或者,"即使存在一些经由放任某些功能在更低层级被履行从而实现的善,难道不存在经由将公民置于'同舟共济的处境(in the same boat)'而被例示或者至少被促进的其他善,这或许是社群的善?"这些都是在工具式共同善层面上无法回答的问题,我们必须回到聚合式共同善、社群中人的善之层面上才有希望能够合理回答上述问题并且评价其之于特定政治决策的相关性。无论我们在日常政治思考中能够在多大程度上依赖工具式共同善观念,聚合式观念至少会维持其基础性影响,而且在某些时候,在处理关于政治权威的恰当范围和实施难题的过程中,我们几乎必定要更直接地诉诸聚合式观念。

四、反对独特式共同善观念

工具式共同善观念要让位于聚合式观念。然而,在关于政治的自然法理论传统下,存在一个对立的关于共同善的理解。像聚合式观念一样,此种对立立场以内在而非工具性的善性(goodness)来理解共同善。我称之为"独特式"立场。此种对立观念的独特之处在于如下主张,即共同善并非由该社群的成员之各式各样的善构成。相反,此种善是作为整体的社群的善,其是使得政治社群如此完美的东西。

我承认,关于政治社群的共同善的本质,阿奎那的表述并非一清二楚。但我认为,阿奎那阐述了此种类型的共同善。就我对阿奎那的理解,阿奎那所谓的共同善体现在"正义与和平"(《神学大全》第二集第一部,第96题第3节),正义与和平是整体社群的条件。正义体现在社群的如下状态中:由此种状态出发,一种人与人之间的恰当关系、特定类型的平等得以维持(《神学大全》第二集第二部,第57题第1节)。和平体现在,公民之间和谐相处并且各就其位(《神学大全》第二集第二部,第29题第1节)。政治社群处于整体良好状态体现在,其是正义和良善–归序的(well-ordered)。(深入的讨论,参加墨菲1997a和菲尼斯1998b。)

现在,如此被认知的共同善确实看起来充分地可及,从而成为政治商议的对象。阿奎那确实认为:第一,我们能够拥有达至自然正义的真理之通道;第二,我们能够使自己关注于决定如下内容的最为恰当之方式,即正义原则在我们共同生活的具体环境下所呈现的细节(《神学大全》第二集第二部,第57题第1—2节)。而且,这些善可能被视为强意义上的共同性:作为整体社群的完善,其不属于任何特定的人,而属于社群自身。然而,我想主张,就规范性角色之判准(the normative role criterion)而言,独特式共同善遭遇困难:如下内容不清楚,即我们为什么应该视政治社群的独特式善为理性忠诚的对象。为了知晓独特式共同善在此如何遭遇困境,我们需要更为清晰地了解人们理解独特式善的观点的可能方式。

为了弄清人们就独特式善的观点可能提出的不同看法,让我们简要考虑针对聚合式共同善观念的一个可能反驳。因为据聚合式观点,共同善由个体的善构成;所以,在该直接的意义上讲,聚合式观点是个体的。① 然而,有人可

---

① 聚合式共同善的个体主义(individualism)并非自我主义(egoism),这应该自不待言。然而,在关于独特式共同善观点的阐述中,人们通常会发现看上去好像是上述形式的论证:如果一个人拒绝了独特式共同善观念,其必将赞成仅仅作为自己的私人善的手段之共同善观念;然而,后一共同善观念是一种荒唐、邪恶之类的自我主义形式;如此,后一共同善观念亦如是。然而,聚合式共同善观念与自我主义之间并不具有任何一点点的微弱联系。

能主张聚合式观念有严重瑕疵,因为它们没有承认不可化约的社会善——这些善所涉及的并非某个行动者,而是两个或者更多行动者——的重要性[沿此线索的思考,参见泰勒(Taylor)1997b]。聚合式观念没有把这些不可化约的社会善包含在政治社群的共同善之中,这使得其既与自然法传统相抵牾,又就其自身而言是不合理的。相反,独特式共同善观念主张不可化约的社会善的可能性。事实上,独特式共同善观念的核心命题正是,共同善是这些不可化约的社会善之一。

然而,在我看来如下做法是重要的:如果要承认有不只一种方式可以将善说成是社会的,如果要清楚了解独特式善的观点优于聚合式观念的方式,我们就需要至少阐明如下两层含义。想想这样一种陈述形式:"x 对于 y 而言是善的(x is good for y)"。在此,x 代表事态;y 则代表"当事方(parties)",当事方就是一个人、一组人或者一个其官职由人担当的制度。现在,假定有人宣称,x 是不可化约的社会善。至少有两个理解这个宣称的方式。第一,其可能意指,事态 x 具有不可化约的社会性。x 要具有不可化约的社会性,大致就是 x 要涉及至少一人以上(这是其"社会"的部分),x 不可被分割为两个以上的——不包括涉及 x 的所有人的——事态(这是其"不可化约"的部分)。第二,其可能意指,当事人 y 具有不可化约的社会性。再次,y 要具有不可化约的社会性,大致就是 y 要涉及至少一人以上,y 不可被分割为两个以上的——不超过一人以上的——当事方。由此,主张 x 是不可化约的社会善就是一个模糊的主张:其可能意指善自身是社会的(这是第一层含义),其也可能意指"经由获致 x 而变得更好"的存在物是一个社会统一体(这是第二层含义)。

经由上述澄清,我们可以看到,如下内容并不构成对聚合式共同善观念的反驳:聚合式共同善观念拒绝——在第一层含义上具有社会性的——善之存在,而独特式善观念却主张之。多数自然法理论者都坚持,(例如)友谊、社群和宗教是基本善(导论第二节),但这些善在该观念的第一层含义上具有不可化约的社会性:友谊、社群和宗教之善不能够被分解为具有非社会性(asocial)的事态。[①] 由此,聚合式观点可以将那些在第一层含义上具有不可化约的社会性的善纳入其共同善观念里面,只要这些具有不可化约的社会性之善是个人圆满之方面。

确实,在我看来,许多独特式善的观念的捍卫者主张如下命题:尽管共同善使得诸如此类的社群完美,共同善的实

[①] 有些自然法理论者拒绝——在此意义上具有不可化约的社会性的——善之存在,这些理论者将遭遇困境;然而,此一立场的捍卫者很少。

践性力量源自其在完善社群个体成员方面的作用。前已提及,依照阿奎那的观点,共同善包含正义与和平,其完善作为整体的社群。然而,如果我正确地理解了阿奎那关于个体的善与该个体所属的政治社群的共同善之间的关系,则个体的善不仅仅包括他或者她私人的善,而且也包括家庭、政治社群的更为广泛的善;而且,阿奎那依照共同善在一个人自己的整体善中的地位来理解共同善所宣称的忠诚[相关文本,参见《神学大全》第二集第一部,第 19 题第 10 节;第二集第二部,第 26 题第 3 节;第二集第二部,第 26 题第 4 节第 3 处释疑;第二集第二部,第 31 题第 3 节第 2 处释疑;第二集第二部,第 47 题第 10 节。我在墨菲 1995,第 863—865 页中(简要)主张,这是阿奎那的观点]。而且,近来一些持有诸如阿奎那这样的独特式善观点的捍卫者通常主张,共同善之所以共同,这是经由完善作为整体的社群而达至的,也是经由完善该社群中的每个个体而达至的。路易斯·杜普瑞(Louis Dupré)赞成,将共同善的"经典定义"界定为"为社群所独有且仅仅经由社群被获致的善,但被其成员个体所享有的善"(1993,第 687 页)。当拉尔夫·麦金纳尼(Ralph McInerny)强调共同善的"可分享性(shareability)"时,他在引导我们留意如下事实:共同善的实现就是对社群的每一个成员的完善(1998b,第 90 页)。

现在，如果独特式善观点的捍卫者想要表达的内容无非是，"共同善具有不可化约的社会性，但仍值得作为该社群的个体成员的善的构成部分而被追求"；那么，在我看来，聚合式观点的捍卫者也能够持有该主张。有人可能认为，基于聚合式善的观点和独特式善的观点之间在此观点上的一致性立场，我们已然进入到一条位于上述两种观点之间的论证死胡同。然而，在我看来，并非如此。第一，如果我们要主张"共同善的获致是政治社群的每个成员的善的构成部分"，我们还必须提供关于如下内容的阐述：就对共同善的忠诚之来源而言，独特式善的观点的捍卫者想要表达什么样的观点。独特式共同善的观点的捍卫者想要主张：对于政治社群的每个成员而言，正是对他或者她自己的善的益处，使得对共同善的追求值得展开？或者，独特式共同善的观点的捍卫者想要主张：对于政治社群的每个成员而言，不仅仅对他或者她自己的善的益处，而且对政治社群其他成员的善的益处，使得共同善值得被他或者她促进？如果我们选择上述第一个选项，则独特式善理论者关于共同善的阐述已经异化为霍布斯式立场。共同善被政治社群的成员分享，这可能是一个逻辑真理。据此，从逻辑上讲，如下内容是不可能的：我获得共同善被实现所带来的好处，但其他人并未获得共同善被实现所带来的好处。然而，我行动的目的仅仅在于,为我自己而促进一个公平、和平的秩序;我行动的目标仅仅在于,我自己的完善。由此,我们丧失了共同善的共同性的一个非常重要之要素,即其应该被政治社群中的讲理的行动者作为目的而分享。

另一方面,假定此版本独特式善的观点的捍卫者并不认可如下观点,即仅仅只要共同善完善某个人自身,此种善就成为合理追求之对象;他们认可如下观点,即只要共同善完善这个人所在政治社群中的同伴,此种善就成为合理追求之对象。据此关于独特式善的观点之解读,区分独特式善的观点与聚合式善的观点的地方仅仅在于,其阐述的共同善的内容之范围:前者持有如下立场,即只有正义与和平——其被视为完善政治社群中的每个成员——应该被纳入共同善之中;后者则将持有如下立场,即不仅仅正义与和平应该被纳入共同善之中,而且政治社群中的每个成员的非社会性(non-social)(甚至社会性的但非政治性的)善也应该被纳入共同善之中。鉴于这些观点之间的差异仅仅在于范围,似乎存在强论据支持偏爱聚合式观点而非上述版本独特式善之观点:由于除了正义与和平这样的独特式共同善之外的其他善既是行动理由,又是社群做出某个决策而非另外一个决策的根据;那么,较之该独特式观点,聚合式被认知的共同善提供了更多的忠诚理由。就指引行动而言，较之该版本独特式观点所能提出的主张，聚合式被认知的共同善具有更大的主张。由此，如果有人主张此种关于独特式善的立场，则毫无理由地弱化了聚合式被认知的共同善。

当"对于独特式共同善的忠诚的来源"被视为个体成员的善之构成部分时，则独特式共同善之观念就将自己置于与聚合式观念直接竞争的境地，但独特式善的观点在此无法胜出。通过主张如下内容，我们可以避免此种类型的直接冲突：正是由于共同善作为第二种类型不可化约的社会善的地位，其才单独依靠自己提供了成员对共同善的合理忠诚之来源。据该解读，其表达的观点并非"社群的公正与和平构成了每个成员的善之要素，由此也构成了共同善之要素"；相反，其表达的观点是"正义与和平对于作为整体的社群而言是善的：其完善了一群政治化地被组织的人"。不必然诉诸额外前提，我们由此也可见，这是政治社群的成员有理由追求、促进的目的。所以，在该观点与聚合式观点之间就存在尖锐对立：聚合式观点完全以那些满足个体人需求的东西来理解共同善；而此版本独特式善的观点则完全以那些满足作为社会组织的政治社群需求的东西来理解共同善。

在此，有人可能试图调和两者，从而表达如下观点：共同善既包括个体人的善,也包括后一意义上的社会善。如果如下内容被认可,即"谈论此种独特式善是有意义的,并且这些独特式善对于理性行动而言同样具有重要的相关性";那么,就聚合式观点——其主张那些实现人的善而非那些实现不可化约的社会组织的善——而言,人们就可能提出一个反对之的恣意性论证(an arbitrariness argument):如果两者对于慎虑而言具有同等重要的相关性,则"允许前者进入其共同善观念之中,但不允许后者进入其共同善观念之中"就是恣意的行为。然而,在我看来,我们应该拒绝——关于此种类型的不可化约的社会善的——慎虑的重要相关性。根据我已经在其他地方(墨菲2001a,第139—156页)捍卫过的福利主义实践理性观(the welfarist view of practical rationality),我们必然要参照个体的幸福来表述所有重要的行动理由;所以,如果我们诉诸那些使得不可化约的社会组织变得更好的东西,则我们就是将自己置于与关于福利主义的自然法观点相矛盾的地位。然而,如果通过诉诸福利主义而排除掉此种类型的独特式善的观点,则我们就忽略了如下可能性:如果有人诉诸第二种类型的独特式社会善,则其可能针对此种福利主义自然法观点提出有意义且重要的挑战。所以,我们需要提供某些经得起福利主义观点检验的阐述,由此我们才能够解释独特式善的观点对于许多自然法理论者所具有的吸引力。

我之所以说"我们应该拒绝——关于此种意义上的不可化约的社会善的——慎虑的重要相关性"的理据并非在于：如下做法没有意义,即将不可化约的社会善性归于特定事态。人们可以谈论一个团队、大学或者象棋俱乐部的良善条件。人们可以如下方式谈论对于一个团队、大学或者俱乐部而言善的东西,即唯有通过诉诸该不可化约的社会善性方可被理解的方式。而且,此类陈述可为真,其为真的条件在于如下内容对于大学这个机构而言是善的,即大学拥有睿智的教员、上进的学生、设计精良的设备、富足且怀念母校的毕业生。所以,关于如下内容的主张也许是能够被理解的且正确的：特定状态对于某些社会组织而言是善的,例如正义与和平对于作为整体的社群而言是善的。然而,此种对于独特式善之观点的妥协并未给独特式观念的捍卫者以任何理据反驳聚合式观念。因为,关于"什么对于某些实体而言是善的"的主张,通常并不具有根本的实践或者道德重要性；其自身通常并没有提供选择一种方式而非另外一种方式的理由；或者其自身通常并没有提供依照一种方式而非另外一种方式行动的理由。让我们看看如下明白易懂的例子：真空吸尘器处于好的状态还是坏的状态,这并不具有任何根本的实践重要性。唯有通过诉诸如下其他行动理由,真空吸尘器方才具有实践相关性;这些其他理由自身是根本的,或者其恰当地与根本理由相关联。就独特式善的观点而言,我想提出同样的主张:尽管"特定事态对于作为整体的政治社群而言是善的"这样的主张有意义且重要;但唯有通过包含在聚合式共同善观念中的善,我们才可以完整地阐释促进这些事态的理由。独特式版本的善所宣称的所有忠诚都源自于,那些包含在合理促进、尊崇和尊重聚合式共同善之中的东西。

让我们以阿奎那的共同善——其作为涉及正义与和平的独特式善——观念作为检验的例子。让我们从如下内容开始:其一,正义;其二,正义在慎虑中能够发挥作用的两种方式之间的基本区分。正义能够作为限制而发挥作用:一个人的慎虑被如此指引,即其不要不公正地行动。正义能够作为目标而发挥作用:一个人的慎虑被如此指引,即其行动要促进正义之获致。现在,无论聚合式善的观念和独特式善的观念之间的差异是什么,"正义应该作为对政治商议的限制而发挥作用"并非两者之间争论的对象,也无须成为两者之间争论的对象。聚合式观念的捍卫者可能主张,在达至审慎结论的过程中,政治商议必然坚守正义之限制。独特式善的观念和聚合式善的观念之间的差异涉及正义作为目标应该在政治商议中发挥功能的方式。因为在上述观念之间存在重要差异,作为目标的正义的价值不能被化约为社群中公民的整体善。

如下是我的观点。假设有人主张:"一个人妥当地回应其他人的善"是一种人类善。这是实践合理性的善之一部分,抑或这是能动中的卓越(excellence in agency)之一部分(导论第二节)。使得我处境变得好的东西部分在于,针对他人以合理方式行动。现在,假设有这样一个政治社群:在其中,针对他人的善,我以及其他任何一个生活于其中的人都以合理的方式行动。大体而言,我们尊重每一个人的权利,我们尊重——就我们的善而言——每一个人都应得的东西。① 显然,此种事态值得我们追求。然而,鉴于"'合理地回应他人的善'是个人的幸福之方面"这样的主张;则我们似乎可以说:(1)我们可以诉诸由聚合式观念的捍卫者提供的术语,来理解此事态的重要性;(2)聚合式观念之所以优越,是因为其还包含其他相关的善;(3)就"追求社群中的正义"之意义而言,作为整体的社群的共同善没有增添多少东西,我认为甚至压根就没有增添任何东西。

1. 鉴于"实践合理性是一种基本善"这样的主张,聚合

---

① 我在此并非假定:算作合理回应其他人的善的东西能够被"原子般地"确定,即隔离于其他人的行动而被确定。我在此表达的观点是,除了"仅仅作为整体的社群的善之方面"以外,我们还能够在此类合理回应中发现另外的价值。

式观念的如下能力是直截了当的：提供关于"对作为目标的正义的追求之意义"的阐述。如果实践合理性是一种基本善，则"一个行动者针对他人而合理地行动"这样一种状态就是基本善的一个例子，就是某种使得行动者处境变好的东西。然而，如果其是某种使得行动者处境变好的东西，其就是行动者个体的善之部分，由此也是聚合式被认知的社群的共同善之部分。在"正义能够分解为一个行动者对另外一个行动者的妥当回应"的意义上，正义的价值可被聚合式共同善观念所捕获。

2. 在"正义的价值可被聚合式共同善观念所捕获"的意义上，聚合式观念优于某个仅仅关注于正义的观点。因为除了对他人的善的合理回应之外，尚且有幸福的其他方面；所以，如下做法就是恣意的：关注人与人之间的公正关系以至于排除掉了其他善。而且，除此之外，由于正义包含对他人的善的恰当回应；所以，如下做法就非常奇怪：在对共同善进行阐述——此种阐述使正义占据核心地位——时，否定他人善之重要性。

3. 正义的价值能够在多大程度上被聚合式观念所捕获呢？此种程度是巨大的。当我们思考作为目标的正义之值得被选择性时，我们也许应该考虑正义的值得被选择性在多大程度上受制于"使得个体的人处境变好"：这其中，所谓

"使得个体的人处境变好",既在"内在地"意义上讲,即合理地回应他人是一种基本善;也在"工具式"意义上讲,即不正义通常使得行动者处境变差。现在我们要问:通过指出"另外,其还完善作为整体的社群",这给正义的值得被选择性增添了什么呢?在我看来,此种附加确实几乎没有施加任何的规范性引力(normative pull)。

论及作为和平的独特式善,我们可以更为简洁。其在促进行动者的幸福方面的工具性价值通常是清晰的。而且,我们可以增加一点,即在如下事物中存在一种真正的内在善:不与同伴处于不和谐的关系中,这是友谊之善的否定性方面。如同对"关于正义的独特式善的重要性"的反驳论证,此种论证遵循同样的线索:我们能够以聚合式共同善观念所提供的术语来阐述和平之善;一旦通过允许幸福的所有其他方面进入到聚合式观念图景之中,那么聚合式观念就不再那么恣意;一旦由个体人的善所提供的和平之值得选择性被囊括入内,则似乎很少或者没有任何东西留给关于和平的独特式善去阐释。

独特式善的观点的捍卫者正确地讲道,我们有时候论及存在一种作为整体的社群所具有的善。除了政治社群之外,还有许多其他事物,我们可以谈论其独特式善:足球队、大学、家庭、行会等。我对——阿奎那关于典型独特式善的阐述的——具体特征的处理方式仅仅使我承诺如下观点，即阿奎那所提出的关于共同善的独特式善之阐述从聚合式观点中获取理由-给予之力量。然而，我既乐意将此扩展到其他诸多关于共同善的独特式善理论之中，我也乐意将此扩展到诸多关于所有这些机构、制度的独特式善理论之中。无论足球队、大学等的独特式善在何种程度上值得促进、尊重和尊崇，以这些方式行动的理由并非来源于该机构的独特式善，而是来源于那些其生活受到该机构影响的人的善。由于独特式善观点将自己疏远于人之善，其对我们的规范性控制力就松弛了。聚合式观念的优点在于，其经由完全的涉-人状态（person-regarding）而维持规范性控制力。

最后一点，我之前质疑独特式善的实践意义：第一，诸如此类的政治社群的独特式善似乎并没有给我们提供行动理由；第二，即使在某种程度上讲"这些独特式善似乎提供此类理由"，这也仅仅是因为这些独特式善进入到其成员的个体幸福之方式。然而，存在一种非常直接的方式反驳独特式善的观点，即形而上学。为了进行比较，考虑一下帕菲特（Parfit）批判自-利理性理论（the self-interest theory of rationality）的线索：人格同一性（personal identity）并非某些深层事实，以或有或无的方式存在；相反，在早期和后期人格-阶段(personal-stages)之间存在或强或弱的心理性、物理性联系(帕菲特1984,第307—347页)。帕菲特利用此关于人格同一性的本质的命题来反对自-利观点。其一,自-利观点预设,现在的诸多自我和之后的诸多自我之间的关系是一种严格的数字同一性。其二,人格同一性并非严格同一性,相反,其是具有或多或少的心理性的连续体。其三,由此可见,自-利理论对如下类型的关切之绝对捍卫是非理性的:如同关心现在的自我一样,我关心之后的自我;较之任何其他方,我给予之后的自我以完全的优先性。

就使用此种类型的形而上学进路来攻击独特式善的观点而言,人们可以使用远远更直接的质疑方式展开。有人可能说,"严格说来存在的东西"和"仅仅松散地说来存在的东西"之间存在差异,人(human persons)落入此种两分法的前者之中,而社群和机构则落入后者之中。由于仅仅"存在的东西"能够拥有善,则个体人在严格意义上讲能够拥有善,社群和机构则仅仅在松散意义上讲能够拥有善。而且,由于在我看来,具有根本实践重要性的东西,必然指向真正善的东西,而非仅仅指向以某种方式而言善的东西;所以,独特式共同善观念就不可能具有聚合式观念所具有的规范力。

五、功利主义和聚合式共同善观念

我赞成聚合式共同善观念的理据在于：其一，对于聚合式被认知的共同善，我们具有强有力的忠诚理由；其二，唯有通过聚合式被认知的共同善的规范性力量，共同善的其他观念方可对我们提出忠诚的要求。在从"描述共同善"转向"陈述那些涉及——自然法关于法律权威的立场将奠基于其上的——共同善的原则（第三章第六节）"之前，我想考察如下这样一个难题。那些对聚合式观念持有敌意的人可能这样反驳：仅仅由于聚合式观念是聚合的，所以其要遭受那些——功利主义所遭受的——最为严苛的批判。就像功利主义的整体善观念一样，聚合式共同善观念也是福利主义的。关于"聚合式被认知的共同善在政治事项中的值得被选择性"的论证，映射了功利主义关于"整体善在所有政治事项中的值得被选择性"的论证：功利主义论证的典型形式在于聚合式地展开，即如果有人将个体的善（通常是其自己的善！）视为行动理由，则非恣意性（non-arbitrariness）会使其接受他人的善作为行动理由，由此也将所有人的善之聚合视为实践关切的终极对象[参见西季威克（Sidgwick）的《伦理学方法》（*Methods of Ethics*），第 379—382 页；也参见密尔（Mill）

在《功利主义》(*Utilitarianism*)第34页中的精炼论证]。

无论聚合式观念的优点如何,如下内容可能被视为一个涉及聚合式观念的重大忧虑:在聚合式观念和功利主义道德观念之间的一致性意味着,对功利主义的不满注定要变成对聚合式共同善观念的不满。在此,关键是从属关系(subordination)。正如功利主义者的观点有争议地蕴含的内容那样,即个体的善必然以不恰当的方式从属于整体善。聚合式观念也必然蕴含这样的内容,即公民的善必然以同样的方式从属于政治社群的善。在讨论作为——根据社会基本结构来调整物品分配的——原则的功利主义时,罗尔斯(Rawls)以此种方式提出这一点。根据功利主义观点,"当社会的主要制度被安排的能够达到所有社会成员满足总量的最大净余额,那么这个社会就是被正确地组织的,因而也是公正的"(罗尔斯1971,第22页)。* 但是,正如他指出的那样:

> 功利主义正义观的突出特征是:它不关心——除了间接地——满足的总量怎样在个人之间进行分

---

* 译文参考了何怀宏、何包钢、廖申白译本,但做了部分调整,参见〔美〕约翰·罗尔斯:《正义论》,何怀宏、何包钢、廖申白译,中国社会科学出版社2009年版,第18页。——译者

配……正确的分配……都是那种产生最大满足的分配……由此,原则上就没有理由否认可用一些人的较大得益来补偿另一些人的较少损失。或者更严重些,可以为使得很多人分享较大利益而剥夺少数人的自由。但在大多数情况下,至少在一个合理的文明发展阶段,最大利益并不是通过这种方式达到的。无疑,严格的常识性正义准则有助于限制人们的不正义倾向和损害社会的行为。然而,功利主义者相信,把这类严格准则作为道德的首要原则是错误的。

(罗尔斯1971,第26页)*

根据罗尔斯的观点,功利主义的关键错误在于,其未能"认真对待人与人之间的差异";之所以如此是因为功利主义主张如下内容:可以简单地通过在其他人那里实现更大的善来补偿某个人的善之损失。鉴于功利主义关于整体善的描述和聚合式共同善观念之间的相似性,聚合式共同善观念也必然具有上述缺点。

如果我们确实承认上述所蕴含的内容是令人反感

---

* 译文参考了何怀宏、何包钢、廖申白译本,但做了部分调整,参见〔美〕约翰·罗尔斯:《正义论》,何怀宏、何包钢、廖申白译,中国社会科学出版社2009年版,第21页。——译者

的——我确实承认如此——那么就上述针对聚合式观点的反驳而言,我们的防御任务必然有两个。第一,我们必然要证明,聚合式共同善观念并没有立马使得其捍卫者赞成"关于如何推进共同善的功利主义慎虑模式"。第二,我们必然要证明,存在一个替代性的、更为合理的"关于如何推进共同善的慎虑模式",其并不遭受功利主义所遭受的批判。

我们在功利主义那里发现如下合理的思想进路。根据功利主义观点,("理想的")道德慎虑中的最高目的在于整体幸福。然而,在实现每一个人的幸福方面,我们不能够达至其逻辑上的极限。就"谁的善要被促进、以何种方式被促进"而言,我们必然要对此做出选择。由于每个人的幸福都算数,那么每一个人都"算作一个,并且仅仅算作一个"。唯一的相关差异是,在我们所面临的不同选项中,我们能够实现的幸福之数量。如果这是唯一的相关差异,那么,最为明显的策略是最大化:如果至高无上的东西是行动者的幸福,那么还有什么比最大化策略合理呢?还有比尽自己最大努力促进最多幸福的策略合理呢?无疑,在某些情形下,这可能包含为了他人的善而牺牲某些行动者的善,其中的牺牲方式有:为了更大善的缘故,使某些行动者的善缩减,甚或损害之。然而,牺牲某些善,这毕竟是行动者必然要做出的艰难抉择的结果,而非行动者在慎虑中以任何方式不将之纳入考量范围。

功利主义想要以令人反感的方式使行动者的善处于从属地位,这遭到了批判。我们的第一个任务是证明,聚合式共同善观念的捍卫者无须遭受如上批判。为了完成该任务,我们所要做的所有工作就是证明:即使我们主张"整体善作为恰当目的值得被促进",这并不必然导致我们主张"慎虑之中的实践合理性的最大化理论"。这看起来相当清楚,因为关于慎虑的最大化策略的捍卫者,必然至少诉诸如下其他三个命题来证立如下推导:从前提"整体善作为慎虑的起点"到结论"最大化是确定如何回应整体善的一个——更不要说唯一——合理的策略"(参见墨菲2001a,第142—156页)。

第一,最大化合理性观念的捍卫者预设:"什么是正当或者合理的"完全是善的本质之函数;也即,对慎虑的唯一指引是那些能够从一个人有理由促进的善的内在特征中获取的东西。然而,这可以被合理地拒绝。相反,有人可能主张,对合理行动而言存在边际约束(side-constraints),这些限制并非单单源自善的本质(例如,参见德沃金1977b,第90—94页)。这些边际约束可能很好地限制最大化作为合理慎虑策略的范围。

第二,最大化合理性观念的捍卫者预设:通常,最好参照"对善的促进"来理解"什么是正当或者合理的"。然而，这可能被合理地拒绝。相反，有人主张，除了促进之外，还有其他合理的针对善的回应模式。我在此所想的主要是彰显性行动（expressive action），即尊崇、尊重或者要不然彰显一个人与之的关系。

第三，最大化合理性观念的捍卫者预设：通过权衡或者汇总那些在不同行动者的生命中被实现的善，就能够决定"什么是正当或者合理的"；在致力于调整慎虑的程度上，其预设可通约性。然而，这可能被合理地拒绝。相反，有人可能主张，不同生命的善之间不可通约，由此我们不能将这些善置于共同的度量标准之下进行比较。

所以要点就在于，为了达至那个确实令人反感的最大化实践合理性观点，一个人除了必然主张"政治社群的共同善是个体成员的善之聚合"，其还必然要主张如下其他许多主张。第一，善之于正当（right）的优先性。第二，促进主义（promotionism）：对善的唯一合理回应在于促进之。第三，不同行动者的善之间具有可通约性。对上述任何内容的拒绝，都会关闭达至最大化实践合理性观点的方便之门。

我所主张的自然法立场不会拒绝第一种主张，其与功利主义分享这样的观点，即善优于正当或者合理；但我所主张的自然法立场拒绝第二、三种主张（导论第二节）。第二种主张最难以阐述。沿着促进主义线路的实践合理性理论得以很好地发展,而合理彰显性行动之理论(the theory of reasonable expressive action)却仍旧相当不发达[参见安德森(Anderson)1993]。[在第六章谈论法律惩罚的原理时,我会更多地论述彰显性行动(第六章第六节)。]关于第三种主张,我在本书导论中已经论及(导论第二节),自然法观点的一个关键特征在于,强调独特个人的诸善之间的不可通约性。就我所持有的观点来看,正是此种不可通约性排除掉了如下行为:为了促进某些其他行动者的善,从而有意损害某些行动者的善(参见菲尼斯1980,第120—121页;墨菲2001a,第204—207页)。所以,如下内容是清楚的:即使采纳聚合式共同善观念,我们也能至少毫无矛盾地排除掉某些从属形式,这些从属形式包括为了其他人的善而故意地、工具性地破坏某些行动者的善。

即使有此限制,我们仍旧面临关于如下内容的深层次问题:如何审慎考虑"怎样推进共同善"。我们现在所能够确定的东西无非是:社群的每一个成员的善都值得实现,然而就其价值而言,每一个都是独特的、不可替代的。如果(1)所有的个体人的善都被包含在共同善中,(2)并非每一个人的善都能够被充分实现,(3)其善不能够被合理地相互比较,那么,我们怎么可能以合理、非恣意的方式审慎考虑

"怎样促进共同善"呢?

政治判断的一个重要渊源可能通过注意如下内容而被发现:即使最大化策略被排除,不偏袒的要求(the requirement of impartiality)仍旧有效。所有这些善在共同善中都有一席之地,其都不可被摒弃。我们所需要的是如下内容:其一,某些使得"不偏袒的要求"更鲜明的东西;其二,一种努力确保以在构成共同善的诸善之间不偏袒的方式做出"如何推进共同善的决定"的方法。在此有一个例子。那些正在寻找上述程序的聚合式共同善观点的捍卫者,可能转向经由适当修正的罗尔斯式立场。依此修正之立场,"不偏袒在促进共同善方面的要求"能够通过当事方——其中的每一方都代表了一个行动者的善——之间的协议被建构。① 无疑,协议情形的具体细节将有所不同:自然法理论者必然允许"某些行动者的目的之内在不合理性影响到分配";因为此种原初立场中的行动者将会注意到,存在诸如有价值和无价值的生活规划这类的东西,存在限制其协议

---

① 罗尔斯讲道,原初立场是恰当的,因为人们之间是平等的。然而,这在我看来是错误的,或者至少并非终极结论。如果人们之间是平等的,为什么我们不应视公民的目的体系具有同等价值,进而相互权衡之呢? 在此,声称人们之间具有不可区分性(separateness-of-persons),这似乎并无益处。毕竟,我钱包里面的每张一美元的钞票不同于他人的每张一美元的钞票,但可以相互交换。如下行为没有任何不合理之处:相互交换,或者为了获得三张一美元的钞票而"牺牲"一张一美元的钞票,等等。

的其他实践合理性原则。然而,协议情形是一个有益模型,因为我们知道:理性行动者能够达至某些内容上并非恣意的协议,即使理性行动者并没有将其目的置于共同度量表中进行相互权衡[参见高蒂尔(Gauthier)1986]。

当然,我们没有理由认为,"为了共同行为的缘故,聚合式共同善应该如何被确定"必然完全由"实践合理性的要求"所决定。作为类比,想想我们自己的理想的个体善以及如下条件:在这些条件中,我们在逻辑限度的可能范围内享有那些使得我们的生活进展顺利的幸福的所有方面。无疑,这是一个在实践中不可实现的理想;如果一个人要以有益方式追求在现实中可及的善生活,其必然要删减、改造该理想。然而,在决定"如何为了行动的缘故而改造该理想"时,即使慎虑将影响我们,但我们没有理由认为,慎虑将始终如此:在某些时刻,我们必然要做出某些非由理性决定的选择。

所以,很可能是这样的,即如下内容将是自由的政治选择的事项:非现实化的理想的聚合式共同善,将如何产生现实的、大体可接近的共同政治追求对象。看起来,必然如此。但即使在此,如下内容似乎并非无关紧要:哪个政治机构决定"什么算作共同善的事项之共同选择"。例如,如下可能是不偏袒的要求之一:就做出关于共同善的具体化形式(determination)的自由选择而言,所有公民具有同等权利

[参见克里斯蒂亚诺(Christiano)1996,第59—93页;理查森(Richardson)2002,第243页]。所以,就如何确定共同善的具体化形式而言,某些理性限制的关注点可能在于这样的问题,即行动者针对"为了共同行动的缘故如何具体化共同善"这样的问题将如何推理;其可能关注于这样的问题,即一旦理性慎虑的资源耗尽,为了解决上述问题,什么程序应该出场。

由此,针对功利主义的不满并非针对聚合式共同善观念的不满。我们可以一方面主张聚合式共同善观念,但另一方面却拒绝关于实践合理性的最大化观念。而且,上述观点的结合不会单单导致,在"决定如何行动从而回应共同善"方面的恣意。①

六、共同善原则

我主张,聚合式共同善观念最好地捕捉到了如下两点:

---

① 无疑,有人可能说,可通约性必然在某一点进入这里所描绘的图景中:有时,政治程序会产生如下决定,即特定资源应该分配给甲而非乙;也就是说,较之特定资源对乙的善之贡献,特定资源对甲的善之贡献更重要。可能如此,但是此处的可通约性标准后于决策程序:断言"一种情形下的贡献较之另外一种情形下的贡献更好"的唯一根据在于,决策程序产生了这样的结果。此种类型的可通约性完全不同于功利主义的可通约性;后者主张,我们能够先于采用此种度量表之前比较行动者的诸善之间的价值(参见菲尼斯1980,第115页)。毕竟,由于功利原则诉诸诸善之间的比较,此种比较必然在逻辑上先于该原则。然而,在我所提出的替代程序中,并不存在此种逻辑优先性。

其一,共同善的规范性吸引力;其二,共同善作为政治社群的讲理的成员之间的目标的共同性。现在,正是通过诉诸"公民要促进其政治社群的共同善",标准的自然法理论针对政治权威提出了自己的论证:理性要求一个人遵守其所在政治社群的法律。由此,通过阐述特定共同善观念的规范性吸引力,我们给如下原则赋予某些合理性:在理性上,政治社群的每一个成员都被要求去促进共同善。

关于聚合式共同善观念的论证,利用了如此被认知的共同善的理由–给予之力量。所以,如果该论证是一个好的论证,则几乎没有理由怀疑如下观念:一个人所在的政治社群的共同善是,该人具有强理由追求并且促进的东西。由此产生的难题关涉到如下问题:一方面,"作为目标的共同善"与"一个人可能致力于的更为具体的目标"之间的对比方式;另一方面,"作为目标的共同善"与"更为世界性的(cosmopolitan)目标"之间的对比方式。我将在第七章详细讨论这些问题。但是,我目前想把这些——行动者可能对之保持忠诚的——独特的、冲突性目标的问题用括弧括上。我目前仅仅指出,捍卫上述共同善原则,对于如下内容至关重要,即自然法观点如何对待"诸政治义务理论的特定性要求(particularity requirement)"(参见西蒙斯 1979,第 30—35 页;格林 1990,第 227—228 页)。政治权威理论必然要解释,一个人与下列事物之间的特定联系何以出现:一个人自己的法律,而并非仅仅任何政治社群的法律,或者并非仅仅任何具有最低限度公正的政治社群的法律。一个人之所以要遵守这些法律,而非某些其他政治社群的法律,其中的原因在于,这个人要以特殊的方式为了其自己的政治社群的共同善而行动,而这个人并不要为了其他政治社群的共同善而行动。所以,正如一个人对该社群的共同善具有特殊责任,这个人对遵守该社群的一套法律具有特殊责任。为了与自然法立场一致,我们不能放弃一条具有行动者-相对的(agent-relative)特征的以共和善为目标的行动原则(一个人要为其所在的政治社群的共同善而行动),却转而赞成一条具有更行动者-中立的(agent-neutral)特征的类似原则(例如,一个人要为一般意义上的政治社群的共同善而行动),因为那将使得自然法观点无法满足特定性之准则(particularity desideratum)。

政治社群中的每个人都要为该社群的共同善而行动。由于如下内容是可能的,即合理的实践思考者可能承认"行动者在寻求共同善时必然有其拓展的限度",所以,我们可以毫无疑问地说,该原则也可以如下方式被陈述:每个人都要为共同善而尽分内之责。我将称该实践原则——关于法律权威的自然法立场奠基于其上——为共同善原则。那么,就"公民受制于共同善原则"和"公民受制于遵守其政治社群的(非缺陷性)法律"而言,自然法观点认为如上两者的关系是什么呢?自然法观点认为如上两者的关系是这样的:"遵守法律"是"为共同善而尽其分内之责"的构成部分,所以(1)一个人在遵守法律的要求时,其在某种程度上就是在履行为共同善而尽其分内之责的实践要求;(2)如果一个人不遵守法律的要求,就为共同善而尽其分内之责来讲,其事实上就未恰当行动。自然法政治理论者并非主张,"所有为共同善而行动的理由"都被市民法(civil law)的内容所穷尽。自然法政治理论者甚或并非主张,"相对于为共同善而行动,什么是最低限度的合理性事项"都被法律所穷尽。自然法政治理论者主张:相对于为共同善而行动的最低限度的合理性事项至少在某种程度上要求,一个人遵守市民法的指令。就超越法律的要求的共同善而言,一个人可能处于其要求之下。然而,如果一个人未能遵守法律,则其必然违反了共同善原则。①

现在,有人可能认为此种关于法律权威的阐述注定无法成功,个中缘由在于如下两者之间紧密的结构相似性:其

---

① 法律也许未能提出"为达至促进共同善的目标,出于好理由所要求的义务"。例如,对该义务的执行可能是繁重的或者不公正的。参见《神学大全》第二集第一部,第96题第2节。

一,此种类型的关于法律权威的立场;其二,已然遭到严厉批评的功利主义关于"公共利益(public interest)"的立场。假定,有人要通过主张如下内容来证明一种粗浅的关于政治权威的行为-功利主义(act-utilitarian)立场:其一,每个人的行为都应促进公共快乐(happiness);其二,之所以要求人们服从法律,因为这对于促进公共快乐而言是必要的。现在,有人通过指出如下内容来回应上述立场:在某些明显的情形下,服从法律并不促进公共利益;所以行为-功利主义阐述失败,因为仅仅在这类服从能产生最优化效果(optimific)时,其才证明了守法义务(参见史密斯1973,第964—965页;西蒙斯1979,第47—49页)。我认为,这个批判犯了方向性错误,因为没有理由假定如下内容:我们不能够以某种方式——例如公民要服从所有并非不公正的法律——限定关于政治义务的立场(我在如下地方进一步讨论了这一点:墨菲1997b,第134页;墨菲1999,第78页)。更为重要的——上述有缺陷地被表述的批判暗示了但并没有使之明确的——地方在于,依据行为-功利主义立场,法的存在并不负载任何规范性分量。之所以行为-功利主义观点具有此麻烦性特征,原因在于在阐述守法义务时,(1)其诉诸可能独立于任何人的决定而被描述的目标、公共利益,由此可以根据"不同事态能够实现该目标的程度"而排列不同事态的优先位序;(2)其可以将"在促进该目标时尽其分内之责去做的事情"独立地描述为,仅仅是一个人为实现最接近公共利益的事态所能够做的任何事情。由此,就共同善的内容以及一个人应该做什么从而促进实现之而言,法律所讲(或者假定)的东西在规范性上讲不具分量。

然而,无论——诉诸聚合式被认知的共同善的——自然法立场的缺点为何,但其缺点并不包括,法律在规范性上不具分量。原因在于:此种自然法观点将拒绝命题(1)和(2),从而使得法律能够创造出真正的规范性差异。反驳(1):根据聚合式观点,共同善是一个理想,一个在实践中无法实现的理想(第三章第二节);政治行动最可及的对象——可以合理期望的共同善——就是我们所称的理想地被认知的共同善的具体化形式。正如我之后对该表述的使用,某目标 O 的"具体化"是某目标 O*;相对于 O 而言,O* 或者是对不可实现的理想的最大化实现,或者是对模糊目标的更为精确之特定化。[所以,降低犯罪率可能是根除犯罪的具体化形式(使得一个理想化的目标变得可实现),而且,减低犯罪率20%可能是降低犯罪率的具体化形式(使得一个模糊的目标变得更为精确)。] 在上述两种情形下,经由删繁就简或者"精确化",目标——其恰当之实现形式是不具体的——变得更为具体。不仅仅目标可能是具体化形式之对象,原则也可能是这样的。为了提供关于选择的现实基础,过于苛刻的原则可能被具体化;为了提供更为清晰的行为指引,过于模糊的原则也可能被具体化。①

作为此类不可实现的理想的共同善之地位意味着:我们在政治活动(politic)中能够采取的最好的行动是,为共同行为的缘故而确定共同善的某些具体化形式。然而,我们不能够根据如下内容而随意地排列共同善的诸备选性具体化形式:对理想化被认知的共同善的最大化实现。由此,共同善的备选具体化形式,必然在部分上由如下内容确定:其一,实践之规范而非单纯的最大化之规范(例如,不偏袒之规范、融贯之规范等,参见第三章第五节);其二,自由但合理的自由裁量行为。

反驳(2):在为共同善而行动的过程中,甚至在采纳关于聚合式被认知的共同善的特定具体化形式的过程中,什么算作尽其分内之责要做的事情呢?这自身是需要具体化的东西。就一个人为接近共同善而行动来讲,正义要求该人所做的事情可能不兼容,每种事情都有其独特优点[所以,具体化的决定并非恣意的;或者,至少就无差异性

---

① 具体化形式这个观念出现在《神学大全》第二集第一部,第95题第2节。我也受惠于与我的同事亨利·理查森关于特定化(specification)(以及与之类似的原则之间的诸多关系)的谈论:参见其1999和2000。

(indifference)而言,其并非是恣意的]。尽管如此,每种方式的独特优点并不蕴含唯一正确的解决方案。所以,在共同善原则中存在开放性(openness),这为法律在如下方面具有某些分量提供了可能性:一个人在尽分内之责为共同善而行动时应该如何行动。这也解释了如下内容:自然法立场下所描述的法律无须遭受行为-功利主义立场下所描述的法律所要遭受的批判,即在规范性上不具分量(就自然法观点下关于规范开放性的讨论,参见墨菲 2001a,第 252—254 页)。

关于法律权威的自然法立场认为:之所以法律符合其对权威的宣称,原因在于法律提供关于"一个人在实现共同善原则时要去干的事情"的部分性具体化形式。如下观念非常重要:作为完成共同善原则的具体化工作的政治权威。政治权威理论的两个极端之间存在张力。一方面,政治权威必然展现特定的内容-独立性(参见格林 1990,第 36—59 页),由此在本来都属于合适行动建议的特定范围内,法律挑选了某个特定行为,这就决定了行动者要依照被选中的建议而行动。关于内容-独立性的最为自然的解释方式是这样一种阐述:依此阐述,单单"某个行为被法律所规定"这样的事实就毫不动摇地给该行为之履行增添了规范性分量。另一方面,如果我们以此种方式来解释内容-独立性,我们就遭受源自如下内容的攻击:拉兹用来批判政治义务这个独特观念的论证。拉兹主张,如果存在守法义务,则我们将得出如下结论:较之法律没有规定不去谋杀的义务之情形,在法律规定了不去谋杀的义务的情形下,不去谋杀的义务更为严格和更具分量。然而,法律的存在并没有使得,不去谋杀的义务变的更严格和更具分量,所以不存在这样的义务(参见拉兹1984b,第142页)。就上述意蕴是否反直觉而言,有人可能对拉兹吹毛求疵,但我在此赞成拉兹。然而,我拒绝如下内容:政治义务的内容-独立性意味着,规范性分量被增添到了所有法律中。据此观点,法律权威的意义在于:确立某些共同善原则的内容,在部分上确定行动者依照共同善原则要如何行动。由此,如果存在某些行为,履行这些行为或者禁止履行这些行为单单由共同善原则所蕴含;那么,就这些行为的履行或者不履行而言,没有任何额外的规范性分量需要经由那些规定或者禁止上述行为的法律而增添到其中。它们是如下内容的一部分:共同善原则之最低限度可接受的具体化形式。正如我所认为的那样,如果谋杀、强奸、折磨、袭击和诈骗自身都是一个人在尽其分内之责为共同善而行动方面的失败,那么法律就无须对共同善原则展开具体化的工作从而禁止上述行为。法律并没有将上述行为规定为不应当做的事情,这已经由共同善原则自身完成。① 所以，就关于守法义务的此种理解而言，拉兹的反驳是失败的。然而，内容-独立性仍被维持下来，至少有价值的版本仍被维持下来：在关于共同善的合理潜在的诸多具体化形式之中，以及在公民为了共同善而采取的诸多行动方式之中，正是法律至少在部分上确定了何种具体化形式才算作尽分内之责为共同善而行动。

法律在部分上具体化了"尽其分内之责为共同善而行动之要求"，对此种作用的强调明确了如下内容：其一，自然法观点如何区别于功利主义关于"公共利益"之立场；其二，针对守法要求的内容-独立性之特定担忧如何可能被消解。上述强调也缓解了关于政治权威的自然法立场所遭遇的核心难题。人们通常认为，"遵守法律的要求"这样的实践要求，在某种程度上奠基于"尽其分内之责为共同善而行动"这样的实践要求之上。然而，共同善和一个人在促进共同善方面的分内之责均需要具体化。但这并未回应如下关键问题：在给出关于共同善的具体化形式和给出公民尽其分内之责为共同善而行动的具体化形式方面，为何法律具有

---

① 所以，我们可以看到：阿奎那区分了市民法（其单单经由逻辑演绎而被从自然法中推导出来）和自然法。阿奎那还区分了给定的情形特征（经由逻辑演绎而被推导）和那些经由自由决定而被推导出来的特征（经由具体化形式而被推导）。他就此讲道，前者从自然法中获取其效力，而后者单单从市民法中获取其效力（《神学大全》第二集第一部，第95题第2节）。

优先地位呢？让我们这样来思考上述问题：假设一个公民遭遇一部法律，该公民认真地问道，为何他或者她要遵守该法律。答案又回到原处：因为要尽分内之责为共同善而行动，法律告诉了你为了尽分内之责必然要做的事情。该公民同意这个被援引的原则，但其要求证明如下内容之间的推导：从作为前提的此种原则到作为结论的"法律必然要被遵守"。他没有得到上述证明，但他或者她收到这样一个解释，这个解释包含关于如下内容的演绎、描述：其一，就实现共同善的内容而言的自由、裁量之行为；其二，为实现共同善而行动中的正义。"但是，等等，"该公民说道，"这并非证明。需要阐明的内容是，为何我必须依照由市民法所给出的如下内容而行动，即共同善的特定具体化形式，以及在促进共同善的过程中的正义的特定具体化形式。即使我暂时同意，我必将依照——关于共同善、我为共同善而行动的恰当分内之责的——某些具体化形式而行动，我仍旧没有获得关于如下内容的阐述，即如果我依照我自己的具体化形式而行动，或者如果我依照我朋友的具体化形式而行动，或者如果我依照除了法律之外的任何人的具体化形式而行动，那么为何我未符合'为共同善而行动'这样的原则。"

我认为，这是关于政治权威的自然法立场的核心问题所在。第一个问题在于，一般化的规范性原则的任何特定

[非蕴含的(non-entailed)]具体化形式如何能够变得对行动者而言权威,以至于如果行动者未能依照该具体化形式行动,则就该一般化的规范性原则而言,行动者就是失败的。第二个问题在于,就尽其分内之责为共同善而行动这样的一般原则来讲,为何法律关于上述内容的具体化形式对于行动者而言是权威的。某些自然法理论者想说,法律的具体化形式的权威可以单单通过如下事实被解释:就公民在努力通过统一行动而达至共同善的过程中所面临的协调问题而言,法律具有特定显著性地位(salience)。我将在下一章(第四章第六节)中考察之。

第四章　对同意理论的自然法反驳

一、同意和古典、当代自然法诸理论

就政治权威的同意理论的兴起与政治权威的自然法理论的衰落之间的联系而言,存在一个流行但错误的说法。简单来讲,这个故事是这样的:当代同意理论的兴起与主导中世纪的自然法理论的衰落之间是重叠的,并且前者乃后者之结果。尽管这个看法很齐整,但其犯了双重错误,因为其假设:其一,在由中世纪的思想家所提出的关于政治权威的自然法理论中,同意没有发挥作用(经由仔细考察阿奎那这位典范自然法理论家的观点,我们可以证明这个假定错误,参见墨菲1997a);其二,在由现代思想家所提出的关于政治权威的同意理论中，自然法理论没有发挥作用[经由仔细考察霍布斯、洛克这些可能是典范同意理论家的观点，我们可以证明这个假定错误。关于作为自然法理论者的霍布斯，参见例如墨菲 1995；关于洛克，参见例如塔克尼斯（Tuckness）1999]。

将政治权威的自然法理论和政治权威的同意理论两者无条件地对立起来，这是一段糟糕的历史。然而，就当代自然法理论者关于政治权威的立场而言，如下说法并非不公正：其一，这些自然法理论者有意识地——以与政治义务的意志论（voluntaristic）立场相对立的方式——推进了上述阐述；其二，他们将"公民同意遵守市民法的指令"视为规范上不必然的东西而排除掉。如果被这段糟糕的历史蒙蔽，则我们可能认为当代自然法论者在根本上规避对同意的诉诸是完全自然或易于理解的。然而，许多早先的自然法理论者并不认为既在自然法又在同意中寻求关于政治权威的阐述之根基的做法自相矛盾。如上事实应该使我们暂停脚步——并且给我们提供某些动机——去深入探究这样的问题：拒绝给予同意在关于政治权威的自然法立场中以一席之地，是否是自然法理论者应该采取的最为合理之进路？

当代自然法理论所承认的——针对政治权威的同意理论的——根本性批判完全来自休谟，无论近来关于该主题的作品在多大程度上详细阐述和细化了这些批判,这一说法并不夸张。休谟在"论原初契约"一文中提出了对同意理论的几个独特的反驳:第一,同意理论从一开始就是一个关于政治权威的毫无希望的立场,其与事实上的权威者、公民关于其相互关系的看法相抵牾;第二,就同意理论所依赖的道德原则的适用而言的必要条件,在现实政治社群中并没有实现;第三,无论如何,就我们的政治纽带(polital bonds)联系而言,同意理论都是一个可有可无之阐述,我们的政治纽带联系可以不经由提及同意而被解释。经由诉诸公共善(the public good)而非源自同意的拘束性权力,我们可以更好地理解我们的政治义务。而且,这也是一件好事,因为同意理论并未提出一套其所许诺的关于政治权威的立场。

当代关注政治权威的学者,已然几乎普遍接受休谟的批判之否定部分。他们关注于证明如下内容:其一,原则上,同意理论是一种关于法律权威的不合理的阐述方式;其二,即使在原则上其合理性得到认可,实际政治社群中的现有条件也未能导致同意原则之适用。另一方面,休谟论证之肯定部分——他在此试图证明,鉴于公共善自身的要求,对同意之诉诸并非必然的——却没有那么普遍地被接受。近来多数关注政治权威的作品都义无反顾地坚持休谟批判的否定部分:对诸同意理论的批判,已然构成了一个针对诸

第四章　对同意理论的自然法反驳　　189

多关于政治权威的立场而进行的持续批判之方面(参见史密斯 1973，西蒙斯 1979，拉兹 1979a，格林 1990)。然而，那些对系统地捍卫伦理学和政治学中的自然法立场感兴趣的人，却并没有挤到上述潮流中去。相反，他们主张：其一，大体而言，休谟的观点正确；其二，如果我们要促进公共善，则我们就需要法律，这足以解释法律的权威。

我在本章所主张的观点如下：鉴于休谟和当代关注政治权威的学者所使用的同意理论观念(第四章第二节)，他们对同意理论的批判(第四章第三节至第四章第四节)是毁灭性的，自然法传统中的学者的如下做法也是正确的，即接受此种批判是确凿无疑的。(事实上，正如我在第四章第五节中简要所讲的观点，我们甚至有理由认为，基本自然法政治命题与同意之进路确实不兼容。)然而，自然法理论者为其自己的目的而从休谟那里挪用和修正的、关于政治权威的"显著协调者(salient coordinator)"立场(第四章第六节)却失败了(第四章第七节)。此种失败表明：关于政治权威的自然法立场需要同意理论承诺的那种类型的支持。从本章得出的启示在于：如果存在这样一种关于政治权威的立场，其回应了根本自然法命题即"法律的权威来源于共同善"，那么，此种立场将使用同意-类型(consent-type)的内容成分。然而，鉴于标准的同意立场所遭受的关键性批判，我们必然将以标准方式之外的方式解读或者重组上述内容成分。我在第五章将提出另外一种同意理论。

二、源自同意的论证

政治权威的同意理论要区别于假想的契约论；依据后一观点，经由成为由个体人在某些理想的选择情形下做出的约定（agreement）之对象，政治权威从而得以被证立。正如格林正确地指出的那样，这些并没有真正分享同意的意志论（voluntarism）之立场（格林1990，第161—162页），据此正是一个人的实际同意使得其被政治义务所约束。

尽管主张政治权威的同意理论的论证性动机各式各样，经由如下两个阶段关于同意立场的思考，我们可以达至同意立场背后的思想基础：第一，将同意立场视为，政治权威何以可能在某些社群中被实现的模型；第二，将同意立场视为，上述模型广泛适用于现实政治社群的论证。

针对"同意［或者承诺（promise），或者约定——我将不区分这些观点；相反的观点，参见拉兹1981］是政治权威的可能根基"的论证如下。尽管道德哲学家就如下内容存在普遍分歧，即正确道德原则的范畴和这些原则在何种程度上具有约束力；然而，在他们之间仍旧存在这样的广泛共识：至少，经由一个人自己承诺去实施某一行动，其就变得要受制于去实施某一行为。再次，就为何如此，理论上存在林林总总的解释；而且，没有一种观点占据主导地位［参见，例如安斯科姆（Anscombe）1969；罗尔斯 1971，第 344—348 页；麦考密克 1972；拉兹 1972；斯坎伦 1998］。然而，根据上述每个观点，相关之处在于：其一，这些理论家所想的同意类型，包含了在特定条件之下言语行为的实施；其二，实施该言语行为的人有义务实施所承诺的行为。例如，想一想由罗尔斯所提出的关于承诺的阐述。根据罗尔斯的观点，我们必须区分两种类型的规则："承诺规则（rules of promising）"和"忠诚原则（the principle of fidelity）"（罗尔斯 1971，第 346 页）。承诺规则是一条社会规则，也即一条可被用来决定如下内容的"构成性惯习"：某个承诺是否被做出。承诺的"基本规则"是"如果一个人在恰当情形下说'我承诺去做 X'，其就要去做 X，除非特定辩解性条件（excusing conditions）成立"（罗尔斯 1971，第 344—345 页）。在如下条件下，说出这些词语就构成了一个承诺：

> 一个人必然是完全有意识的，处在一种理性的心智状态中，并且知道关键词语的意义以及其在做出承诺时的用法等。进一步说，这些承诺必须是自由或自

愿地说出的,不是在受到威胁或强制的场合中说出的,而是可以说处在一种相当公平的订约地位时说出的。如果一个人是在睡觉或幻觉时说出这些关键词语,或者是被迫做出承诺,或者因遭受欺骗而被剥夺了有关的信息,那就不能要求这个人履行其诺言。

(罗尔斯1971,第344—345页)*

罗尔斯强调,这些承诺规则并非道德原则,然而,它们"和法律规则、成文法以及游戏规则等同"(罗尔斯1971,第345页)。为了得出这个结论,即我们至少具有表面上的道德理由去依照所承诺的内容而采取行动;我们必然要诉诸如下这样一条忠诚原则:其是一条道德原则,该原则使得我们能够从"我们已经实施了处于特定实践规则之下的言语-行为"这样的事实中推导出"我们应该实施这些规则所要求的行为"这样的道德结论。

现在,并非每个人都持有此种双层观点。例如,斯坎伦并不认为,承诺规则是经由吸收某条忠诚原则并由此具有拘束力的实践。斯坎伦将遵守承诺的要求单单理解为适用

---

* 译文参考了何怀宏、何包钢、廖申白译本,但做了部分调整,参见〔美〕约翰·罗尔斯:《正义论》,何怀宏、何包钢、廖申白译,中国社会科学出版社2009年版,第270—271页。——译者

某条反对操控的规则；在此，承诺的实践通常在操控者的行动计划中占据核心地位（斯坎伦1998，第296—309页）。然而，在前述两种立场中，政治权威的同意理论却起到类似作用。根据上述两种立场，重要之处在于，经由在特定特殊条件下实施特定类型的言语-行为，某个人可能就要受制于实施某些行为。如果一个人承诺去Ø，则在恰当的条件——该条件与承诺者、所承诺的行为之特征相关——之下，其就有义务去Ø。

承诺的巨大效用在于，一个人能够使得自己经由承诺而采取诸多行为。对于同意立场而言，尤为重要的是，一个人能够使得自己去实施那些具有开放性的行为。也就是说，当一个人承诺时，所承诺的行为的履行之本质并没有被完全确定，这留待在做出承诺与履行承诺之间的某个时间段内被填充。我可能出售给你一只狗，但有限制条件：你做出如下承诺，即一旦这只狗诞生幼崽，你要给我其中最漂亮的一只。你为了履行承诺而做的事情仍待观察：这可能不包含任何事情（如果这只狗从没诞生幼崽）；或者可能包含，我在未来一年接收一只幼崽；或者可能包含，我在未来三年接收一只幼崽。而且，你为了履行承诺所必须要做的事情，取决于我之后的选择：第一窝幼崽摆在面前，我可能选择其中的一只或者另外一只，而你将被要求去顺从我的选择。

所以，某些承诺在如下意义上具有开放性，即构成承诺行为的内容留待日后确定。而且，就这些具有开放性的承诺而言，某些当事人通过他或者她的选择在部分上能够决定所承诺行为的内容。

非常明显，我们能够通过承诺而承担义务，而且这些义务可能如上描述那样具有开放性。据此，那些捍卫从同意出发展开论证的人们主张如下情况是可能的：通过一个由政治社群的成员所做出的普遍的、开放式承诺，即遵守由某人、某些人、制度或一套规则所立之指令，政治权威就被建立起来了。只要当事人在能够产生约束力的条件下做出其承诺，即"当事人并非处在压力之下，当事人充分理解所处之境遇，当事人注意到其行动的规范性后果，当事人足够成熟并且能够为自己做出生活决策"，那么，政治权威就能够通过同意而产生。

然而，立基于何种根据，我们不仅仅能够说"这是政治权威产生的可能方式"，而且也能够说"这是政治权威产生的实际方式"呢？同意理论者可能以有限的方式诉诸如下这些明确表示同意被现行政治制度统治的人：特定归化公民、特定政治公职人员、特定军事机构成员。然而，论者论证"同意理论一般来讲是可适用的"的主要策略是，诉诸默示同意(tacit consent)。我们不要将默示同意混同于假想同意(hypothetical consent)。假想同意根本就不是同意：假想同意仅仅具有如下意向性特征(dispositional property)，即如果一个人被置于某种优先状态S，则其就将同意。相反，默示同意是实际的同意，其以非典型的、非公开显明的形式被表达。典型的同意之例子发生在此种情景下：在其中，可以非常明显地看出，行为的首要目的在于交流。默示同意并非发生在这些典型情景之下。默示同意发生在如下两种情景中的任一情景之下：其一，某人克制自己不参与到标准类型的交流中去；其二，某人实施并非典型交流行为的行为。所以，有人可能主张：在"公民要遵守现行政府所发布的指令"这样的共同理解的情景下，某人没有明确地针对共同理解提出异议，这就等于表达了要受制于该种义务的意愿。或者，一个人可能主张，存在诸如投票、寻求和接受政府恩惠、交税，甚至单单保留其住所等各式各样的行为，这些行为从表面看来可能并非典型交流行为，但这些行为确实最终被证明满足如下条件：依靠这些条件，言语–行为产生了承诺性义务，而且公民大体上参与到其中。

三、反对同意理论：自始不合理

最广泛被认可的对于政治权威的同意理论的批判，诉诸如下内容：那些将触发相关道德原则的同意行为并不存在。然而，也有人关注如下内容。其一，诸多这样的同意理论：甚至在我们对许多实际政治社群中的条件进行考察之前，这些理论就能够被阐述。其二，所有此类立场是否可能站得住脚。有人可能追问，这些批判为何值得考察。因为，与其费尽心机地提前追问"对这些问题的考察是否可能产生一个积极结果"，我们不如直奔如下问题：实际政治社群中的条件是否证立了"公民通常同意被统治"这样的观点。然而，我们仍然有理由去留意"同意理论是否是一个自始合理的观点"这一问题。因为我们可能发现：其一，"同意行为在当下政治社群中是否足够一般化"这个问题并没有清晰答案；其二，我们应该如何解读该结果取决于，我们应该如何解释同意理论情形下的证明责任负担。而且，进一步而言，即使我们最终得出结论，即我们有理由拒绝"公民通常同意被统治"这样的观点；然而，被独立证实的关于同意立场的可疑特性至少提供了如下做法的根据：在表面上接受该结论为与常识不抵牾的结论。

让我们从休谟对同意理论者的最初考察入手：

> 如果这些论者广泛地考察世界，他们不会发现些许符合其观点的东西，他们不会发现能够提供如此精

妙和哲学化体系的东西。相反,我们会到处发现这样的国君,其宣称臣民是其财产,并且主张其关于主权的独立权利来自征服或者继位。我们也会到处发现这样的臣民,其承认国君的上述权利,并且假定自己一出生就处于服从特定主权者的义务之下,如同处于对父母的尊敬和义务的关系之下……此种心灵行为真奇怪,每个个体人都被视为已然形成该心灵行为,而且在其能够使用理性之后仍旧如此,否则权威就不可能存在。我认为,对于每个个体人而言,上述行为理应如此不为人所知,以至于整个世界很少存在其痕迹或者关于其的回忆。

("原初契约",第359页)

休谟在此段落中提出了关于同意理论的两个相关难题,其中的任何一个难题都不要求我们去考察政治社群的条件,进而了解公民通常是否实施了那种产生承诺性义务的言语-行为。我将第一个难题称为自我设想反驳(the self-image objection)。休谟以国君与臣民之间的关系来表述之,但该批评亦可独立于特定统治形式而被表述。要点在于,同意理论与统治者、被统治者的自我设想发生抵牾。统治者的自我设想并非统治者的权威依赖于其标榜要去统治的人的同意;相反,统治者假定,所有处于其管辖范围——至少就今天而言,管辖范围以疆域划定——之内的人都处于其正当的统治之下。法律并没有将其要求设定在"是否同意其统治"这样的条件之上,即使其管辖范围广泛。被统治者的自我设想并非其服从被视为同意之事项。多数被统治者并没有考虑,法律的权威是否可能奠基于其同意之上;相反,其认为这无非就是一个因出生或者当下居住地而产生的简单问题而已。所以,同意理论与统治者、被统治者的自我设想非常难以匹配:统治者、被统治者似乎都不这样认为和行动,即好像法律的权威来自、依赖于被统治者的同意。

我们可以将第二个反驳称为记忆反驳(the knowledge objection)。休谟能够利用该反驳来支持自我设想反驳,而且休谟也确实利用该反驳来支持自我设想反驳。然而,第二个反驳就其自身而言也是一个强硬的反驳。根据同意立场,一个人经由自己的承诺而处于法律权威之下。然而,承诺——尤其是那些重要的承诺和在成年期间做出的承诺——是人们倾向于记住的东西。无疑,同意被法律统治,既是重大承诺(考虑到通常由法律所宣称的权威之范围),而且也是在成年期间做出的承诺(考虑到那些为了让同意具有道德拘束力而必须实现的条件)。在多数成年人一生中所做出的诸多承诺之中,就范围和重要性而言,结婚誓言能够与同意理论所涉及的承诺相提并论。然而,结婚誓言通常被已婚人士所记住。无论当时有多紧张,这些已婚人士事后都知晓,其已经做出了结婚誓言;其能够回忆起来做过结婚誓言。然而,多数人记不起来自己曾经承诺要遵守法律的要求;所以,其似乎不太可能已经做出此种承诺。

如果自我设想批判和记忆批判是合理的,那么,就反驳政治权威的同意理论而言,显然存在一个初始证明责任问题。对"同意事实上已经发生"这样的观点的支持,并不能消解我们对如下论证是否可能的任何质疑:人们通常同意将自己置于法律的权威之下。而且,如果经由考察当下诸政治社群之条件后发现,我们有很强的理由认为在此并没有广泛的同意,那么,我们不应该因为其与在该问题上的通常观点相反,就动摇我们对此结论的信心。

四、反对同意理论:缺少同意

作为政治权威的一般阐述,同意理论的成功取决于非常广泛的被统治之同意。然而,我们中极少的人曾经明确地表示过同意,可能仅有归化的公民和那些在就任某类型公职时曾经宣过誓的人曾经明确地表示过同意。正如史密斯所指出的那样,这正是"原始事实(brute fact)"(史密斯1973,第960页;也可参见西蒙斯1979,第79页和拉兹1979a,第239页)。由此就引出了默示同意学说;依此,一个人通过某些除了常见的书面或者口头之外的手段来表达他或者她同意守法。霍布斯在《利维坦》中主张,此类意义重大的行为包括,自愿进入"所组织的集合"中讨论公约(《利维坦》第十八章,第90页)以及公开生活于政府保护之下(《利维坦》综述与结论部分,第391页)。洛克和卢梭(Rousseau)也将居住视为意义重大的行为[《政府论》(下篇),第119条;《社会契约论》第四卷第二章]。其他人则诉诸投票(普拉梅纳茨(Plamenatz)1968,第168—171页)和使用公共资金和公共设施。

由于西蒙斯谨慎地肢解了诸多默示同意理论,其对默示同意的批判被正当地广泛引用;尽管在某些点上,较之于西蒙斯原本所意图的模样,其批判被引用者表述的更为受限制。根据西蒙斯对默示同意理论的理解,当我们通过克制不做某事——典型的情形是通过克制自己不去表达异议——而表达同意时,此种同意就是默示的:"当我们经由保持沉默、不作为而表达同意时,此种同意就是默示的"(西蒙斯1979,第80页)。为了让默示同意具有约束力,①西蒙斯所提出的必须满足的条件,预设了此种关于默示同意的理解。然而,如果西蒙斯的唯一靶子是,那些建立在异议不在场(the absence of consent)基础上的默示同意理论,可能未触及如下默示同意理论:依照这些理论,同意行为事实上是某种类型——投票或者接受公共利益——的干预,而非拒绝干预。而且,将"默示同意"的观念限缩到"未表达异议",这似乎让人捉摸不透:因为"默示"的通常含义仅仅是"不用言语表达",而非"克制不去做出某些语言表达"。如果存在默示同意这类东西,其作为同意是通过如下行为被表达,即大体上属于非言语范畴的行为;其作为同意无须通过如下行为被表达,即克制实施某个大体上属于言语范畴的行为。

就"居住、投票、道路使用或者诸如此类的行为构成默示同意"这个观念而言,我们为什么应该拒绝之？我们之所以应该拒绝此类观念,因为居住、投票等行为通常并不具有

---

① 西蒙斯坚持,默示同意要具有意义和约束力,就要满足如下要求:(1)作为个体的人必然意识到,当其克制不去做特定行为时,其就在表达同意;(2)我们必然要留给作为个体的人一段明确的合理期间,以便于其实施该行为,并且由此表达异议;(3)同意不再被接受的时间点必须明确清晰;(4)表达异议的行为必然能够在合理程度上被轻易地实施;(5)对于潜在的异议者而言,异议的后果不能过于不利(西蒙斯1979,第80—81页)。

如下特征,即作为言语-行为的"我承诺去 Ø"之实施特征;上述特征影响到我们的如下观点,即作为言语-行为的"我承诺去 Ø"之实施能够约束我们去服从。第一个特征是,就表达"我承诺去 Ø"和克制自己不去表达"我承诺去 Ø"而言,两者就其自身来讲均是低成本的选项。做出承诺和克制自己不做出承诺,两者都是非常容易的。我所说的并非履行那些承诺所产生的义务的成本;我所说的也并非一个人在某些时候拒绝做出承诺所要承受的损失。我仅仅在说如下这类无趣之事,即从嘴巴中说出词语这件事本身。第二个特征是,一个人经由说出"我承诺……",其就具有了承诺性义务,并且由此也断言了自己的未来行为,从而承诺性义务使得一个人非常公开地约束自己。无疑,未来诡异叵测,这使得承诺之履行较之所想象的更为繁重。然而,如果某件事情足够重要,一个人可能就要充分明确承诺的内容。尽管世事风谲云诡,一个人仍旧能够辨识出,其要接受的由承诺所引发的约束。第三个特征是,我们完全理解和接受——通过从嘴巴中说出典型表述"我承诺"的——承诺性义务的履行之实践:如下内容对于几乎每个人而言都是明白无误的,即做出承诺的主要方式,以及至少大体而言随之而来的义务。

如果缺乏上述任何一个特征,那么人们会严重质疑经由履行那些典型地具有承诺色彩的行为就会引发义务。就第一个特征而言,如果大多数人处于这样一种状态,即唯有通过实施标准式承诺,其令人毛骨悚然的痛苦方才得以减轻,那么,我们很难想象,即使有上述言语表达,这些人通常会约束自己去履行承诺。对于承诺的拘束性特征而言,承诺性行为自身几乎无足轻重。至关重要之处在于:一个人通过承诺从而意图产生的规范性效果。就第二个特征而言,如果对于约束所包含的内容根本不清楚,那么,我们很难相信一个人能够通过承诺约束自己。该一般原理似乎隐藏在如下内容的背后,即关于有拘束力的承诺之特定知识和成熟条件;其似乎是激发关于如下特定关切的东西,即我们约束自己遵守超长期承诺的能力。就第三个特征而言,承诺是公共事项,要求领悟理解,而且在此必然存在关于如下内容之间的相互理解:其一,实践;其二,如下事实,即通过使用这些词语,一个人要将自己置于义务之下并由此使自己受到约束。

对于承诺所具有的拘束性特征而言,上述三个为承诺所特有的言语行为特征至关重要。如果任何一组行动缺乏这些特征,则我们就有充分理由怀疑:这一组行为的实施,是否能够以承诺所具有的约束行动者的方式约束行动者。就目前所提出的关于政治权威的诸默示同意理论而言,困难在于其所提出的作为同意之表达的行为不具有上述特征，所以，认为这些行为能够构成有效同意的想法极不合理。第一，其所提出的行为，并非相对而言无足轻重。就此，居住是最为明显的例子。一个人是否继续居住在某个特定政治社群中，这并非相对而言无足轻重。由此，如果居住被理解为同意，则不同意就将是沉重的负担。所以，休谟写道：

> 我们是否能够严肃认真地讲：如果一个贫穷的农民或者工匠并不知晓任何一门异国语言或者异域生存方式，仅仅依靠每天获取的微薄收入艰难度日，则其仍可以自由选择离开其国家？如果这样也可以的话，则我们也就可能这样主张：通过继续留在船上，一个人就自由地同意了主人对其的支配；尽管他是在睡觉时被绑到船上的，并且一旦他要离开，就必然要跳入大海而亡。

（"原初契约"，第263页）

西蒙斯进一步指出，即使给予贫穷者和被压迫者以物质性帮助，以便于其离开自己的国家，但仍有许多东西是"不可转移的"：对于许多人而言，家园、家庭和朋友是最为宝贵的东西,即使其只能在专制暴政之下才可享有这些东西(西蒙斯1979,第99—100页)。这一点同样适用于林林总总的利益之接受:不使用公共道路,或者不利用公共设施,或者不享受警察、防火部门的服务,以上这些都将造成最大程度的不便。即使投票对大多数选举结果并无多大作用;但这对于投票者而言明显并非无足轻重,无论投票者以投票对政治后果的平等控制的方式来理解投票的价值,抑或投票者仅仅以促进良善后果的方式来理解投票的价值(例如,参见克里斯蒂亚诺1996,第88—89页;帕菲特1984,第73—75页)。①

第二,如下内容根本不清楚:经由继续居住在某地,或者经由接受公共利益,或者经由投票,一个人所同意的内容是什么。决定——某个人通过说"我承诺去Ø"而约束自己要采取的——行为的规则是一条简单规则:这是(将次要的并发情况放在一边)在Ø-ing。然而,并不存在此类规则以决定如下内容:经由继续居住在某地,或者经由投票,或者

---

① 人们有时候会说,默示同意的观点与强迫条件(the duress condition)抵牾。其实,并非如此。强迫条件唯有在如下情况才有效:一个人向另外一个人提出某个要求,另外一个人要么同意,要么就要承受特定后果(参见拉兹1981,第126页)。然而,同意无须如此。不同意所导致的不愉快无须成为那些被用来获致同意的东西。这正是如下情况的原因:不同意所导致的不愉快(不得不离开、无法投票以及无法享用公共利益),影响行为-无足轻重(the act-indifference issue)的问题,但不影响强迫问题。

经由接受公共利益,一个人将同意实施什么行为。由于使人们受制于自己的同意的原理在于:人们要能够了解自我设限去采取的行动;而且,如果人们做出某些选择,其就能够避免受制。如果我们将居住(等)理解为同意行为,那么就"人们自我设限去做的行为"而言并不存在清晰的答案。这就使得我们有理由怀疑,居住(等)是此类同意行为。

第三,如下内容似乎相当清晰:任何此类行为都不被惯习地理解为,努力将自己置于服从的义务之下(参见史密斯1973,第960—961页)。居住不具有此种惯习含义。投票可能看起来更为合理,但即使在此似乎也是这样的:尽管投票是同意的惯习表示,也许是接受的惯习表示,但其所表达的内容在范围上远远更为受限制。在最好的情况下,投票表达了接受特定建议的意愿;在中间情况下,投票表达了对所提出的某个建议较之于其他建议的偏好;在最糟糕的情况下,投票根本没有表达任何内容(在仅仅是策略性投票的情形下)。

我们难以理解,如何可能存在这样一种自我附加义务的实践,人们在此将上述行为视为同意的表达。我们也难以理解,为什么人们会认为,有理由假定这些行为现在就是此类同意的表达。西蒙斯提出了一个解释。就哲学家为何陷入"关注政治社群中的人同意服从其政治权威的程度"这

样的错误,西蒙斯剖析道:

> 人们非常容易被我所谓的"态度"层面上的"同意"(the "attidudinal" sense of "consent")误导……,此种层面上的"同意"仅仅具有认可(approval)或者奉献(dedication)的态度……然而,此种层面上的"同意"在相当程度上无关乎我们目前的讨论,我们在此仅仅关注于"发生"层面上的"同意"("consent" in an "occurrence" sense),即作为可能产生义务的行动之同意。认可或者奉献的态度完全无关乎持有此种态度的公民的权利和义务。当一个人同意时,他已经同意并且可能受到相应的约束,不管他对自己同意的内容感受如何。
>
> (西蒙斯1979,第93页)

格林同样指出此种模糊性,并且强调,在考虑政治权威的同意理论的优点时,我们应该关注于"施动(performative)和主动(active)"层面上的同意(格林1990,第160页)。无疑,"同意"通常被用来宽泛地意指对某些制定规则的人或机构的所有类型的接受、同意或默许。在足够充分宽泛的程度上而言,"同意"可能是任何被我们视为具有法律体系的社会的必要条件。然而,此种层面上的同意之广泛出现并非同意理论者所需要的东西,同意理论者需要特定言语-行为、义务-产生性(obligation-generating)层面上的同意之出现。我们似乎可以清楚地发现,在该层面上,同意是一个相对少见的现象。

五、反对同意理论:与自然法观点不兼容

根据我们在之前两部分所考察的批判,可以看出:从表面上看,就我们在政治上所受之约束(political bonds)而言,"诉诸同意"是毫无前途的立场;而且事实上,就解释政治权威而言,"诉诸同意"最终也几乎寸功未建。无论如何,如下内容远非一目了然:所有自然法观点的捍卫者都可能采纳我们在第四章第二节所描述的任何版本的同意理论。

我想表达的观点如下。回想一下,通常关于法律权威的自然法立场(第三章第六节)主张,在法律具有权威的情形下,如果某个人未能遵守法律的指令,则其就没有尽其分内之责为政治社群的共同善而行动。我们很难明白,一个人如何能够既坚持上述观点又坚持如下观点,即法律的权威源自"同意被统治的言语-行为"。因为当一个人经由承诺而背负义务去 Ø 时,其 Ø-ing 的理由仅仅是承诺性义务:

第四章　对同意理论的自然法反驳　209

"一个人承诺了去 Ø"这样的事实和"使得一个人遵守自己诺言"这样的道德要求,构成了去 Ø 的完整理由。所以,如果一个人通过承诺而受制于去遵守法律的指令,则其之所以遵守法律的指令的理由仅仅是如下内容:"一个人承诺了去 Ø"这样的事实和"使得一个人遵守自己诺言"这样的道德要求。在此,看来根本不是这样的:法律的权威被如下要求所解释,即尽其分内之责为政治社群的共同善而行动。

　　我们来看一下阐述上述观点的另外一种方式。假设就尽某个人的分内之责为共同善而行动而言,至少存在 A_1 和 A_2 两种行为方式,两者都是"尽其分内之责为共同善而行动"的合适的具体化形式。某个人做出承诺去遵守法律的要求,而且法律要求其执行 A_1 行为。然而,这个人却执行 A_2 行为。这个人无疑在行动方面犯了错误:其违反了承诺性义务。然而,我们为什么应该将此种情形描述为,其未尽分内之责为共同善而行动。如果有人指责这个人由于执行 A_2 行为而未执行 A_1 行为从而未尽其分内之责为共同善而行动,这个人可以如此回应:"我不知道你什么意思。尽分内之责为共同善而行动的要求,并没有使得 A_1 行为较之 A_2 行为更受支持。我做出的承诺使得 A_1 行为较之 A_2 行为更受支持,但这并不自动蕴含着如下内容,即如果我未能实施 A_1 行为,则我就未尽责为共同善而行动。"

102

在此有一个类比。假设我有一个不完全义务（imperfect duty）去帮助需要帮助的人。鲍勃和拉里都需要帮助，但我无力同时帮助两个人。你喜欢鲍勃，并且你从我这里得到如下承诺，即我要尽力帮助鲍勃。然而，我出于某些原因却帮助了拉里。如下说法明显荒谬：就我有义务帮助那些需要帮助的人而言，由于违背承诺，所以我已经犯下错误。即使我的承诺并非针对你，而是针对鲍勃，上述说法也明显荒谬。我承诺帮助鲍勃，但未能帮助他，就此而言我可能是残忍的；然而，我违背承诺，这并没有证明我在履行该不完全义务方面已经犯下某种程度的错误。

此种论证线索表明，我们无法调和如下两种观点：其一，自然法观点，即法律的权威源自共同善；其二，这样的观点，即法律的权威源自同意。此种意义上的同意自身是有效的行动理由，但共同善的规范力不能够"经由"同意而赋予法律以权威。

六、反对同意理论：不必要（显著协调者之立场）

休谟反对政治权威的同意理论的理由，不仅仅在于如下否定性主张：同意理论在先验层面上（a priori）没有希望，在后验层面上（a posteriori）不可捍卫。他进一步主张，同意理论是无益的观点,因为就"忠诚于公共权威的指令"这样的要求和同意原则自身而言,两者的理据都是公共利益(public benefit)。

考虑到"人类社会的必要性"和"如果这些道德义务被忽视,则维持人类社会几无可能";我们就会发现,(某些)道德义务是如此这般,以至于其并非由任何自然的原初本性所支持,而是经由人们完全出于一种义务意识而被履行。由此,"正义、对他人财产的尊重、忠诚或者遵守诺言"变的具有义务性并且获得对于人类而言的权威……

如下两种情形恰恰一样:其一,效忠(allegiance)的政治或者公民(civil)义务;其二,正义和忠诚的自然义务……我们从少量经验和观察中就足以理解如下内容:其一,如果没有治安法官(magistrate)的权威,则社会不可能维持运转;其二,如果我们没有恰当地服从治安法官,则治安法官的权威很快就会遭到蔑视。这些一般的、明显利益,是我们所承担的所有效忠和道德义务的来源。

那么当效忠和忠诚似乎都恰恰立基于同样的根基之上时,并且当人们出于明显利益和人类社会的必要性之缘由而去效忠和忠诚时,我们有什么必要将效忠义务或者对治安法官的服从奠基于忠诚、对承诺的尊重之上,并且假定正是每个个体人的同意使得其自己处于统治之下呢?

("原初契约",第367页)

在此存在如下两种可分离的主张。第一,之所以给予事实上的(de facto)政治权威以效忠,是因为我们要获致公共善。经验告诉我们:如果没有对此类权威的指令之普遍遵守,则我们不可能获致公共善;除非存在对此类权威的指令的"严格(exact)服从",否则我们对此类权威的指令之普遍遵守不可能持久。① 第二,促进公共善,既是一个人遵守明示抑或默示承诺的理据,也是一个人遵守公共权威的指令的理据。所以,政治权威的同意理论双重冗余。因为可以通过公共利益的必要性来解释"遵守政治权威的指令的要求",所以无须"经由"同意。而且,遵守承诺的终极根基和遵守政治权威的指令的终极根基一样,所以,较之于直接诉诸公共善,诉诸同意在解释上可能并不怎么更有趣。

现在看来,第二个策略根基不稳。因为,即使我们同意

---

① 难以令人相信,休谟确实如此想过。

休谟的观点——这种观点本身是可疑的——遵守承诺的要求立基于促进一般善,那么"一个人必须诉诸一般善去解释,为何应该遵守承诺"这样的事实也并不足以证明,"即使没有遵守政治权威的指令的一般承诺,一个人也可以恰当地解释这些指令的拘束力"。这是明显的。"去服从的一般承诺"这样的事实可能使得如下情况为真:唯有通过服从,我们才能促进公共善。(可将此与任一承诺进行比较:无疑,休谟不会说,基于"遵守承诺的要求,最终奠基于公共善"这样的假定,在解释他为何欠屠夫钱时,"其承诺给屠夫肉钱"就是多余的。)

然而,休谟第二个冗余论证的失败,根本没有证明第一个论证的失败。尽管休谟在此处的评述并不像我们喜欢的那样清晰、完善,在"论原初契约"中没有被明确表达的内容已经在《人性论》中被明确表达。我们之所以需要政府的最为明显的理由是霍布斯式理由:我们需要强势权威向那些不讲理的人——这些人针对作为同伴的公民实施恶意行为——施加制裁。然而,休谟强调,我们之所以需要政府,不仅仅因为要使用强制力阻止不正义,而且也因为要使得倾向于获致一般善的合作行为得以可能:"政府还进一步扩展它的有益影响;政府不满足于保护那些缔结互利协议的人,而且还往往强使他们齐心协力地促进某种公共目的,借以求得他们自己的利益"(《人性论》,第三卷第七节)。* 即使公民通常在实践上是讲理的人,政府也需要扮演上述角色:因为"公民在实践层面上讲理"自身不足以使得"一千个人"就某套为促进公共善而设计的方案达成一致。由此,政府要扮演协调性角色,从而使得公民在行动方面为了相互利益可能达成协议。

此种休谟式做法——其诉诸政府在协调行动方面的作用——已然被当代自然法理论者如此坚定地采纳,以至于其目前已成为标准的自然法立场。这些作品的核心观点是:(1)即使那些完全由在实践层面上讲理的行动者所组成的政治社群,其也仍然需要权威为了公共善去协调行动;(2)法律是担当此类为了公共善去协调行动的权威角色的(salient)候选者。鉴于这些前提,此种观点的捍卫者主张:在任何存在法体系——其为了获致共同善而发布指令——的政治社群中,那些处于该法律体系之下的人都要遵守该法律体系的指令。

在耶夫·西蒙关于权威的自然法理论中,政府的协调角色具有核心地位。西蒙围绕如下问题构建其关于政治权威的阐述:我们是否只能在人类的缺陷性——尤其是在实

---

* 译文参考了关文运译本,但做了部分调整,参见〔英〕休谟:《人性论》,关文运译,郑之骧校,商务印书馆1980年版,第574页。——译者

践层面上不讲理——中寻找"关于政治权威的证立"的答案（西蒙 1962，第 22 页）。① 西蒙主张，仅仅诉诸政治权威在涉及不合理性时的角色，我们无法证立政治权威。他坚持上述主张的根本原因在于，即使对于那些合理地致力于达至其社群的共同善的公民而言，仍旧存在达至社群的共同善的"多个真正的手段"（西蒙 1962，第 47 页）。然而，为了使得集体行为在追求共同善时最为有效地发挥作用，我们必须选定上述这些不同手段中的一个或另外一个。而且，由于实际的政治权威事实上能够发挥该协调功能，那些追求共同善的讲理的公民有理由遵守该权威关于如何追求共同善的决定。

菲尼斯提出了关于此种论证的最详尽版本。正如在休谟和西蒙那里，对于菲尼斯的观点而言最为根本之处在于：政治社群需要真正的政治权威，而所谓真正的政治权威是某人、人的集合、规则集合等，其发出的指令通过提出创设规范性差异（a normative difference）方案的方式能够为了共同善而协调行动。上述说法的根据仅仅在于：共同善多种

---

① 这也是阿奎那理论中的核心问题：当阿奎那追问"如果人类停留在天真无邪的状态，政治权威是否仍将存在"时，该问题出现了。阿奎那的答案——其无疑影响了西蒙的观点——是肯定的：就惩罚做错事的人而言，我们无须政治权威，但我们仍需要权威来指引对象达至共同善（《神学大全》第一集，第 96 题第 3 节）。

多样,千差万别的讲理的公民可能选定关于"共同善和每个公民在促进共同善方面的恰当角色"的千差万别的具体化形式(菲尼斯1980,第231—232页)。在促进共同善的过程中,公民可能以具有同样程度合理性的方式诉诸共同善和正义作为具体化形式的渊源。然而,尽管这些具体化形式受制于实践合理性,但其同时也是自由、裁量的选择之结果,所以,千差万别的公民的具体化形式将互不兼容,并且也不能被用来作为共同行为的根基。由此,在实践层面上,讲理的行动者将会发现,如下内容是一件好事情:其一,行动者有理由遵守某些共同的行动标准;其二,存在这样一条标准,其对于促进共同善的行动而言具有权威性。毕竟,考虑到任何共同善的具体化形式——其可能作为关于共同行为的最可接近的目标而被提出——在现实中的可及性,所以,较之于不存在实践权威的社群,在有实践权威的社群中,那些在实践层面上讲理的公民能够更好地促进共同善的具体化形式。

正如菲尼斯所理解的那样,"共同善要被追求,以及共同善要被合理地促进的众多方式的可及性"共同导致了合作(coordination)问题,这个问题在某种程度上类似于博弈论(the theory of game)中被技术化界定的合作问题。在博弈论中,合作问题指"两个以上的行动者的决定相互依赖之情形,在此种情形下,利益相合(coincidence of interest)占主导地位,而且存在两种以上的合作均衡(coordination equilibria)"。合作均衡是这样一种情况:在其中,游戏者的行动之联合达至如此状态,即如果任何一个孤立的游戏者自己或者他人各自为战,则没有一个人的状态会变得更好(刘易斯1969,第24页、第14页)。经典例子无疑源自休谟:有两个人想通过划船渡过一条河流,唯有两人协调一致地划船才能渡过河流,两人可以商定众多不同的划船"方式"。核心点在于,两人仅仅需要选定一种方式即可。至于选择哪种方式,并非至关重要。所以,关键之处在于识别其中某一种可及的解决方案为显著的,这一点或者通过达成协议而完成,或者通过注意到某个——先于协议而存在的——解决方案的特征而完成。如果某个解决方案是显著的,则一个游戏者能够期望其他人将依此行事,由此根据合作问题的定义,任何游戏者都没有理由偏离上述标准。重新考虑一下休谟的例子:两个划桨者之间的约定能够轻易地使得特定划桨方式变得显著。然而,即使在缺乏协议的情况下,某个行为方式也可能是显著的。如果两个划桨者不能相互交流,但其能够看见(并且能够知道另外的人也能够看见)一个巨大的节拍器被绑在小船之上并且这个节拍器在摇摆,那么在此就存在一种需要遵守的显而易见的划桨方式。

现在，针对法律作为显著协调者的地位，自然法立场的捍卫者试图为其提出类似论证。然而，在此过程中，自然法立场的捍卫者并非在表达如下观点：每个人的实际目的是如此这般，以至于遵守法律是一个合作均衡状态。这样的观点显然是虚假的，因为世上还有对共同善的实现不感兴趣的人。如果要设置一个妥当的限制，那么我们就要完全关注于那些在实践层面上讲理的人，其坚持依照共同善原则而行事。这些人分享一个目的，即实现共同善。鉴于这些人分享这样一个目的，而且法律提供了关于合作行为的显著标识，我们难道不能够说，那些依照共同善原则行事的人在理性上受制于要去遵守法律吗？

即使我们限制所涉公民的目的，但"单单法律的显著性就能够夯实关于守法义务的阐述"这样的可能性被如下事实削弱：共同善允许多样化的合理的具体化形式，每一个具体化形式在某些方面比其他合适的具体化形式更好，但在其他相关方面比其他合适的具体化形式更差。鉴于这样的善作为政治行为的目标，该善的某个合适的具体化形式不可能是如此这般模样：即使其他每个人都为了该合适的具体化形式而行动，但不存在某些其他合适的善之观念，某个行动者通过偏离共同标准可以更紧密地接近之。为了使得这一点更为具体，再次回想一下那个在实践层面上讲理的公民遭遇法律的情形，其追问从原则"共同善应该被促进"到结论"某个法律要被服从"之间的论证。该公民所在的政治社群中的法律可能规定，每个公民将10%的收入以税收的形式交纳上去，这些收缴上来的收入税的1/3将用于国防，1/3用于福利，1/3用于促进艺术发展。假设该政治社群中的其他每个人都对此种纳税方案感到满意，并且税收的分配确保遵守上述方案。然而，我们刚才讲的那个在实践层面上讲理的公民更偏爱一个关于共同善的另类具体化方式，其更强调福利而非国防和艺术。他由此认为，如果他或者她保留自己的税金而将之直接用于流浪汉庇护所、救济站等诸如此类的地方，则他或者她将会更好地达至共同善。这个公民可能追问，法律上关于共同善的具体化方式与他或者她自己关于共同善的具体化方式构成了竞争关系，前者为何决定了他或者她为依照"为共同善而尽分内之责"这个原则行事而必须要去做的事情呢？显然，即使对于在实践层面上表现充分理性的、关心共同善的公民而言，在此种最好的服从情形中也存在着单方面偏离共同标准的理性动机。鉴于那些竞争性的合适的具体化形式使得单方面的偏离行为变得理性，则上述类型的显著协调者观点缺乏关于——法律上关于共同善的具体化形式的——权威之阐述。

就我所知，西蒙关于政治权威的作品并没有就该问题提出任何答案。然而，菲尼斯却承认这一点。而且，与某些人的观点——假设合作论据在解释法律所拥有的任何权威方面大有助益——相反，菲尼斯坚持认为，"共同善可能以众多不同方式被合理地特定化"这样的事实削弱了大多数合作论据。然而，菲尼斯却仍将自己的自然法观点标识为合作性阐述。通过——被视为法律所拥有的——显著性在类型方面的不同，菲尼斯的观点区别于他所批判的那种类型的合作性论据。在博弈理论所涉及的合作问题中，标准方式的显著性仅仅体现在某些方面的独特性，而且解决方案确实"无须极善，其事实上也可能极恶"（刘易斯1969，第35页）。相反，法律之所以具有显著性，不单单由于其特立独行，打个比方说，其"引人注目"，而且由于其在如下方面的显著能力：以合理方式执行必须要被做出的具体化形式。以下是源自菲尼斯的关键段落：

> 法律将自己呈现为一个无缝之网。法律不允许其对象在法律的指示（prescriptions）和规定（stipulations）之间挑选和选择。法律以一种优先的方式将所有人、所有活动联系起来，这影响到（一个人的）目前和不久的将来之状况。法律也将——过去影响了（一个人的）幸福或利益的——所有人和活动联系起来。而且，最

终，当(一个人)进入其他职业、退休、老年、生病以及死亡状态时，法律也将——可能影响(一个人的)将来的利益或幸福的——所有的人和活动联系起来。

(菲尼斯1984，第120页)

就菲尼斯在此对法律的无缝特性的讨论而言，拉兹视之无非循环论证而已："对于(菲尼斯)而言，如果这就是法律如何呈现自己的方式，那么这也是我们应该如何看待它的方式。无疑，如果我们有义务服从法律，则结论确实会导出。然而，一个人不能够这样做：为了有理由……主张我们有义务服从法律，便预设我们拥有此类义务。这无疑是糟糕的自我循环"(拉兹1984b，第150页)。我认为，拉兹在此错失了菲尼斯论证的要点。菲尼斯所主张的是法律的规范显著性(normative salience)，此种显著性是相对于"满足在追求共同善时对权威性标准的需要"而言的。其显著性体现在——由法律的广泛调整范围获得的——处理正义问题的能力中，这些正义问题总是伴随着"对如共同善那样广泛的目标的追求"。所以，自然法理论者主张，我们都要追求和促进共同善，尽分内之责去帮助实现之(第三章第六节)。在促进共同善的过程中，我们需要某些关于共同善的共同具体化形式。然而，在以合理方式确定共同善的共同具体化形式的时候,我们必须谨记如下内容:由公共善的实现所构成的利益和负担,或者伴随着共同善的实现而来的利益和负担,必须公正地被分配。这也是具体化形式的问题:为了确定共同善的具体化形式,我们需要提出分配原则的具体化形式。现在,我们也必须确定,每个人在促进共同善的过程中的公正份额是多少。然而无疑,如果我们要以合理方式达至关于每个人份额的具体化形式,则必然涉及如下内容:其一,一个人在共同善的实现过程中将接受的利益;其二,一个人在达至共同善的行动过程中将加于作为同伴的参与者身上的负担。再次,这将要求具体化形式。我们需要进一步谨记在心,一个人在特定时间内如何接受利益和承受负担,并不决定整个方案体系的正义或不正义。我们必须留意,这些负担和利益在一个人的整个人生过程中如何被划分,以至于没有人被要求在人生的某个特定阶段去承担过重负担。也就是说,在一个人的整体人生过程中,利益和负担是公平的。最终,我们需要注意,我们可能不仅仅关注"共同行为的标准就其内在特征而言要合适",而且关注"其发挥作用的方式",由此可以讲,法律承诺了提供一种解决合作问题的十分显著的方式。一个人可以基于如下理由拒绝某个就其自身而言公正的合作方案:(1)即使该方案合适,但其并非这个人所偏爱的方案;(2)该方案发挥作用的方式自身不公平或者具有歧视性。然而，一个运行良好的法律体系是以非歧视的、符合法治的方式运转的，这就消除了人们在这一点上进行抱怨的任何合理理据。

所以，并非"法律将自己呈现为一个无缝之网，由此我们就应该如此看待法律"；而是法律发挥作用的范围、方法的极广泛性，使得法律尤其适合来确定"在尽分内之责促进共同善方面的要求"。法律调整社群的整体生活，这使得法律具有规范上的显著性，从而可以作为"尽分内之责促进共同善"这个原则的权威指示符。无疑，在此也可能存在其他备选项，例如习惯规则。在更为简单的社会里，一套习惯规则体系也许能够相当好地履行上述功能。然而，复杂社会需要针对如何特定化和促进共同善做出调整，这便使得法律尤其适合作为实践权威——依此来追求共同善——发挥作用；因为法律具有"在如下方面集快速性和清晰性于一身的可能，即针对不断出现、变化的合作问题提出实践解决方案，以及提出此类解决方案得以产生的机制"（菲尼斯1984，第136页）。

出于我们的目的，我认为菲尼斯的观点是关于显著协调者立场的最合理版本。依此观点，之所以需要权威，是为了促进共同善；不然的话，在实践层面上讲理的行动者将相互对立冲突,提出关于共同善的不兼容的具体化形式。就共同善而言,法律尤其适合作为实践权威发挥作用,因为法律在如下方面所具有的能力:提出贯穿于广泛人类生活的具体化形式,这对于"尽分内之责促进共同善"这个原则的合理具体化形式而言是必要的。由于在促进共同善时需要权威,又由于法律体系就指引对共同善的促进而言是在一个规范上显著的制度;而且,确实存在这样一个法律体系,其愿意且有能力通过提出关于上述原则的、至少在最低限度上合理的具体化形式来促进共同善。所以,一个人就要受制于去遵守法律体系所提出的、对于依照上述原则采取行动而言至少在最低限度上合理的具体化形式。由此,人们无须诉诸被统治者的同意,因为法律在规范上的显著性就足以树立权威。

七、反驳显著协调者之立场

关于政治权威的自然法立场应该接受菲尼斯的许多观点。自然法理论者应该赞成这样的观点,即我们需要权威来协调那些在实践层面上讲理的行动者为了共同善而采取的行动。因为每一个行动者都有义务为了共同善而尽分内之责,每一个行动者都应该尽分内之责让此类权威发挥作用。而且，自然法理论者应该赞成菲尼斯的如下观点：作为履行实践权威这个角色的一个备选项，法律具有规范上的显著性。尽管确实存在关涉到如下内容的真正难题，即是否存在——在获取完全讲理的行动者的关注方面与共同善构成了竞争关系的——有价值的目标，我将继续（参见第三章第六节）将这些担忧暂时封存起来（我将在第七章回到这些问题上）。在我看来，对于显著协调者立场的捍卫者而言，核心问题在于：即使我们承认需要真正具有权威的制度为了共同善而指引行动，即使我们有力地论证了法律尤其适合发挥此种功能，但这是否就足以证明"法律存在之处，公民就处于遵守法律的实践要求之下"。

我认为并不是这样。某个制度要具有权威性，其指令至少在部分上构成了特定领域内行动者行动的决定性理由（墨菲2002a，第15页；墨菲即将出版的作品）。显著协调者立场要证明如下内容：就促进共同善而言，法律的指令"行动者去Ø"构成了行动者去Ø的理由。政治社群具有实践权威去指引行动从而达至共同善，这是一件好事；因为否则该社群的成员在促进共同善和正义的过程中将（合理地）依照其相互冲突的关于共同善和正义的具体化形式而采取行动。此类权威的出现将给予上述社群成员以依照共同的具体化形式而行动的理由；而且，此类权威的出现将给予上述社群成员不依照如下内容而采取行动的理由:其自己的具体化形式,或者其将提出的作为其自己的具体化形式的东西。而且,在所有能够被塑造为在实践层面上具有权威的事物中,法律是最佳的。然而,"我们需要权威,而法律是承担此种角色的最佳候选项"这样的事实,实际上并没有使得法律具有权威。这也没有证明,由于没有依照法律的指令行动,公民在行动上就犯下了错误。这至多证明,如果公民未能尽分内之责——也许通过同意该权威,或者其他诸如此类的行为——使得制度具有权威性,则公民的行动就是不讲理的。这是一个非常重要的结论,但这并非是"存在守法义务"这样的结论。这里仍旧存在一个未被跨越的鸿沟:"法律具有权威性,这是一件好事情"并不意味着"法律事实上就具有权威性"。①

针对阿奎那关于家庭中权威的阐述,菲尼斯(在一定程

---

① 由此,我考察如下两者之后得出的结论一样:其一,菲尼斯关于政治义务的自然法立场;其二,杰瑞米·瓦尔德龙(Jeremy Waldron)关于正义的自然义务立场(瓦尔德龙1993)。瓦尔德龙的主张如下:第一,我们都要去促进正义;第二,除非制度发挥作用来确保正义原则被满足,否则我们无法获致正义;第三,除非这些制度管辖范围内的人接受这些制度的监管并遵守这些制度,否则这些制度无法良好运转。作为回应(墨菲1994),我有点过于踌躇地提出,如下内容不清楚:瓦尔德龙的前提是否蕴含着"正义要求我们遵守法律,或者正义要求我们将法律摆在对于我们而言具有权威的位置"这样的内容。我现在认为,这至多证明后者,正如菲尼斯的观点至多证明"共同善要求我们将法律摆在对于我们而言具有权威的位置"。

度上）进行了同情式重构。在菲尼斯的重构过程中，从"需要权威"到"权威的出现"之间的缝隙甚至更为明显，这将有利于证明我在此要考虑的内容。他写道：

> 阿奎那赋予丈夫有限的管理责任和权威。每个复杂的合作事项都需要全体一致，或者在缺乏全体一致的时候需要权威。在处理涉及孩子、家庭佣工、家庭之外的人的事务时，要求配偶之间就每个有拘束力的决定都要达成一致的规则，有时候这将导致家庭瘫痪并且必然导致非常糟糕的后果。当涉及合作关系的共同善受到严重损害并且解除合作关系并非合理选择的时候，我们可能要通过事先的约定来分配在合作方之间缺乏一致意见时做出决定的责任。但是，阿奎那却疏于考虑此种可能性。然而，在此方面的失败归根结底源于某个独立于约定可以被识别的人。
>
> （菲尼斯1998a，第172页）

菲尼斯继续思考、批判阿奎那之所以认定丈夫在此类情形中具有权威的理由。然而，不管是为政治社群中的权威所进行的论证，还是为家庭中的权威所进行的论证，我们都可以提出同样的批判：从"权威的存在可以解决合作问题,这是一件好事情"的事实中,甚至假定"存在履行此种角色的某个显而易见的最佳选项",我们都无法推导出"该显而易见的最佳选项就是权威"。至多,由此推导出,我们应该采取某些步骤使得显而易见的最佳选项成为这样的权威,即一旦合作问题产生,该权威将解决之。这意味着如下内容:正如菲尼斯代表阿奎那所提出的那个论证所表明的那样,一旦缺乏权威,则分歧必然导致"瘫痪"的后果,有时候"必然导致非常糟糕的后果"? 是的,也许:缺乏权威所引发的糟糕后果并没有简单地导致权威的出现,尽管源自此种糟糕后果的威胁使得权威的出场成为更紧迫的事情。①

现在,有人可能做出如下回应。鉴于到目前为止已然承认的内容,即在实践层面上讲理的人将尽分内之责促进权威性制度的出现从而指引行为进而达至共同善,则我们由此就可以推导出,在任何由在实践层面上讲理的人所居住的社群中,法律将具有权威性。因为,我们由此就推导出,此类公民将尽其分内之责使得此权威发挥作用,并且负有义务遵守此权威的具体化形式。然而,即使承认上述观

---

① 比较:在缺乏足够多的救生艇的情况下,海难通常必然导致非常糟糕的后果。然而,这并没有导致足够多的救生艇的出现;人们必然要参照海难的发生几率来配置救生艇。

点，这并没有减少菲尼斯的观点所遭受的批判。"由在实践层面上讲理的人所组成的社群将处于遵守法律的要求之下"这样的事实并没有证明，"遵守法律的要求独立于同意或者某种其他类型的义务-产生性行为"。相反，这可能证明，实践合理性要求一个人通过履行某些相关的义务-产生性行为而顺从于某个政治权威。而且，因为实践合理性有这个要求，由此我们推导出，在充分妥适的政治条件下，由在实践层面上讲理的公民所组成的社群恰恰将履行此类行为。"作为（规范上）显著协调者的法律"这样的观点，并没有缝合上述缝隙。这样的观点也没有证明，在缺乏某些诸如同意此类内容的情况下，单单法律的出现就足以使得"促进共同善"这样的原则在法律上的具体化形式具有权威。

仅仅诉诸就协调行动从而达至共同善而言法律何以必要的方式，完全发达的法律——由决定性行动理由支持的法律——如何可能？自然法政治哲学无法解释这一问题。如果自然法命题是"经由共同善的要求，我们方可解释法律的权威"，则协调并不足以成就之。我们在前文中似乎已然排除掉了如下可能性，即同意理论能够提供任何帮助（第四章第三节至第四章第五节）。然而，这是错误的。同意理论的问题不在于其核心观点,即无论在原则层面还是在事实层面,同意对于实现政治权威而言都具有规范性效力。同意理论的问题在于对其的特定理解,此种特定理解既被同意立场的批判者所持有,也被同意立场的捍卫者所持有。在下一章,我将提出一个关于同意的另类阐述。

第五章　法律权威的同意理论

一、非典型的同意立场

关于法律权威的显著协调者立场——其近来为自然法理论所依赖——无法解释如下内容：其一，公民为何应该遵守法律的指令；其二，公民为何不应该单方面地偏离法律的指令，如果这样做将更好地实现其所偏好的共同善的具体化形式（第四章第六节）。依照菲尼斯的强势协调立场，法律是规范上显著的协调者。这解释了如下内容，即我们为何应该使共同善原则在法律上的具体化形式具有权威。尽管如此，菲尼斯的协调立场无法证明，法律事实上具有权威（第四章第七节）。

本章的目标在于：以一种仍与自然法政治哲学的核心命题——法律的权威源自政治社群的共同善——相一致的方式，解释公民的同意何以能够使得法律对于其具有权威。然而，此种阐述的可能性或许从一开始就受到挑战。西蒙斯主张，正如我们在第四章第四节所见，在所有层面的同意之中，唯有发生层面上的同意——由言语-行为的实施所构成的同意——能够产生服从的要求。所有其他层面上的同意都是态度性的，就此而言，同意仅仅包括对于法律或者事实上的权威的同意态度，而且此类同意并没有引发任何服从的要求。由此，我们所面临的难题在于阐述一种第三类型的同意，此种同意并不包括任何言语-行为的实施，但其能够产生使得法律具有权威的实践要求。我所诉诸的同意形式是接受层面上的同意（consent in the acceptance sense）。依此种实践立场，一个人采纳如下内容作为其要满足实践要求而采取的行动根据：关于实践要求的开放性（open-ended）具体化形式，其留待他者的决定或者指令进行填充。我在下文（第五章第四节）主张，此类同意在如下方面与发生层面上的同意具有一致性，即其能够约束人的行动。然而，此类同意并不会为了具有约束力而要求某些言语-行为的实施。所以，至少存在某些开放空间，较之标准的同意立场，本文所讲的接受层面上的同意立场将会更加成功。

以下是源自接受层面上的同意的基本论证。"公民要遵守法律的要求"源自共同善原则（第三章第六节），即就政治社群的共同善而言尽分内之责的要求。共同善原则允许多种多样的具体化形式，一个人经由这些方式能够为了行动的缘故而使共同善原则变得更为具体；一个人有极好理由采纳某个关于共同善原则的特定具体化形式，此形式也潜在地被政治社群中的其他人所分享。当一个人合理地采纳了某个关于实践原则的具体化形式时，则其就应当遵守该具体化形式。所以，一个合理地采纳了某个关于共同善原则的具体化形式的人，其就要遵守该具体化形式。然而，正派（decent）的政治社群中至少存在一种关于共同善原则的具体化形式，其包含如下内容：依照该社群中的法律所规定的方式行事。所以，如果一个人关于共同善原则的具体化形式包含"依照法律所规定的方式行事"，则这个人就要依照法律的规定行事。如果存在这样一种普遍接受，即普遍地接受"法律作为共同善原则的确定者"，那么，公民就要遵守法律。

这既是一个自然法立场也是一个同意立场。之所以是自然法立场，是因为当公民不服从法律时，其所蔑视的实践原则是共同善原则。所以，此阐述满足自然法命题，即法律的权威源自政治社群的共同善。之所以是同意立场，是因为单单由于公民同意——其接受法律作为共同善原则的确定者——的缘故,共同善原则在法律上的具体化形式才具有优先地位,即作为执行共同善原则所要求的特定方式。

显然,为了使得此种同意立场合情合理,我们仍需要捍卫许多主张。我们需要证明如下想法是合理的:将共同善原则视为这样一种实践原则,即依此法律方才具有权威的原则(第五章第二节)。我们需要证明:一般原则的具体化形式如何能够成为某个人依照该一般原则行事的特定方式(第五章第三节)。我们还需要证明:我们能够采纳开放式具体化形式,其内容留待他者的指令填补,并且我们这样做也是合理的。而且,我们尤其需要证明如下做法是合理的:采纳一个关于共同善原则的开放性具体化形式,其包括做法律规定要做的事(第五章第四节)。同时,我们需要证明:在何种程度上,此种非典型的同意立场能够证明法律的权威(第五章第五节至第五章第七节)。

二、法律和共同善原则

共同善原则是这样一种实践原则,即由该原则出发极有希望开启关于法律权威的阐述。因为法律调整范围广泛,其调整政治社群中所有具有实践重要性的事项,然而,法律为了实现其广泛的目标而分配责任,其针对那些被轻易识别的人群发布特定指令。法律致力于实现多种多样的事态，但其通过将人们置于特定要求之下从而完成上述目标。

共同善原则与此类似。共同善原则的调整范围广泛，因为其关注于为共同善而行动：正如我之前所论述的那样，我们应将共同善理解为这样一种覆盖面广泛的事态，即每个人的善在其中都充分地被实现（第三章第二节）。然而，共同善原则不仅仅主张此种善的重要性，还告知每个人要针对此种善尽其分内之责（第三章第六节）。所以，在法律和共同善原则之间存在同构性，这使得共同善原则成为这样一种实践原则，即由该原则出发极有希望开启关于法律权威的阐述。

在法律和共同善原则之间存在两个相关的差异。第一，法律需要成为的无非是部分的指令集合。法律并不标榜穷尽——就共同善而言，公民要置于其下的——所有要求。第二，法律是相当精确的指令集合。尽管法律可能很好地使用某些具有开放结构的观念（"车辆"）或者要求使用评价性概念的观念（"合理"），然而，较之共同善原则自身，法律所附加在公民身上的要求更易被理解，由此也更有能力指引行动。

如前所述（第三章第六节），正是第二个特征设定了关于政治权威的自然法立场之关键问题。"法律致力于提供的无非是关于共同善原则的部分具体化形式"并没有提出任何严肃问题,其仅仅表明公民德行(civic virtue)要求的内容超越了法律所要求的内容。难题在于,公民为何要永远受限于由法律提供的关于共同善原则的具体化形式。

三、具体化形式何以可能具有约束力?

就法律作为共同善原则的具体化形式而言,其如何可能具有这样的约束力,以至于如果他或者她未依照法律行动,则这个人就共同善原则而言未恰当行动呢?一个先在的问题是:对于行动者而言,关于任何实践原则的任何具体化形式如何可能具有权威,以至于如果他或者她未依照该具体化形式行动,则这个人就该原则而言未恰当行动呢?

任何试图证明"一个人仅仅因为未依照自己(非蕴含的)关于实践原则 P 的具体化形式行事,其就可能已经违反了 P"的努力,似乎都必然要推翻我在第四章第五节中所考虑到的论证。回想一下那个论证:假设 A、B 都是关于 P 的最低限度可接受的、不兼容的具体化形式,并且假定 $\emptyset$-ing 是 A 所指示的行为,ψ-ing 是 B 所指示的行为。假设某个人提出将 A 作为 P 的具体化形式,然而其却 ψ-s 而非 $\emptyset$-ing。

因为 ψ-ing 是 B 所指示的行为，而 B 又被假定为关于 P 的最低限度可接受的具体化形式，则行动者如何可能通过 ψ-ing 而违反 P 呢？

有人可能沿着如下线索提出解决方案。一个人可能下定决心依照作为 P 的具体化形式 A 行事，而且由于一个人应该坚持自己的坚定决心，所以就通过依照 B 而非 A 行动来满足 P 而言，这个人错误地采取了行动。然而，这里存在含糊其辞之处：即使我们同意"一个人依照 B 行动时，其就在一定程度上采取了不恰当的行动"，这并不意味着这个人违反了 P。相反，之所以这个人采取了不恰当的行动，仅仅因为这个人违反了要坚持自己的坚定决心的要求，其中的内容之一指向满足 P，而非因为这个人违反了 P 自身。所以，任何使得 P 的具体化形式具有权威的努力之所以会成功，不是因为"一个人通过依照其他非上述的具体化形式行事，这将会违反 P"，而是因为"一个人通过依照关于 P 的不同具体化形式行事，这将会违反某些其他实践要求"。

只要我们以"违反实践原则 P 的唯一方式是以一种与 P 的内容不兼容的方式行事"为假定继续前行，则如下结论就是不可避免的：就满足 P 而言，关于 P 的最低限度可接受的任何具体化形式都无法永久具有优先地位。然而，除了以与某种实践原则的内容不兼容的方式行事之外，也可能存在其他方式违反该实践原则。我是这样设想的,即相对于 P 来讲,一个人可能以不兼容于 P 作为实践原则之地位、作为指引行为的事物之地位的方式行动。尽管这权且掩饰了关于"实践原则应该在讲理的行动者的慎虑之中如何发挥作用"的争论,该争论尤其相关于某些后果主义立场;我想说,对于特定实践原则的合理回应,不仅仅要求"一个人的行动符合该原则",而且要求"这个人依照该原则如此行事,以至于如果这个人未使自己的慎虑过程受到该原则的恰当影响,则其就是在蔑视该原则"。在我看来,一个人未能依照自己关于该实践原则的具体化形式行事,由此导致的正是此种类型的对实践原则的蔑视。

如果某人依某条实践原则形成了一个具体化形式,一旦其未能依照关于该实践原则的具体化形式行事,则其就在蔑视该实践原则。然而,为了弄清这个人如何蔑视该实践原则,我们应该回头看看,这个人为何首先需要形成具体化形式。考虑一下如下情景(在墨菲 2002a,第 161—162 页中,我讨论了一个非常相似的情形):假设你同意去执行一个富有的、极其古怪的叔叔的遗嘱内容。他已经将一大笔金钱交付托管,并且要求以如下方式进行分配:对于你在日常生活中所遇到的每个秃顶的人,你都要给其 100 美金;而且,不能给其他任何人。由此,你就处于这样一种承诺性义务之下,即从基金中取出 100 美金给予你所遇到的每个秃顶的人,而不要从基金中取出 100 美金给予任何一个非秃顶的人。依照该原则行事的明显困难在于,"秃顶"是个模糊术语。通过刻苦学习和勤勉观察,你也未必会达至如下这样一个关于划分秃顶之人和非秃顶之人分界线的结论:依照该结论,你就能够在分配 100 美金时自信地主张,你正在给予秃顶的人 100 美金,而非给予非秃顶的人 100 美金。"秃顶"这个术语使得上述努力白白浪费。然而,实践难题在此仍旧存在。就你所遇到的每个人而言,你不得不判断:你是否要从基金中取出 100 美金给他,之前的承诺是否给你提供交付金钱或者拒绝交付金钱的理由。

你应该如何处理此类实践问题呢?考虑一下如下两种可能的解决方案。第一,在每一次遇到一个不清楚是否算作秃顶之人的时候,你能够简单地做出随心所欲的决定,并且基于该特定决定而交付 100 美金。第二,你可能采纳一个关于如何理解"秃顶"的长期固定的规则,这是关于一个人脱落多少头发方才算作秃顶的更为具体的规则。在接受此种长期固定的规则之时,你无须基于如下虚假根据:在这些边界情形中,存在某些关于谁是秃顶之人的真相。相反,接受此种秃顶规则,你就允许此种规则在你的实践推理中作为前提发挥作用。由此,你可以从"你承诺给予所有秃顶的人并且仅仅给予秃顶的人100美金,而且某个人只有三分之一的头发"这样的事实中推导出"你应该(或不应该)给这个人100美金"这样的结论。对于具体化形式的接受,就是对于如下前提的接受:其使得一个人的实践推理在相关的情景中更为具体。

较之于"逐案断定"这样一种解决方案而言,至少存在两个非常强的理由偏爱"接受具体化形式"这样一种解决方案。第一个理由涉及一致性的要求。假定你遵循前者,即以逐案断定的方法满足上述原则。那么,在每次面临选择的时刻,你可能无法证明如下内容:在交付或者拒绝交付金钱时,你采取的行动悖逆了之前的承诺性义务。然而,你的选择模式可能体现了一种令人反感的不一致性。我们可能没有理由说,"你拒绝给予某个只有三分之一头发的人100美金"构成了对上述原则的蔑视;因为我们搞不清楚,某个只有三分之一头发的人是否算作秃顶之人。然而,如果你给予某个只有三分之一头发的人100美金,而拒绝给予另外一个只有三分之一头发的人100美金,则就履行你的义务而言,别人显然会质疑你以不一致的方式行事。

第二个理由涉及这样的要求,即行为要具有原则性。在履行关于叔叔的信托的庄严诺言时,你视叔叔的遗嘱为你的行动原则。然而现在,叔叔的遗嘱并不足以作为此类指引而发挥作用。为了将遗嘱视为行动原则，你必须补充遗嘱中所缺失的东西。当我们被要求视某些规范为我们的行动原则时，但该规范却缺乏某种程度的、为了能够作为我们的行动原则而发挥作用所需要的确定性，则我们就有理由提出该规范的具体化形式，因为这将会使得规范能够以原则化的方式指引我们的行为。

就本节开头部分所提出的问题，我们现在要给出一个一般性的答案。假设 A、B 都是关于某个要求 P 的最低限度可接受的、不兼容的具体化形式：假定"给予所有具有不超过三分之一头发的人并且仅仅给予具有不超过三分之一头发的人 100 美金"和"给予所有具有不超过二分之一头发的人并且仅仅给予具有不超过二分之一头发的人 100 美金"都是"从基金中取出 100 美金给予你所遇到的每个（而且仅仅）秃顶的人"的最低限度可接受的、不兼容的具体化形式。假定你决定依照前一具体化形式行事，然而你却给予某个具有超过三分之一但少于二分之一头发的人 100 美金。当你实施了一个被该义务的最低限度、可接受的具体化形式所挑选的行为时，就你的承诺性义务而言，你如何可能失败呢？答案在于，就上述原则而言，你的失败之处在于你以非原则化的方式行事，即你悖逆于自己关于"依照上述原则行事的妥适方式"的合理决定。

此处的关键在于,就某个原则而言,有超过一种以上的违反方式。一种方式是,一个人实施被原则的内容所排除掉的行为。另外一种方式是,一个人不妥当地视原则为行为指引。当一个人没有依照自己关于一般性实践原则的具体化形式行事时,其违反了后一种原则。

如果这一关于法律权威的同意立场要成功的话,则具体化形式必然要合适。然而,在我们转向探讨该合适类型的具体化形式之前,我想要澄清如下主张:如果某个人未依照其自己关于原则 P 的具体化形式行事,则这个人相对于 P 而言就是在不合理地行动。上述主张并不意味着,一旦有人提出了一个关于某原则的具体化形式,则其就要永远地坚持该具体化形式。上述主张也并不意味着,一旦这个人悖逆于该具体化形式的内容而行事时,其就是在错误地行动。上述主张意味着,只要一个人接受某个关于 P 的特定具体化形式,则其应该依照之行事。这并非说,这个人从来不具有充足的理由修正、拒绝其自己已然提出的关于 P 的具体化形式。

我们有必要澄清关于如下行为所需要的不同类型之原理:(1)一个人接受关于原则的具体化形式;(2)一个人改变其之前所提出的关于原则的具体化形式;(3)一个人依照其已然提出的关于原则的具体化形式行事。就(1)而言,一个人接受关于一般实践原则的具体化形式之理由仅仅在于：在某些特定情形下，一般实践原则无疑是相关的，但该原则所要求的行为并不明确；即使如此，一个人的行为也能够被上述具体化形式指引。所以，我必须要具体化"从信托基金中取出 100 美金给予每个秃顶的人"这个要求。我之所以如此做的理由正是，这个要求无疑在所有我有机会给予某人 100 美金的情形中都相关，但我并不清楚某个人是否应该算作秃顶。

就(2)而言，严格来讲，一个人坚持其已经提出的具体化形式的理由，并非源自特定要求之性质，而是源自"没有充足理由而擅变主意"在理性方面是不合适的。理性行动者仍旧要维持其决定，除非其觉察到在慎虑之中导致做出该决定的某些不妥当因素：某些事实被忽略，某些人做出决定时所依赖的情形发生改变，某些价值被低估或高估。不那么严格地来讲，如果一个人不断改变自己关于实践原则的具体化形式，其就有理由怀疑自己并非真正地依照该原则行事，而是放任外在因素主宰其对该原则的特定承诺。如果我一旦遇到一伙有魅力的人且其仅仅具有大约二分之一头发，而我想找借口与之攀谈，那么，我就想改变之前确定的具体化形式，即从"不超过三分之一头发"改变为"不超过二分之一头发"。在此，我有理由怀疑，我关于上述要求的具体化形式受到了不相关因素的影响,即使新确定的具体化形式至少在最低限度上也是可接受的。(除了避免不理性的恣意之外,我们可能还有深层次理由坚持自己的具体化形式,但这些理由相对于所涉原则而言是特定的;关于此类例子,参见第五章第四节。)

就(3)而言,正如我之前所讲,一个人依照关于某条原则的具体化形式行事的理由正是:经由以一定方式特定化该原则,这个人已然确定这就是其将依照该原则行事的方式;如果这个人并未如此行事,则其就未妥当地允许该原则作为行为指引而发挥作用。

四、开放性具体化形式

一个人形成并且接受开放性具体化形式,这样的做法可能是合理的。所谓开放性具体化形式是这样一种具体化形式:其内容在确立具体化形式的时候并未固定下来,而是留待需要实施该行为时才固定下来。一个人可能认为,作为叔叔的财产的受托人应该尽可能努力使得秃顶之人的基金永续存在。由此,就给予每个秃顶之人 100 美金的要求而言,一个人可能依据如下内容逐年决定上述要求的具体化形式:信托基金可能的升值额度,以及这个人于当年可能遇到的秃顶之人的数量。在做出具体化形式时,关于信托升值率和遇到的秃顶之人的数量的特定事实可能不可及。然而,在我们需要实施该行为之前,这些事实可能变得可及从而可以被"填补"至其中。只要在行动被要求之前相关事实可及,我们就可能合理地以此种方式形成开放性具体化形式。

然而,如果一个人能够形成内容开放的具体化形式,则这个人就能够形成如下开放性具体化形式,即其内容必须由他者的观点来填充。例如,假设我给自己设定一个不得醉酒的规矩。我们现在可以看到,"醉酒"是个模糊词语。为了能够恰当地指引行为,我们需要将"醉酒"的要求具体化。我关于"醉酒"要求的具体化形式可能包含,仅仅设定轻易可以识别的饮酒限度:可能是"不要饮酒超过一个小时"。然而,这样一条粗略的规则也许并非高度精确的指引:当酒水浓度高时,我在某些时刻可能是过量饮酒;当我负有更少义务时,由此审慎避免哪怕轻微醉酒的理由相应地更为薄弱时,我在某些时刻可能是不足量饮酒(underdrink)①。然而,我可能承认,当我在饮酒的时候,就

---

① 我想,有人可能质疑不足量饮酒的可能性。然而,某些人确实具有不足量的缺点(the vice of deficiency),就此相应的中庸之道是节制(《尼科马克伦理学》,1119a7)。

上述事项而言,我并非那么好的判断者。依靠其他人——也许我的配偶——填充我在上述情形之下的具体化形式,这也许是个好主意。由此,我可能采纳这样一个具体化形式,其包含"不要超过我的妻子给我设定的饮酒限度"。该具体化形式是开放的,其留待我的妻子进行设定。

为何一个人可能采纳此种开放式的、留待他者观点填充的具体化形式呢?就此存在一些理由。赞成此种具体化形式的一般论证形式是这样的,即一个人在某些情形下有理由采取如下行为:使具体化形式具有开放性,允许他者观点填充具体化形式,不允许除了他者观点之外的事实填充具体化形式。第一,尽管一个人对具体化形式的主要需求,并非来自无知,而是来自不确定性,但很可能,"由自然理性所确定的内容"和"自由选择的事项"之间的界限是流动的,这个人自己可能并非评价上述内容的最佳人选。就刚才提及的醉酒原则而言,可能就是这样的。在此类情形中,饮酒者之外的其他人可能是关于如下两者之间界限的更合适的判断者:理性上所要求的东西和理性上自由裁量的东西。由此,在某些情形下,饮酒者可能有理由采纳一个遵从他人决定的具体化形式。第二,允许他人填充某个人的具体化形式,对于这个人而言也许是一种善,也许是针对这个人所表达的善意。所以,即使我并非关于饮酒量的糟糕判断者,但如果我的妻子很担忧醉酒风气在家庭中的蔓延，且这并非杞人忧天，那么，就允许我的妻子完善我关于酒精消费的具体化形式而言，这里可能存在一种善。第三，拥有经由某种方式的合作而达至的具体化形式，这对于人们而言可能是重要的。至于什么算作醉酒，我们似乎无须某些经由合作而达至的具体化形式。然而，假设你和我拥有不同的具体化形式：你饮酒超过某个你不认为是"醉酒"的度量，但我认为是"醉酒"。你继续开车，撞击到我的汽车。我主张，出于公平正义，你应该赔偿我，因为你醉酒驾驶。如果你和我共享一个关于醉酒的共同观念，以至于我们能够共享一个关于"就冷静驾驶而言，一个人需要对他人承担什么责任"的共同观念，那么这将是非常好的。如果你和我皆允许我们关于醉酒的具体化形式由某些第三方填充，则这将给此类共同观念提供一个根基。（也参见墨菲2002a，第165—166页。）

如果我们接受"开放性具体化形式的内容由其他人填充，或者由某些并不由自己控制的其他裁决程序填充"，那么这能够置其他人或者裁决程序于权威的位置。例如，如果我有决定性理由不醉酒驾驶，而且我接受一个"经由某些规则决定了什么算作醉酒"的具体化形式，则这些规则对我而言就具有权威，至少在此有限领域内对我而言就具有权威,其内容确定了我在饮酒驾驶方面的义务。由此,对此类开放性具体化形式的接受,能够起到一种类似于发生层面上的同意在标准同意理论中的作用,所以,我认为,当一个人接受此类开放性具体化形式,则这个人就是"在接受层面上"同意。

五、政治权威的自然法/同意立场

现在,我们来到了捍卫关于法律权威的非典型立场的时候了。共同善原则约束行动者,使其为政治社群的共同善尽分内之责。然而,"共同善"和"其分内之责"都需要具体化。行动者有好的理由形成如下这样的一个具体化形式:就共同善而言,此具体化形式将提供一个更为清晰的行动指引。如果行动者形成一个关于共同善原则的具体化形式,此形式包括"依照法律的指令行动",也即在接受层面上同意法律,那么,如果这个人悖逆于该具体化形式,则其就是在不合理地行动。所以,对于所有已经接受关于共同善原则的具体化形式——其包含依照法律的要求行事——的人而言,法律就具有权威。

为何"形成一个关于共同善原则的具体化形式,其包含依照法律的要求行事"这一行为是合理的?我们需要阐明上述问题。回顾之前我们关于采纳由他者观点填充的、开放性具体化形式的理由的讨论(第五章第四节),我们能够看到这样一些理由:至少在合理公正的法律体系之下,这些理由强烈支持采纳此种具体化形式。第一,在此存在这样一种认知(epistemic)要素:因为善之要求如同共同善那样复杂且多面,所以"其如何被具体化"就成为一件棘手的事情。如下两者之间的界限是恒久流变的:其一,为了共同善,理性所要求的事项;其二,自由裁量的事项。鉴于为公正法律体系所特有的普遍商议(common deliberation)的机会,法律在追求共同善时的认知地位(epistemic credentials)通常优于每个个体自己的认知地位。

现在,有人可能回应道:在某些情形下,法律在提出关于共同善原则的具体化形式方面通常所具有的优先认知可靠性存在严重问题;在这些情形之下当事人有理由不接受此种关于共同善原则的具体化形式,而这些具体化形式包含了"遵守法律在该问题上的规定"。拉兹设想了这样一种情形,法律规定了关于如何使用特定危险工具的内容(拉兹1984b,第146—148页)。拉兹主张,就应该如何使用这些工具而言,专家几乎没有理由尊重法律的权威。然而,在我看来,拉兹错了。依照上述立场,就应该如何使用这些工具而言,我们不能将法律的具体化形式理解为关于"何种使用方式有危险,何种使用方式没有危险"的理论判断。相反,我们要将其理解为,关于公民在使用此类危险工具时相互之间承担何种责任的具体化形式。法律在发布此类危险工具的使用标准时已然考虑到如下事实,即某些当事人能够更安全地使用此类危险工具。所以,我们很可能有好的理由拥有这样一个具体化形式,即在具体化每个人在使用这些工具时就共同善而言相互之间的责任时,其不区分专家和非专家。如果我们仅仅视法律在此问题上的指令为关于如何使用这些工具的一个建议而已,则专家就有可能正当地忽略法律在此问题上的指令。然而,如果我们视法律的指令为根据共同善原则的要求确立的妥当共同标准之规则,则甚至专家也有理由接受该规则。①

第二,如果我们同意法律作为"共同善、一个人就共同善而言所扮演的角色"的确定者,那么,通过上述类型的接受,我们就可以实现某种善。拉兹强调了这样一种针对法律的立场,其称之为"尊重法律(respect for law)"。拉兹以如下方式拓展其阐述,即类比于友谊关系以及从中可能产生的行动理由(拉兹1979a,第250—260页)。同意可能具

---

① 如下情况是可能的:此类法律对于专家而言可能如此繁重,专家几乎没有理由按照法律的要求行动,以至于此类法律不会算作——关于专家就政治社群的共同善所负责任的——合理特定化形式。如果是这样,该法律可能未由充分的服从理由支持,由此其单单就作为法律而言是有缺陷的。

有一种彰显性价值,其将一个人和法律拴到一起,并且展示了一个人对于法律所包含和促进的价值的效忠。拉兹在此坚持认为,就像友谊一样,对法律的尊重(拉兹1979a,第256—257页)具有可选择性。然而,尽管允许"像友谊一样,对法律的尊重具有可选择性",我们有强烈理由敦促一个人对良法持有此种立场。

　　第三,最为重要的在于,我们有诸多理由去协调我们的具体化形式,而显著协调者之阐述(第四章第六节)将我们的注意力转向了这些理由。我们有理由去形成这样的共同具体化形式,其关涉到我们在促进共同善的过程中的地位。第一个理由仅仅在于合作。如下情况是好的,即拥有一个关涉到我们行为的便利显著协调者,其有权施加规范上有约束力的解决方案从而促进有效的合作,而非完全依照因果关系调整环境。第二个理由为菲尼斯所强调,其认为我们需要在实践层面上讲理的协调者。该协调者能够识别出"理性上被确立的或者可评价的东西"和"自由裁量的事项"两者之间的界限。面对持续流变、高度复杂的行动环境,该协调者拥有决定上述两方面内容的恰当程序。第三个理由在于协调自身有时候必须以规范性术语被界定。我就此所意指的东西是,我们需要达至关于如下内容的共同想法(common mind):我们应该承认加之于自己身上的要求之类型;就促进共同善而言,我们能够相互提出的要求之类型。让我们再回到禁止醉酒驾驶的规则。如果我们不以规范性术语——就人们在操作危险机器的过程中相互之间负有何种注意义务达成一致——阐述合作问题自身,则我们在此就不可能妥当地阐述对合作的需要。我们之所以在此需要合作,部分原因在于我们能够相互提出如下公正要求:当我血液里的酒精浓度高于80毫克每百毫升时,你能够正当地禁止我驾驶;或者,由于我在血液浓度高于90毫克每百毫升时伤害到你或者损害到你的财产,你能够正当地向我索赔。

所有能够支持我们采纳由他者观点填充的开放性具体化形式的理由,都可能被用来证明如下内容:我们有非常强的理由采纳——包含依照法律的指令行事的——关于共同善原则的具体化形式。出于两点原因,这是重要的。其一,如果我们最终确实证明,接受层面上的同意在某些管辖范围内是普遍的,法律由此在该管辖范围内通常具有权威,则法律无须唯有通过公民犯下错误或者发生混淆才具有权威。其二,正如我之前所指出的那样(第五章第三节):一个人唯有采纳某个具体化形式,其才要去遵守之;一个人也能够拒绝该具体化形式,由此使自己豁免于该具体化形式的约束力。"我们在理性上负有重大压力去遵守此种具体化形式"这样的事实显示:我们拒绝此种具体化形式,这不仅仅体现了非理性的恣意性，而且也体现了对——要依之而采取行动的——实践原则的要求的不合理回应（也参见第四章第七节）。

六、接受层面上的同意之独特妥当性

我们可否有理由认为，接受层面上的同意是特殊的，它是一种使得法律具有权威的尤其妥当的方式？

接受层面上的同意成为使得法律具有权威的特别妥当的方式，何以使然呢？第一，不像其他使得法律具有权威的方式，在此起作用的实践原则是共同善原则自身，而非某些其他东西。在我看来，这似乎是一个有利的直接起点：政治权威的善性在于其指引公民达至共同善的能力；一种将政治权威最为直接地联系到共同善的规范性力量的立场，优于未这样做的立场。

赞成接受层面上的同意的第二个理由在于，就避免实践冲突而言，较之其他立场，接受层面上的同意之立场做得更好。假设我们将对比展现得更为特定化，并且追问：我们为何要沿着接受层面上的同意之路径前行，而非沿着例如承诺的路径前行？捍卫承诺作为产生政治权威的最好或者同等好的方式的人可能同意，我们需要政治权威，而且法律应该发挥此种作用。捍卫者还可能建议，就将法律设置为具有权威而言，诸如承诺的行为是在实践层面上合理的方式。好吧，相关的承诺是什么呢？这样的承诺可能是：在由共同善原则所设定的限度内，我们要做法律规定我们做的事情。这将确保，一个人由于上述承诺而自我加载的任何要求都不违背共同善原则；这将确保，一个人要去做的任何事情都与关于共同善原则的某些最低限度、可接受的具体化形式保持一致。然而，在我看来，我们并不清楚此种形式的承诺是否是证立法律具有权威的合理方式。

原因如下。当我们让实践权威发挥作用时，我们也应该关注实践困境的可能性。我们应该力图避免置自己于相互冲突的实践要求之下。如果我们做出此种承诺，并且继续提出我们自己关于共同善原则的具体化形式，则我们可能发现自己恰恰处于此类实践冲突境地。因为我们可能，既要遵守诺言，又要依照我们关于共同善原则的具体化形式行事。由于存在诸多关于共同善原则的合理具体化形式，所以，由公民所提出的具体化形式和由法律所提出的具体化形式重合，这仅仅是巧合而已。由此，一个人几乎必定最终要陷入实践困境：其既要遵守自己的具体化形式，又要遵守法律的具体化形式。

当然，这并没有证明，就作为使得法律具有权威的方式而言，承诺劣于接受层面上的同意。也许，我们已然关注的是相关承诺的错误内容。相反，与承诺仅仅依照法律的指令行事相比，应该做出的承诺也许是：接受——包含法律指令在内的——关于共同善的具体化形式。至少对于那些遵守诺言的人而言，如下实践冲突将会消失：其提出自己的具体化形式，却同时要去依照他人提出的具体化形式行动，由此所引发的实践冲突。然而，我们现在需要追问的是：将对特定具体化形式的接受纳入承诺的内容之中，这是否使得承诺行为毫无价值。之所以如此追问的原因在于：承诺是接受具体化形式的理由，而且一旦某人接受某个具体化形式，其就要依照之行事，因为这是其自己关于正确实践原则的最低限度、可接受的具体化形式。然而，我们已然有理由接受具体化形式，即每个人都应该尽其分内之责使得——能够指引行动者达至共同善的——权威发挥作用。一旦我们接受具体化形式，那么我们依照该具体化形式行事的理由就是以接受层面上的同意为根据的立场所提出的理由。

尽管这些论证指向——针对接受层面上的同意而言的——两个特定替代项，然而，这却指出了任何试图提出——作为接受层面上的同意的替代项的——关于权威的证明模型的努力所面临的困境：其要么更易导致实践冲突，要么是冗余的。毋庸置疑，除了接受层面上的同意之外，其他引发内容–独立性的义务的特定方法可能也是有益的,但它们都不能够代替此种形式的接受层面上的同意。

第三,接受层面上的同意更为紧密地与"那些促成法律的本质因素"相关联。其由此展现了如下两者之间的内在联系:其一,使得非缺陷法律存在的因素;其二,使得法律具有权威的因素。

我所想说的内容如下。哈特《法律的概念》的贡献之一在于如下的坚定主张:使得法律体系存在的东西,不仅仅依赖于外在可观察的事物,而且依赖于该体系中的官员——也许更为一般地来讲,公民——的反思态度、判断和性情。哈特尤其主张,法律体系唯有在如下情形中方才出现:(至少)该体系中的官员就该体系中的规则采取内在观点,视之为行动之理由、服从之根基以及批判之理据。鉴于第二章中所提出的论证,如下想法看起来是合理的,即"法律体系是如此这般模样,其公民对之采取内在观点"是个必然真理。也即,并非"每一个我们称之为'法律'的体系都是这般模样,每个公民对之采取内在观点",而是"那些不存在此类普遍接受的体系,其作为法律体系是有缺陷的"。而且,如果确实如此,那么接受层面上的同意与哈特所称的内在观点具有如此紧密之相似性看起来就是一个赞成上述同意立场的根据。我们似乎并非必须这样做,即首先简单地界定何谓法律体系，进而在他处寻找能够证明其具有权威的额外因素。相反，对非缺陷法律体系的描述，就恰恰解释了此类制度为何具有权威。

七、此种同意立场在多大程度上证明了法律的权威？

目前为止，我已经论证了如下内容：由于公民在接受层面上同意法律，所以法律才可能具有权威，公民由此采纳了——留待法律填充的——关于共同善原则的开放性具体化形式。正如前述所示（第四章第二节），政治权威的同意理论通过提供如下内容而向前发展：其一，关于法律如何可能具有权威的模型；其二，如下主张的理由，即在当下诸政治社群内，至少在那些合理公正的政治社群内，此种模型也适用于法律。此种同意立场是否提供了一种关于法律权威的可能模型呢？如果其提供了此种模型，此种可能性在什么程度上是真实的呢？

有人可能质疑，这甚至是否还算作一种同意立场。这是法律人的批判。法律之中有关于同意的高度特定化的含义，而接受层面上的同意无法满足上述含义。然而，正如西蒙斯隐含地承认的那样，如果我们承认态度层面上的同意，则除了法律人的同意观念之外，还存在其他同意观念。同意的基础观念是意志的重叠，更为具体而言，是一个人的意志与他人意志的重叠。接受层面上的同意包含，将他人关于某些事情的意志纳入自己关于某些事情的意志之中。在我看来，这足以接近关于同意的观念根基，从而使得该标签精确化。

此种立场是否是一种同意立场，这最终无非是文字游戏而已。更为实质的地方在于，有人可能追问，该模型是否真能提供关于法律权威的阐述。暂时假设，只要一个人持续接受自己的具体化形式，该具体化形式可能就具有拘束力。然而，正如前文所承认的那样（第五章第三节），一个人可以轻易地通过拒绝自己的具体化形式，使自己豁免于该具体化形式的拘束力。所以，即使一个人接受——包含依照法律的要求行事的——关于共同善原则的具体化形式，其由此要依照法律的要求行事，但这个人可能轻易地通过拒绝该具体化形式从而使自己豁免于上述义务。就此，我们可以想想如下对比：其一，源自典型同意立场的理性之要求；其二，源自本书在此所提出的同意之要求。根据典型立场，如果一个人同意其所属的政治权威，则其就有义务——或者除了少数几个非常重要的限定之外——永久地遵守由这些权威发布的指令。由此，典型同意理论能够解释法律权威的持久性(endurance),即"一个人无论是否喜欢法律,其在之后的时间段内都受法律约束"这样的事实。然而,我们这里所讲的同意立场无法对其进行解释。

就我所捍卫的同意理论而言,上述反驳具有多强力度呢?要评价上述反驳的力度,我们唯有开始追问如下问题:为何一套关于政治权威的理论必须证明,政治制度的权威地位独立于某个人对权威的继续接受。也许我们的关切之处在于:除非权威独立于某个人对其的持续接受,否则这个人可能很轻易地逃离权威的管辖。一旦某个人对特定的决定不满意,则这个人就可能轻易地决定不接受这一决定,或者这个人可能出于某些琐碎的理由不再同意任何权威。甚至有人可能提出这样的主张:如果权威以此种方式依赖于某个人的持续接受,则其根本就不是权威。由此,还会引出这样的问题:改进版的同意理论是否能够成功地解释任何实践权威,更不要提及法律权威了。

我不认为,这是对改进版的同意理论的严重反驳。第一,如下事实丝毫不会动摇某一方作为权威者的地位:具体化形式的理由-给予地位,以及为具体化形式所依赖的权威者指令的理由-给予地位,均取决于行动者继续采纳该具体化形式。如下两个问题是不同的:其一,一个人对其他人是否具有权威;其二,一个人对其他人要持续保持权威地位的条件。就某些事项而言，雇主对于其雇员通常具有权威。这完全不同于那些雇佣条款所涉雇员的事项：雇员是否可以擅自离岗，或者雇员是否要受制于某些经由合同约定的固定雇佣条款。由此，我们可以清楚地看到，如下反驳不成立：通过拒绝某个——依赖法律来确定共同善原则的内容的——具体化形式，我们就能动摇法律的理由-给予地位，由此也就证明了，法律缺乏权威。

第二，在此似乎也存在关于政治权威的其他观点：依照这些观点，对象是否处于法律权威之下，取决于该对象是否停留在某些其有机会选择逃离的环境之下。源自公平竞争的典型论证依赖于对利益的自愿接受：如果一个人不再自愿接受利益，则这个人就不再负有义务（例如参见哈特1995，罗尔斯1964）。源自默示同意的论证——诸如那些依据居住地作为同意标志的论证——通常主张，构成同意的条件偶然地存在，而且可能被随意地挪掉。洛克曾主张，正是人们在某些政治权威之下当下享有的善使得人们同意该权威的规则，然而，他在此也允许，如果一个人不再利用这些善（例如通过移民），则这个人也就不再负担义务了[《政府论》（下篇），第119、121条]。然而，"服从义务所需要的条件仅仅偶然地存在"并不被视为反对"针对政治义务的公平竞争和默示同意立场"的独立论据。

"我刚才提及的默示同意/公平竞争立场"和"源自接受层面上的同意之论证"之间的差异也许在于，依照默示同意和公平竞争立场，如下两种条件要匹配：其一，守法所需的条件；其二，对象被视为处于法律管辖范围之内的条件。当臣民位于国家疆域之内，法律就对其主张权威。尽管对象处于法律权威之下是偶然的事情，但如下内容并非偶然：如果且唯有法律针对对象宣称具有权威，法律真正具有权威的条件才被满足。然而，我们目前所讲的这个同意立场确实可以如此回应：我可能承认，如果该同意立场认为"一个人在接受层面上是否同意以及继续同意法律，这都是在理性上无关紧要的事情"，则在此存在批判该立场的根据。然而，我并不认可上述"理性上的无关紧要性"。我们暂时将竞争性目的——其可能挑战共同善在理性行动者的关切之中的地位——抛在一旁（我们将在第七章回到这个问题），如下内容是清楚的：那些赞成促进共同善的强烈理由使得共同善并非仅仅是可供选择的目的（第三章第二节），所以共同善原则（第三章第六节）也并非仅仅是可供选择的行为规则。鉴于我们在第五章第六节中所提出的考量因素，则在法律是合理公正且有效的政治社群中，人们拥有决定性理由同意法律的权威。所以，尽管通过不允许法律的权威在确定共同善原则的内容方面占有一席之地，一个人可能

127

继续或者开始逃避法律的权威,然而,只有不讲理的人才有如此行径。在我看来,如下情形并不糟糕:一个人可能继续逃避法律的权威,但这里必然有不当之处。

为了解休谟就典型的同意立场所提出的批判在多大程度上适用于修正后的同意立场,我们现在要回到休谟的上述诸多批判之中(第四章第三节至第四章第四节)。回想休谟的第一个批判,即自我设想反驳,其要证明同意立场的自始不合理性。根据该反驳,"法律的权威奠基于那些处于法律管辖范围内的人的同意之上"这样的观念与统治者和被统治者的自我设想相去甚远。无论处于法律管辖范围内的人是否同意,统治者视自己拥有针对被统治者的权威,被统治者视自己生于权威之下,而非经由自愿行动从而接受权威。由此,同意理论承担证明如下内容的负担:关键的政治行动者的自我设想是错误的。

首先,考虑一下统治者的自我设想。在我看来,无论特定国君、总统的想法如何,核心问题在于法律的自我设想,因为正是法律被视为具有权威。然而,如果第二章的论证正确,则如下内容并不为真:我们能够赋予法律这样的想法,即无论公民同意与否,法律对于公民而言都具有权威。我们仅仅有根据这样说:对于由某些法律体系所规定的所有指令之集合,法律预设了这些指令由决定性行动理由支持。(我们在此务必留意范围问题。我的主张是：对于法律所规定的任何指令，法律预设人们存在决定性服从理由。我的主张不是：法律预设，人们对于法律所规定的任何指令都存在决定性服从理由。)法律并没有假设，无论人们同意与否，法律都具有权威。法律假设，在此存在支持法律指令的理由的某种或者多种来源。就上述来源是否就是同意，法律无须对此发表任何正式观点。所以，诉诸法律的自我设想，几乎没有给我们提供任何理由怀疑这个或者任何其他同意立场。

128

  我们又应该如何讨论被统治者的自我设想呢？如下内容可能为真：无论在发生的层面上还是在接受的层面上，公民通常都并不认为自己经由同意而要去服从。然而，就上述事实，我想说：源自接受层面上的同意的理性之要求，是那种最可能在日复一日的生活中被忽视的要求。因为此处所讲的要求立基于一个人的意志——诸如决定之类的东西——之条件上。大多数情况下，人们坚持自己的决定却无须反省"要坚持决定"这样的要求。决定既在因果上有效，也在规范上有效。尽管这些决定在规范上有效，但其并非如下类型之理由：当我们要证立我们的行动时，常常需要其出场的理由。

  就我设想的现象，在此存在一个更清楚的例子。人们通常认为存在如下要求：我们要依照我们的良知（conscience）行事；在此，我们的良知就是，我们遭遇特定情形时所进行的全盘考量之判断（墨菲 2001a，第 241—246 页）。所以，如果我遭遇如下特定情形，即"我的良知告诉我，全盘考量的话，我应当说谎"，那么，我就应该依照该判断而说谎。在依照良知原则行事的诸多情形中，一个人无须特别地想起那个原则，而且如果这个人须特别地想起那个原则，这反而令人感到奇怪。一个人自然会基于其特定实践判断而行事；该特定判断在因果上有效地引发行动，而且在众多情形下，行动者将依照该特定判断行事。然而，如果一个人被要求去证立特定行为，但这个人却诉诸良知原则，这就令人感到奇怪。这个人更可能通过如下同样的理据来证立特定行为，即证立诸如"善要通过行为而产生，其他选项的次要性，等等"判断的理据。良知原则仍旧不显现，其唯有在特定情形下方才出场。

同样，经由如下原则，接受层面上的同意方才具有拘束力：该原则的适用条件包含行动者意志状态，即采纳某个具有特定内容的具体化形式。如果一个人采纳某个具有特定内容的具体化形式，则这个人通常将依照之行动，而无须追问：什么东西约束我依照该具体化形式行动？因为该具体化形式在因果上有效力，所以其有助于激发不可或缺的行为。该具体化形式在规范上是隐晦的，因为一个人可能认为自己的行动经由如下内容被充分证立：该具体化形式所激发的善（……），而非原则自身。所以，回到之前那个例子中，即要求从信托基金中拿出钱给每个秃顶的人100美金。如果某人决定将所有那些具有不超过二分之一头发的人算作秃顶之人，这个人已然提出一个关于上述原则的具体化形式。该具体化形式通常在因果上能够有效地激发这样的行为，即给每个具有不超过二分之一头发的人100美金。而且，受托人可能看到其行为仅仅被如下内容证立，即具体化形式和支付金钱的要求的合适性：一旦某人做出某个决定之后，则这个人应该几乎不需要反省该决定为何具有约束力。

如果人们通常在接受层面上同意法律，则其可能几乎没有理由去反省"依照由法律所提出的具体化形式的内容行事"这个要求的来源。一个人在日常实践推理中依赖法律指令，这无非是自然而然的事情。而且，在我看来，这正是多数人依照法律的要求而采取的行动方式。

所以，我对休谟批判的回应是这样的，即存在某些"隐晦的"规范性原则，就其适用条件而言，我们几乎无须留意之。此种隐晦的规范性原则，几乎不可能进入到人们的自我设想之中作为其重要义务的来源。而且，如下要求就是一个隐晦的规范性原则:一个人依照其关于一般实践原则的具体化形式行事。由此,"此种同意立场并非被统治者的自我设想的一部分"这样的事实,并不构成对该同意立场的反驳。

现在,我们来探讨休谟的记忆反驳。根据典型的同意理论,相关义务源自如下类型的言语-行为的履行:如果某个人已然履行了该言语-行为,则这个人往往会记住。而且,同意的内容如此重要,以至于如下极端情况几乎不可能发生:一个人可能已然履行了该行为却忘记了这回事。然而,该反驳依赖于作为公开的、可确定发生时间的(datable)行为的同意之言语-行为的特性。相反,接受层面上的同意并非公开行为,也并非必然是可确定发生时间的行为。一个人采纳某个特定具体化形式,这可能是个漫长的过程,这个过程可能不为任何人所知,甚至不为行动者所知。唯有通过努力反省自己的承诺,一个人所采纳的具体化形式对于自己才可能变得清晰起来。

然而,上述内容都没有证明,此种关于权威的同意立场解释了法律所拥有的权威。其证明的全部内容无非是,此种关于权威的同意立场避免了某些指向典型同意理论的更为重要的批判。毕竟,此种同意具有多大程度的一般性呢?显而易见,此种同意立场并没有给格林所谓的如下这个政治义务命题提供一个好的论证：所有公民都受制于其政治社群中的所有法律（格林1990a，第225页、第228—229页；格林1996，第8页）。在我看来，尽管我所捍卫的同意立场足以提供一个——超越了与其具有竞争关系的同意立场的——关于实际政治义务的阐述，但其确实没有满足上述政治义务命题所需的普遍性。然而，我认为，即使没有证明上述政治义务命题，我所捍卫的同意立场将证立一个非常强的规范性结论：或者公民要服从其政治社群的法律，或者该公民就是在不合理地行动，或者该政治社群的法律体系是不合理的。然后，让我以如下方式结束本章：其一，讨论如下问题，即依照该同意立场，实际政治权威的范围；其二，考虑如下内容，即该政治义务命题的修正版本。

我们可能会说，首先，接受层面上的同意至少不等同于言语-行为层面上的同意，因为言语-行为层面上的同意之缺乏，确实看起来是简单的（brute）、在经验上可以轻易验证的事实。更为实证地来讲，我认为可以提出如下论据：人们在接受层面上同意法律作为共同善原则的确定者，这是相当普遍的做法。接受层面上的同意是否是一个普遍现象，这依赖于公民的慎虑性倾向（deliberative disposition）之状态，也依赖于公民如何倾向于实践性地推理；因为接受层面上的同意是这样一种倾向，即为了实践推理和决定-做出的缘故而接受特定具体化形式。之所以假定接受层面上的同意是相当普遍的现象，主要原因是法律在公民的慎虑中确实起到关键作用。就那些具有公共利益的事项而言，人们往往确实视法律上的具体化形式具有权威。例如，如下内容可为证：人们严肃对待涉及醉酒驾驶的法律就血液酒精浓度所提出的特定具体化形式，这些具体化形式是关于醉酒在法律上的确定性标准。

现在，那些担忧政治义务理论的人似乎这样认为：要么，我们能够提出从"一条被认可的正确道德原则"到结论"法律具有权威"的某些论证，由此我们要遵守关于醉酒驾驶的特定法律；要么，我们的如下做法毫无根据，即接受由法律来确定何种行为违反了"禁止由于醉酒驾驶而危及共同善"。然而，我提出的观点证明了，上述两难困境是假的。我们有好的理由接受法律上关于醉酒驾驶的具体化形式：因为醉酒驾驶关涉到共同善；而且，就尽我们的分内之责促进共同善而言，其部分上的要求就是，禁止我们在受到酒精损害时仍旧驾驶。然而，我们无须论证，由法律的先在权威出发可以证明"审慎接受法律上的标准"这样的立场是合理的：使得接受变得合理的东西在于，我们需要此类标准，且法律是此类标准的显著提供者（salient provider）。对于那些接受法律上的标准的人而言，由于其接受法律上的标准作为其——在那些涉及共同善的问题上的——行动方式,所以这些人可能受制于要遵守该标准;而且,我认为世界上存在许多这样的人。

我认为,"普遍接受法律的权威"是可信的。可能存在这样一种反对意见:由于在某些法律——尤其交通法规——领域中存在普遍的不服从,所以"在这些领域内存在对法律权威很大程度的接受"这样的假设似乎是错误的。然而,此种基于上述理据对我的反驳是错误的。我的观点不包含如下内容:一个人接受某个具体化形式,就意味着这个人必然要依照该具体化形式行事。即使那些在接受层面上同意法律的行动者,也会遭遇到行动者通常会遭遇的所有问题:疏忽大意、短暂冷漠、意志软弱、自私自利等。我们可以这样想:我会说,多数人接受这样的规范,即不应该撒谎(除非存在某些相反的、特别紧迫的凌驾性理由)。然而,如果我们相信社会科学家的话,那么人们其实一直在撒谎,我们之中十有九者经常撒谎[帕特森(Patterson)和金(Kim) 1991,第45页]。我们为何仍旧应该认为,这些经常撒谎的人(大多数)依然接受反对撒谎的规范呢?原因有二:第一,因为这些人自己承认接受;第二,如果这些人被抓住并且被责备的话,其视责备为有理据的行为,而非冒犯行为。面对这些源自言语和行为方面的确信,我们更可能将其行为解读为:虽然其(出于不同原因)蔑视某个规范,却仍旧接受之;而非简单地否定"其接受所涉规范"。我认为,这对于大多数驾驶者而言为真:多数超速驾驶者都承认法律针对道路上发生的此类事项具有权威,而不会视努力执行这些标准的做法没有权威。

较之证明"公民针对法律权威的普遍接受的初显可信性",更为困难的事情在于证明"公民对法律在这些事项上的具体化形式的接受,是正确类型的接受"。如果共同善原则要为法律的权威提供根基,则必然是这样的:由于一个人已经接受了法律,那么一旦这个人蔑视法律,其就是在蔑视共同善原则。然而,唯有一个人接受法律作为共同善原则的指示符,上述情况方为真。这并非愚蠢盲目之举,并非仅仅简单地爱自己的邻居,亦非作为避免牢狱之灾的经验法则。如下想法似乎是幼稚的:人们接受法律在某些方面作为共同善原则的确定者。然而,我并不这样认为。正如汤姆·泰勒(Tom Tyler)的研究(1990)所表明的那样,许多证据可以证明:其一,"遵循法律的意愿"与"法律是否显得不偏不倚和公正"有重大干系;其二,"遵守的意愿"与"被感知到的公平而非有利于个人的后果"有更为紧密的联系。由此,在我看来,如下想法丝毫不幼稚:公民接受法律,就是在部分上接受法律来规划关于"如何通过统一的行动促进共同善"的公平解决之道。

我主张，该同意立场在并非微不足道的程度上解释了法律之于公民的权威。然而，有人可能认为，由于该立场未能证明政治义务命题，其仍旧毫无意义。然而，较之关于"公民在多大程度上、以何种方式负有守法义务"的阐述，该自然法立场具有更多内涵。该自然法观点包含关于如下内容的阐述：其一，要求公民就共同善而言尽分内之责；其二，公民为何应该尽其分内之责发挥——能够调整行为从而达至共同善的——实践权威的作用。如果存在一个——就共同善原则的具体化形式的形成程序而言——至少在最低限度上合理的法律体系，则那些留意该原则的要求的人就会同意该法律体系的权威，由此使得该法律体系在如下方面具有权威：这些人为了共同善的缘故而采取的行动方式。这是一个重要的结论，尤其在我们面对如下指责的时候至关重要：如果同意立场未能证明政治义务命题，则其就失败了。如果接受层面上的同意并非普遍现象，则公民几乎不可能被政治义务的纽带黏合到一起。对于这些公民而言，不服从法律在实践层面上并非如此这般不合理。然而，该同意理论还包括更多的内容，其还提供如下尽管并非完全清晰的信息，其一，一个近乎根本不存在任何政治义务的政治社群中的公民；其二，该社群中法律体系的性质。就公民

132

的品性而言，法律未能获致权威，这可能意味着：其一，该公民所在的社群充斥着不合理性；其二，在该公民所在的社群中，公民没有出于共同善的缘故而将自己置于权威之下。另一方面，政治义务的不在场也许并没有证明公民的不合理性。相反，这证明了法律制度在此存在严重缺陷：该法律制度在促进共同善方面毫无效率；抑或，该法律制度并不包括对该共同善的合理具体化形式的识别或者解决之道。换句话说，就共同善的整体或者某些方面而言，这些制度不值得公民同意，因为这些法律制度有缺陷。所以，此种自然法/同意立场的捍卫者可能大体上赞成那些哲学无政府主义者（西蒙斯1979，拉兹1979a，史密斯1973，格林1990）。那些无政府主义者主张，我们多数人事实上并不被要求去服从我们政治社群的法律。然而为了论述的全面性，其也会补充道，"对我们来讲，这样会更糟糕"。

第六章 法律的权威和法律惩罚

一、惩罚在关于政治的自然法立场中的地位

毋庸置疑,大量关于法律的一般性思考包含对惩罚的思考。然而,有人可能认为,出于多个原因,惩罚理论注定处于关于政治事项的自然法立场中的边缘位置。

首先,回想一下关于政治理论的核心自然法命题,即法律的权威来源于其相对于共同善的优先性地位(导论第一节)。自然法政治哲学关注法律的权威。相反,惩罚关注作为胁迫的法律,而非作为权威的法律:惩罚包含使用强制力对付那些不情愿实施特定可欲行为或引发特定可欲结果的人。然而,具有权威和拥有权利去强制是两个迥异条件,而

且两者之间不存在相互蕴涵关系。由于需要私人教练的指导,我可能在训练方案方面承诺遵循教练的指导。尽管上述承诺使得你对我而言——至少在此有限领域内——具有权威,但这本身并没有赋予你如下权利:当我未能遵守时,你有权强迫我。同样,有权强迫也不意味着权威。由于我在戒烟方面需要帮助,我可能赋予你如下权利:如果见到我点燃香烟,你有权从我手中夺走香烟。然而,我赋予你有权在此情形下使用强制力制止我,这并没有使得你对我而言具有权威(墨菲1999,第77页)。由于法律惩罚在根本上是国家权力的胁迫性展现,而自然法观点在根本上关注法律权威的本质和解释,"权威和正当化胁迫之间的联系是偶然的和稀薄的"这样的事实表明,法律惩罚的问题并非自然法立场的核心关切。如果惩罚仅仅是法律制度实施的一种胁迫性活动形式,那么,自然法立场对权威而非胁迫的关注就意味着,自然法观点不会视惩罚为其理论的核心关切。①

针对将惩罚纳入自然法立场之中的做法,还存在第二种反驳方式。再次回想一下自然法政治理论的核心命题,

---

① 在关于政治的诸自然法理论中,如下命题是常见的,即法律制度并非必然具有胁迫性。在阿奎那的作品中,该命题具有鲜明的神学语境;该命题在此之所以被提出,是因为其在部分上回应了如下问题,即"在天真无邪的状态下,还将存在政治权威吗?";这里所谓的天真无邪的状态指,如果亚当没有犯罪的话,人类仍将持续存在的状态(《神学大全》第一集,第96题第3节)。

即法律的权威来源于其相对于共同善的优先性地位。有人可能认为,鉴于该核心命题,相对于法律的权威问题,法律惩罚的本质和证立是处于边缘地位的哲学问题:其一,仅仅由于人们可能蔑视权威性法律指令,我们才需要惩罚;其二,"如何回应那些蔑视权威性法律指令的人"不同于"如何决定法律权威的来源及其精确来源方式"。所以,依照上述内容,惩罚理论并不探究严格来讲属于法律制度的东西及其本质,其反而探究鉴于如下考量因素法律制度碰巧是什么:其一,关于个体的裁决–做出的偶然事实;其二,关于如何制度性地处理某些更少具有可欲性的决定、传统、风俗、习惯等的审慎政治判断。

就上述论证而言,有些事情需要说明。持有上述观点之人所凭借的对其有利的简单论据如下:其一,法律惩罚预设了,人们对法律所施加的标准的偏离;其二,那些处于法律之下的人是否偏离法律所施加的标准,这是一件偶然的事情。然而,上述简单内容是这些论证所凭借的对其有利的唯一论据。因为这些论证错误地假定:惩罚在本质上是胁迫性事项,并且惩罚偶然地与法律权威相关联。这恰恰是本末倒置。鉴于实际或者潜在的违法者的存在,法律制度的惩罚性活动——首先并且在本质上——是法律施加权威性行动指令的一个方面,而非法律制度的胁迫性活动的一个方面。惩罚仅仅是偶然性地具有胁迫性,①其本质上是权威性指引的事项。

  如下内容看起来清晰无误:可能存在不具有胁迫性的惩罚。假定我的女儿瑞安受制于一套适用于家庭之中的行为规则。她违反这些规则,我便施加惩罚于她:罚她一周之内不准出门。在我看来,告诉她一周之内不准出门,这就是在权威性地指引她克制自己不要离开家门。目前为止,这里的一切尚未表达任何胁迫的意味。事实上,我可能提供如下(真诚的!)补充:"如果你选择离开家门,我不会阻止你。我拒绝对你使用强制力,甚至拒绝以强制力威胁你。我仅仅告诉你,因为你违反了家庭规则,所以你现在就必须接受未来一周都待在家里。"显然,我在惩罚她。然而,同样明显的是,我并没有胁迫她。有人可能质疑此种类型的惩罚的有效性,并且,其可能主张,不带强制力或者强制力威胁的惩罚注定无效。所以,尽管惩罚并非必然具有胁迫性,但理性地附加的惩罚必然具有胁迫性。然而,这仍旧是偶然的事情。我的女儿可能对于一般性的家庭规则非常敷衍,然而,对于遵守我附加的惩罚,她慎之又慎。我可能没

---

① 关于法律的非胁迫性特征,存在另一个独特论证。这个论证更为倚重妥当阐述对于胁迫而言至关重要的东西,而非对于法律而言至关重要的东西。就此,参见埃德蒙森1998,第73—124页。

有任何理由使用强制力或者强制力的威胁来支持惩罚。而且,我可能确实有强理由否定如下意图:如果她未能遵守,则我将使用强制力。

我们认为,法律惩罚包含如下两方面的内容:其一,做出某个判决;其二,有助于执行该判决的官方行为。所以,惩罚始于法官做出的判决,并且继续伴随着如下其他官员的行为:法警、狱吏、监狱看守、行刑者等,这些人扮演着确保判决被完全执行的角色。我们现在明显可以看出,判决的做出就是法律权威的展现。有助于执行该判决的官方行为——监狱的建造和维护、看守人员的部署等——并非实践权威的展现,而是提供这样一些手段:依此,对于惩罚而言至关重要的剥夺行为得以被实施。然而,这些手段的提供却并不需具有胁迫性。法律官员可能简单地通过如下行为来实施惩罚:其一,让那些要被囚禁的人不用栅栏、自我隔离在自家小院;其二,给那些要被处决的人以毒药。事实上,这些制度可能使得判决的执行完全取决于被惩罚者:那些被惩罚的人可能被判处自我限制在家中、自我资助、自我规划的流放,或者自我执行。对于法律惩罚而言至关重要之处在于其由法律所施加,这是国家权威的展现,而非国家强制力的使用。

上述考量因素表明,经由"法律制度所具有的实践权威之特性",而非经由"法律制度能够使用强制力",我们能够更具启发性地理解那些对于法律制度的惩罚性活动而言至关重要的东西。而且,如果我们首先要以"发布权威指令"来理解法律制度的惩罚性活动,则自然法立场显然应该就惩罚发表看法。因为,核心自然法命题是,我们要参照政治社群的共同善来理解法律的权威(导论第一节,第三章第六节)。所以,我们要通过法律在指引行为达至共同善方面所具有的权威来理解,那些对于法律惩罚至关重要的东西。

136 　依据目前为止所提出来的论证可见,我们要通过共同善原则——就政治社群的共同善而言,一个人要尽其分内之责(第三章第六节)——来解释,法律发布权威性指令。由此,我们也应该通过上述原则来理解某个被施加的惩罚,例如"你应该遭受如此这般的制裁"。依此观点,当一个人接受惩罚时,则其就是在尽其相对于政治社群的共同善而言的分内之责。这如何可能呢?因为,"接受惩罚"就是被"剥脱掉某些善",而且鉴于第三章中所捍卫的聚合式共同善观念(第三章第二节),"剥脱掉某些善"就是"阻碍而非促进共同善"。如果是这样,则自然法理论者捍卫法律惩罚的根据是什么呢?

二、拒绝关于惩罚的准功利主义自然法立场

上述问题存在一个简单的解决方案。假设一个人持有如下立场：政治权威的展现——其包含惩罚的施加——是为了共同善的缘故。惩罚的首要问题在于，其似乎致力于阻碍共同善：只要公民的善以某种方式构成了共同善，则成功施加的惩罚似乎在某种程度上阻碍了共同善。然而，也许从长远来看，惩罚的实践促进了共同善。有这样一种关于惩罚和共同善之间牵强的联系方式：那些不（足够）害怕上帝或者不（足够）关心共同善的人，可能会出于对预期惩罚的恐惧而不去犯罪，由此就达到这样的效果，即通过震慑（deterrence）捍卫了共同善（《神学大全》第二集第一部，第87题第8节第2处释疑；第二集第二部，第33题第6节）。还有这样一种关于惩罚和共同善之间没有那么牵强的联系方式：那些对为共同善而尽其分内之责并没有足够关切的人，将具有由惩罚所提供的动机如此行动；如果一切顺利的话，这些人将习惯于良善的公民行为，而且其最终会明白守法的意义，也许甚至会爱上守法（《神学大全》第二集第一部，第92题第1节）。而且，正是因为对法律惩罚的证立在于，惩罚和对共同善的促进之间的上述因果联系，所以，犯

罪行为的种类、应施加之惩罚的严厉程度,就由它们在促进共同善方面的有效性决定。

此种简单的解决方案是功利主义方案。无论是个体的还是集体的行动,功利主义者视所有合理行动的目标在于促进整体幸福(happiness),此处所谓的"幸福"通常被理解为快乐或欲望之满足。因为惩罚包含痛苦和挫折,所以从表面上看惩罚是可疑的。然而,如果惩罚作为导致补偿性的良好结果(compensating good results)的实践之构成部分,则惩罚就能够被证立。尽管自然法观点拒绝功利主义者关于公共善的主观主义观念(导论第二节),上述简单的解决方案却接受了功利主义惩罚理论的基本内容。

137 阿奎那的某些言辞表明,他可能主张某种版本的此种简单立场。在《神学大全》第二集第二部中间的系列论述中,阿奎那有时思考如下问题:在多大程度上,杀戮、重伤、击打和囚禁其他人违反了正义。尽管他无疑会坚持这样的观点,即上述行为构成了对基本人类善的侵害,由此通常是邪恶的,然而,他却允许对"罪人"——其被官方判定为违反了合理、正当颁布的权威性规范—实施上述行为。就杀害有罪之人,他给出的理由如下:

> 杀死无灵动物是可以的,这是因为它们自然是供

人类使用的，如同不完善之物是为了完善之物一样。可是，每一个部分与全体的关系，如同不完善之物与完善之物的关系一样，所以，每一个部分自然是为全体的。为此，如果我们看见一个已经腐烂，或者有害于其他部分的肢体，割掉它对整个人体的健康有益，那么，把它割去，就是一件值得称赞且有益的事。同样，每一个个别的人之于整个社群，有如部分之于全体。所以，如果一个人由于某种罪过而危害及破坏社群时，杀死他能维护共同善，这便是一件值得称赞且有益的事。*

（《神学大全》第二集第二部，第64题第2节）

关键在于，由于一个人实施了特定类型的严重违反共同善的行为，这就证明了其自己构成了对共同善的威胁。由此，为了促进共同善，如下做法就是合理的，即消除该威胁。在某些情形下，重伤——阿奎那在此所设想的"重伤"是砍掉违法者的四肢——才足以产生所需要的限制，并且足以震慑潜在违法者。在某些情形下，击打或者囚禁将足以奏效。所有这些都是为了保护共同善的缘故：惩罚引发

---

* 译文参考了胡安德译本，但做了部分调整，参见〔意大利〕阿奎那：《神学大全》第二集第二部第九册，胡安德译，周克勤校，中华道明会/ 碧岳学社2008年版，第208页。——译者

了针对那些危及共同善的行为的特殊性震慑(《神学大全》第二集第一部,第 87 题第 8 节第 2 处释疑;第二集第二部,第 33 题第 6 节;第二集第二部,第 108 题第 1 节),也引发了针对那些危及共同善的行为的一般性震慑(《神学大全》第二集第一部,第 87 题第 8 节第 2 处释疑;第二集第二部,第 33 题第 6 节),还改造了那些本来可能危及共同善的公民(《神学大全》第二集第一部,第 92 题第 1 节)。

  一个针对功利主义惩罚理论的一般性批判在于,由于其简单地诉诸惩罚性实践在因果方面的后果,其根本无理由不赞成如下做法:如果惩罚无辜的人会促进整体善,那么我们就要惩罚无辜的人。我们也可以设想诸如这样的场景:惩罚那些与罪犯有亲属关系的人,这可能是促进幸福的实践活动。看起来,我们似乎无法解释,采纳上述简单解决方案的自然法立场为何不存在这些问题。(阿奎那否定惩罚无辜的人所具有的正义;他说,因为无辜的人并没有给共同善造成——像有罪的人那样——威胁,所以我们不可能正当地惩罚无辜的人。参见《神学大全》第二集第二部,第 64 题第 6 节。)然而,我不会坚持上述批判,因为我不确信精致的功利主义立场(也许沿着罗尔斯 1955 的道路)或者自然法观点是否能够避免上述问题。

  就反对功利主义和简单自然法立场而言,我所提出的论据是这样一个简单朴素的观点:功利主义和简单自然法立场致力于,为了他人的善而对某些人强加损害。这在相关方面并不同于战争和自卫,因为在战争和自卫中,即使一个人并没有使攻击者遭受痛苦,其保护无辜的人的目标也可能充分实现。然而,在惩罚的情形之下,除非被惩罚者的境遇更糟糕,否则法律惩罚的目标就没有成功实现。

通常,我们无法证立政治权威的如下行为:为了共同善而故意给某个对象造成损害。所以,关键之处必然在于,一个人一旦犯罪,其就使得政治权威的上述行为得以被证立,其就使得政治权威可以为了整体善的缘故而造成某些损害。就如何放弃豁免于此类工具化,我尚未听说过有说服力的阐述。阿奎那考虑过如下反驳:杀害有罪之人是不可能正当化的,因为"无论出于何种善的目的,做那些本身就邪恶的事情,这并不合法"(《神学大全》第二集第二部,第64题第2节第3处释疑)。* 阿奎那回复道:

> 人在犯罪时,离弃了理性的秩序,因而丧失了人性的尊严;也就是说,他原本自由、为自己而活,如今却供

---

* 原文引用有误,译者在此做了更正。——译者

他人安排利用,进而堕落到了被奴役的牲畜的地步。

(《神学大全》第二集第二部,
第64题第2节第3处释疑)*

在此,阿奎那似乎表明,由于且只要某人在行动之中已经离弃"理性的秩序",这个人就适合被当作工具使用,如同低级动物适合被当作工具使用一样。就阿奎那而言,该论证并非最具说服力。有人帮助某个被判为有罪的人逃避惩罚,其可能在错误地采取行动。然而,上述帮助行为中所展现的不合理性无疑异于如下行为中所展现的不合理性:有人试图拯救一只要被杀害的鸡,而这只鸡之所以要被杀害是为了让政治社群中饥肠辘辘的人得以果腹。如果阿奎那的论证合理的话,则上述两种行为所体现的不合理性就是同样类型的:一个人阻止"被正当地当作工具使用的东西"被正当地当作工具使用。

我之所以拒绝准功利主义解决方案作为证立法律惩罚的自然法立场,理由在于我拒绝如下做法:为了其他人的善而故意破坏某些人的善。我之所以拒绝,部分原因在于故

---

* 原文引用有误,译者在此做了更正。译文参考了胡安德译本,但做了部分调整,参见〔意大利〕阿奎那:《神学大全》第二集第二部第九册,胡安德译,周克勤校,中华道明会/碧岳学社2008年版,第209页。——译者

意的/预见到的（intended/foreseen）两者之间差异的重要性（参见墨菲2005b），部分原因还在于此类选择所涉之人的善之间不可通约（导论第二节；墨菲2001a，第205—206页）。相对而言，现在的哲学家们极少主张此类强版本的豁免命题。并且，我们可以轻易地设想这样的情形：在其中，我们被强烈怂恿采取如下行动，即为了其他人的善而破坏某些人的善。然而，我们要谨记，单单指出如下内容并不足以支持上述内容成为自然法论证进路：在某些情形下，我们可能允许为了实现其他人的善而破坏某个特定人的善。我们必须这样主张才足以支持上述内容成为自然法论证进路：在所有法律惩罚可以被证立的情形下，我们要允许为了实现其他人的善而破坏某个特定人的善。一个人不能简单地设想这样一种情形，即利用胖子堵住洞穴中急速进水的唯一通道，并由此指出，在这些特殊情形下，一个人可以将"毁灭另外一个人的善"仅仅视为"实现他人的善"的手段而已。一个人必须这样主张：其一，在大千世界的诸多情形之下，我们都允许为了实现某些其他人的幸福而破坏某个特定人的幸福；其二，这才是证立上述工具式做法的标准方式。

有人可能认为，我们一旦拒绝"一个做错事的人不再豁免于被工具化处理"，由此我们就放弃了捍卫法律惩罚的任何希望，因为成功的法律惩罚包含了削减被惩罚者的幸福。然而，我们需谨记，"由于一个人犯了罪，其对特定程度幸福的要求就要被削减"的主张，不同于而且也不蕴含如下主张，即"由于一个人犯了罪，其豁免于仅仅被当作促进其他人共同善的工具的权利就要被削减"。法律惩罚的捍卫者可以主张前者，却同时拒绝后者。对后者的拒绝，使得准功利主义的解决方案不能为自然法理论者所用。对前者的坚持，使得针对该问题的替代性解决方案得以可能。

三、拒绝关于惩罚的公平自然法立场

我们不能否认阿奎那捍卫法律惩罚的准功利主义线索，但阿奎那也诉诸一个替代性或者补充性论据。就此论据而言，惩罚的要义在于恢复为犯罪行为所破坏的特定类型的公平状态。

> 罪行使人应受处罚，因为罪行破坏神之正义秩序。只有靠某种类型的惩罚之报应，才能恢复到之前的状态，因为惩罚之报应恢复正义之公平。由此，按神之正义秩序，宽纵自己之意志而违反上帝诫命的人，自动或被动地，要承受与其意愿相反的东西。在得罪于人时，

我们看到也是惩罚之报应恢复了正义之公平。

(《神学大全》第二集第一部,第 87 题第 6 节)*

上述观点在当代也有捍卫者。赫伯特·莫里斯(Herbert Morris)就此提出了也许是最著名的捍卫,他写道:

> 一个违反规则的人,拥有其他人所拥有的东西,即体系所带来的利益。然而,通过放弃其他人所承担的东西,即自我克制,他又获得了不公平的优势地位。除非以某种方式将上述优势地位摆平,否则事情不算公道……正义,即对上述个体的惩罚,恢复了利益和负担之间的公平状态。
>
> (莫里斯 1976b,第 34 页)

谢尔(Sher)沿着莫里斯的思路前行,其明确指出,罪犯获取的额外利益是通过不当手段捞取的免于限制的自由(谢尔 1987,第 80 页)。菲尼斯这位强调阿奎那作品中公平因素的人(菲尼斯 1998a,第 211 页),在自己的自然法理论

---

* 译文参考了刘俊余译本,但做了部分调整,参见〔意大利〕阿奎那:《神学大全》第二集第一部第五册,刘俊余译,周克勤校,中华道明会/碧岳学社 2008 年版,第 417 页。——译者

中也捍卫上述内容。菲尼斯写道:"制裁之所以是惩罚，因为我们在理性上需要用制裁来避免不正义以及维持社会所有成员之间合乎比例的公平、公正之理性秩序"（菲尼斯1980，第262页）。菲尼斯认为，罪犯通过违反法律获得了守法公民并不具有的优势地位，而罪犯和守法公民之间的公平关系正是通过惩罚才得以恢复。

> 某个人本来确实可能具有其他选择，但他却在行动中展现了对自身利益、选择和行动自由的偏好……但此种偏好却有悖于共同利益和法律上界定的共同行为方式。那么此时，在上述行为中，也通过上述行为，他获得了较之于如下之人的特定优势地位：这些人为了守法而限制自己的行为，并且限制对自己利益的追求。因为，难道选择自由的行使本身不是一个巨大的人类善吗？
>
> （菲尼斯1980，第262—263页）

就公平立场而言，至少存在两个困难。第一，如下内容远非清晰可见：经由上述观点会得出这样的结论，即惩罚应该与罪行的道德恶劣性成比例。例如，考虑一下如下论据，即较之无关紧要的逃税行为，邪恶的谋杀行为应该得到更加严厉的惩罚。邪恶的谋杀行为可能对任何人都没有好处;然而,较之明显存在好处的逃税行为,邪恶的谋杀行为却更应受到惩罚。现在,公平立场的捍卫者可能主张,并非那些偶然地与犯罪相关联的利益决定了某个人要接受惩罚,而是那些对于行为至关重要的利益,尤其是某个人通过违反刑法的禁止性规定而为自己牟取的自由。然而,如下内容远非清晰可见:较之于拥有逃税自由的人,拥有滥杀无辜自由的人获得了更大的利益。

谢尔将如下两者等同起来回应上述反驳:其一,自由被僭取的程度;其二,规则被冒犯的道德恶劣性程度。

通过……将犯错者获得的利益数量等同于其行为的错误性程度,我们可能很好地解决比例问题。然而,一旦这样做,我们似乎可能偏离利益-和-负担之立场的原初意图。因为,具体来讲,仅仅通过规避道德上的禁止性规定,犯错者的境况如何变得更好呢?……为了回答这个问题,我们必须回到之前的论述,即犯错者获得额外的自由……采取错误行动的人确实获得巨大的额外自由:他所获得的自由,源自他所违反的禁止性规定。由于其他人认真对待该禁止性规定,所以其他人缺乏类似自由。而且,随着禁止性规定的力度的增强,违反规定所带来的自由也增加。由此,(谋杀者和逃税者)获得的自由截然不同。因为谋杀者规避了一条具有更大效力的禁止性规定——他由此"僭取了更多"——其在自由方面的净收益仍旧更大。

(谢尔 1987,第 81—82 页)

141　然而,上述论证显然并不令人满意。正如谢弗-兰多(Shafer-Landau)指出的那样,我们只能将上述论证视为帮助那些捍卫公平立场的人达至自己正在寻找的结论(谢弗-兰多 1996,第 302—303 页)。谢尔在此的任务是证明,为何"更大的自由"应该紧密关联于"更大利益"和"对道德限制的更大程度的违反"。除非他能够给出接受上述两个关联的理由,否则他无法证明,由公平立场将推导出"更严重的过错行为理应对应于更严厉的惩罚"这样的结论。然而,他并没有提出理由证明,"更大的自由"——在自由作为利益的意义上——关联于"规则被违反的道德恶劣性"。(尽管阿奎那诉诸罪犯身上所体现的意愿性,而非犯罪行为获得的利益,但其观点也会遭到类似非难:我们为何会认为,行为中所体现的意愿性程度对应于罪行的道德恶劣性?)

事实上,我们有好的理由相信,在此存在一个反向性关联:随着规则被违反的道德恶劣性程度上升,自由的价值反而下降。我们有理由怀疑如下观点：当罪犯违反了那些——尤其禁止在本质上罪恶的(mala in se)行为的——法律时，罪犯就获得了值得拥有的自由，即有益的自由。如果某个人想说，强奸者竟然从强奸中获得了利益，这无疑意指某些放松的心理状态，而非强奸者通过使她人顺从自己的意志而获得的自由。强奸者获取此类自由，这使得其自己的生命变得如此这般更糟糕，而非更好（对比拉兹1986，第411—412页；乔治1993，第176—182页）。

关于公平立场的第二个关切在于，其将此种类型的公平作为国家行动的理由，然而如下内容并不清楚：此种类型的公平是否可以作为任何行动的理由。放在我所捍卫的自然法政治观点——依此，正是政治社群的成员的善聚合式地构成了政治行动的基本理由——下来看（第三章第二节），上述立场尤其左支右绌。如果法律惩罚被执行，那么结果相当程度上可能是这样一种状态：某个人的境况变得更糟糕，但没有任何人的境况变得更好。这是一种帕兰托-次优状态(Pareto-inferior condition)。我们难以明白，为何这样一种观点——依此，基本行动理由是人的幸福方面而非行动者的幸福相互之间所具有的特定关系——要关注诸如此类不公平的事实。

我们仍然面临难题。惩罚会给罪犯带来损害，会使得

142 罪犯的境况变得更糟糕。由于我们认为罪犯是政治社群的成员之一；这就意味着，成功地执行惩罚至少使得共同善的某些额外方面——罪犯的某些幸福之构成要素——无法实现。鉴于我们已经拒绝了功利主义-范式的解决方案，我们如何证立此种类型的政治权威之行使呢？

首先，我将直截了当地陈述一个原则，这个原则为法律惩罚的自然法立场提供了最为妥当的根基（第六章第四节）。该原则是一条报应主义原则，因为其将对剥夺的证立单单建立在罪犯过去所实施的错误行为之上。所以，就表面来看，该原则就要遭受所有报应主义立场将要遭受的批判。谢弗-兰多在其最近关于报应主义的作品中已经恰当地类型化处理（和拓展！）了所有上述批判。由此，我将转向谢弗-兰多的批判，并且证明这些批判针对一般层面的报应主义或者此种特定版本的报应主义而言是如何失败的（第六章第五节）。然而，我们可能想知道，该根本性原则是否偏离了——被我用来作为批判公平立场的根据的——共同善观念。所以，我将接着捍卫自然法报应主义原则，捍卫其作为彰显的地位（第六章第六节）。然而，我却将如下两者区分开来：其一，建立在该原则之上的惩罚理论；其二，其他近来被捍卫的惩罚的彰显理论（第六章第七节）。

四、自然法报应主义

自然法政治哲学家应该主张如下关于惩罚的观点：

自然法报应主义：只要政治社群的某个成员犯罪，那么我们在法律上就有理由权威性地引导政治社群中的该成员在某种程度上将自己置于共同善之外。将该罪犯在某种程度上置于共同善之外，此种做法的意义不在于促进共同善，也不在于使罪犯和其他公民在某些方面的状态变得公平。相反，此种做法无非是这样一种东西：鉴于罪犯未履行其关于共同善的责任，一种从本质上来讲针对共同善的恰当回应而已。

我们之所以要实施某个法律惩罚，背后的理据在于犯罪，即一种在过去的时间里针对共同善的失败，此种失败需要我们现在做出某些回应。回应犯罪的措施理应如下，即使得罪犯丧失其某些（或者全部）份额的共同善。

此种惩罚观点是报应主义。尽管关于惩罚的报应主义立场长期不受待见，但其已然获得一些复苏。然而，仍旧存在可以预见的反报应主义逆流［此种讨论，参见埃利斯

（Ellis）1995］。考察针对报应主义的非常透彻之批判,这将有助于我们评价如下问题:就法律惩罚的证立而言,自然法报应主义在何种程度上是一种有希望的阐述。

五、报应主义理论的难题

近来,谢弗-兰多系统性地论证了如下结论,即惩罚的报应主义理论是条穷途末路。他的策略如下:其一,提出一系列对于惩罚问题而言具有核心地位的关键问题,这些问题是惩罚理论理应被期望去处理的问题。其中涉及,刑事责任的合适范围、惩罚的一般性证立目标以及特定刑事犯罪理应匹配的特定程度之惩罚。其二,证明如下结论,即报应主义理论对于上述所有问题并没有提供合理的解决方案。考察上述批判以及从自然法立场来看可及的回应,这将会提供关于如下问题的某些启示:一般层面上的报应主义立场和特定层面上的自然法立场的前景。

刑事责任

刑事责任的问题在于,何种类型的行为应该被法律惩罚所回应。正如谢弗-兰多所指出的那样,报应主义将刑事责任关联于道德上的罪恶感（moral guilt）。一个人因为

Ø-ing 而具有了道德上的可责难性（moral blameworthiness），这在一定程度上被认为是其因为 Ø-ing 而遭受刑事制裁的根据。然而，为何特定类型的行为要被犯罪化，而其他类型的行为不被犯罪化呢？报应主义者不能够简单地说，如果按照从仅仅轻微过失到最严重的暴行的顺序排列道德上错误的行为类型，则具有惩罚可能性的违法行为是那些在道德方面犯下更严重错误的行为，而那些不具有惩罚可能性的邪恶行为是那些在道德方面没有犯下那么严重错误的行为。因为，较之特定的轻微逃税行为，毕竟特定的粗鲁无礼行为在道德方面犯下的错误更严重。即便如此，我们仍视逃税行为具有可惩罚性，而粗鲁无礼行为则不具有。如下观点也是不合理的。正如汉普顿（Hampton）所指出的那样（汉普顿1991），那些贬低人格的行为要遭受刑事制裁，但其他道德上错误的行为并不要遭受刑事制裁。显而易见，无疑存在许多犯罪行为，这些行为并没有贬低任何人的人格。我们也不能够像莫里斯、谢尔和菲尼斯（参见第六章第三节）那样简单地说，正是不公正的行为方才适合遭受制裁，因为，根据莫里斯和菲尼斯的观点，惩罚所致力于矫正的不公正的优势地位，无非是免于刑法上的限制之自由。然而，这假定了刑法典的存在，而非帮助我们了解刑法典应该如何被建构。

有这样一种解决方案,即惩罚是针对那些反对国家的行为而设定的;谢弗-兰多确实简单地考虑过上述解决方案,但他认为此种方案太不成熟,从而无法算作一种解决方案。在我看来,至少在如下情形下,这是自然法立场应该持有并且向前推进的解决方案:"国家"不被解读为政府权威的层级结构,而是被解读为被集体地考量的公民团体。因为自然法立场主张,我们需要去惩罚的行为是那些悖逆于共同善的行为;在此,共同善被理解(第三章第二节)为这样一种事态,即每个公民在其中都达至其善。现在,有人可能认为这显然过于宽泛,因为由此似乎可以推导出:无论何种行为,也无论以何种方式,一旦某种行为损害到他人的幸福——这包含显然并不适合犯罪化的轻微粗鲁无礼行为——则实施这种行为的人就要遭受法律惩罚。然而,我们可以拒绝此种表明上蕴含的内容。因为自然法观点也主张,为了共同行为的缘故,法律提供了关于如下内容的具体化形式:其一,共同善;其二,什么算作一个人尽其分内之责为了共同善而行动(第三章第六节)。所以,自然法报应主义者应该提出如下主张:任何未为共同善而尽其分内之责的行为都要遭受惩罚,但"什么算作一个人为共同善而尽其分内之责"要由法律确定。只要法律是非缺陷的,①则其具体化形式——关涉到共同善的内容和某个人相对于共同善而言的分内之责——对于那些生活在法律之下的人而言就具有约束力。由此,我们拥有了这样一种立场,其既满足报应主义的限制,即一个人仅仅由于做了某些道德上错误的事情才受到惩罚;其也满足了如下限制,即那些被视为可被惩罚的行为之集合与常识保持足够的一致。②

一般性证立目标

在第六章第六节,我将转向与自然法报应主义原则保持一致的、羽翼丰满的惩罚原理。在此,我将仅仅讨论:谢弗-兰多针对一般性证立目标而展开的对报应主义惩罚理论的批判。他写道:

报应主义者必然(说),公民应该首要地关注于给

---

① 如果人们对法律并没有充足的同意,则法律就是有缺陷的,由此法律就不具有足够的权威。我们稍后会考虑由此产生的复杂情况,参见第六章第八节。
② 作为对此种类型观点的潜在批判,谢弗-兰多提出,上述观点未承认"私法能够并且也确实禁止、补救了此类损害"(谢弗-兰多,第291页)。然而,在我看来,与其说其关注于修正刑事责任的框架,不如说其更关注于关于惩罚的一般性证立目标。在此,需要回应的问题是:鉴于共同善建基于政治社群的成员的善,我们为何不仅仅通过如下方式回应那些悖逆于共同善的错误,即给被损害人提供特定机制以便于其从损害人那里获取妥当赔偿?我之后将在第六章第六节考虑这个问题。

予违法者其应得的惩罚,这样就会强迫违法者去承担超越补偿或者恢复原状之外的事情。其中的关键点必然在于,使违法者的境况较之前变得更糟糕,而非使受害者恢复到之前的状态。这样做并非没有成本。因为刑事制裁通常比民事制裁更为严厉,这就必然需要加强程序保障。这需要一个更为广泛的监管网络,也必然要求我们设立刑事监禁所、强化司法制度以及大幅度增加税收来支付上述支出。而且,无可避免的司法不公将是有害的、更少具有可修补性的。无论证立刑法的根据如何,我们必须要承担上述成本。然而,单单为了"确保违法者承受与其罪行相称的惩罚"这样的目标,我们就要承担上述成本,这合理吗?

如果答案是"不",则报应主义不可能成为惩罚体系的妥当根据。而且,我们有好的理由认为,妥当的回应是否定的。假设有这样一个社会,这个社会承受上述额外的成本、改进其给予应得惩罚的能力,却(难以置信地)发现犯罪率上升。似乎不可能这样:道德可能如此苛刻,以至于要求额外的花销,而额外的花销则降低了那些不得不承受上述花销的人的安全保障水平。

(谢弗-兰多 1996,第 295 页)

谢弗-兰多的批判是这样的:可以想象,一个惩罚体系的维系导致了公民的巨大花销,同时就公民的安全保障而言,这造成了净损失而非净收益。谢弗-兰多指出,在此类情形下,我们倾向于认为,我们不需要法律惩罚,而且报应主义必然是一个关于惩罚的一般性证立目标的错误立场。

上述论证有缺陷。第一,其给报应主义附加了额外假定,而其他那些有争议的报应主义立场却乐意拒绝之。让我们区分三种报应主义:弱、强和超强的报应主义。弱报应主义在被证立的惩罚上面设置了一个限制:对法律惩罚进行道德证立的必要条件在于,受惩罚的当事人事实上犯了罪。强报应主义主张,惩罚的要义在于通过惩罚回应犯罪。超强报应主义主张,该回应是一个强制性回应。现在来看,自然法报应主义并非仅仅是弱报应主义。然而,超越弱报应主义,并非必然走向超强报应主义。一个人可能成为强报应主义者,并持有如下合理观点:

就回应犯罪而言,惩罚是件有价值的事情。然而,除了惩罚,还存在其他有价值的事情。我们可能通过采取如下手段预防犯罪从而回应犯罪:教育、增加警力和减少贫困。这些都是昂贵的措施,而且这些措施与惩罚这个有价值的目标构成了竞争关系。有时候,惩罚的成本如此之大，以至于我们不得不削减惩罚活动。事实上，我们甚至可以想象，我们必将完全消除惩罚。

由于上述回复合情合理，我们可能一边继续坚持报应主义，一边却同时主张：在谢弗-兰多所设想的情形下，我们可以停止法律惩罚的实践。

现在，有人可能站在谢弗-兰多的立场上做出如下回应：事实上，报应主义者的上述妥协会导致放弃报应主义。强报应主义被认为是这样一种观点，即惩罚的一般性证立目标在于，适当地回应过去的犯罪行为。然而，一旦我们允许"唯有实施惩罚性措施促进特定的社会善，此种惩罚性措施的实施方才得以被证立"，则惩罚的证立性目标充其量无非是一个混合体：适当地回应过去的行为和促进社会善。然而，这将是一个糟糕的论证，因为它未能区分如下两者：一个人的行为目的（point）和其特定的必要条件（sine qua non）。考虑一下两个在日间托儿所工作的人。一个人之所以做这份工作，因为孩子们需要被照料；然而，除非获得足够金钱支付账单，否则这个人不可能接受这个工作。另外一个人之所以做这份工作，因为要获得金钱支付账单；然而，除非这份工作满足某些社会需求，否则这个人不可能接受这个工作。尽管两人事实上之所以受雇佣，都是因为孩子们需要照料并且这份工作给予其的金钱足以支付账单；然而，每个人行动的证立性目的（justifying point）不同。显而易见，因为对于这两个人而言为真的反事实情况不同，所以这两个人在日间托儿所行业工作的理由也不同。如果前者突然接受到一份遗产，这并非阻止他继续为日间托儿所工作的理由；如果后者突然接受到一份遗产，她将没有理由继续在那里工作。在惩罚的情形下，同样的区分也存在。强报应主义视惩罚的机会成本相关于被证立的刑罚的必要条件，而非其证立性目的。

所以，对谢弗-兰多的论证而言，我们关注的第一点在于，其混淆了被证立的惩罚的必要条件和惩罚的一般性证立目标。我们关注的第二点在于，我们就如下情形可能具有的直觉：法律惩罚的体制已然到位，然而（正如谢弗-兰多所指出的那样，难以置信地）犯罪率却上升了。在我看来，许多东西取决于如下内容：其一，犯罪率的上升多大程度上源于到位的惩罚体制；其二，伴随法律惩罚体制的还有其他那些善或者恶。就前者而言，假设犯罪率的上升非常轻微，尽管在统计学上具有显著性，但集中在利用职务犯罪的领域。（我们可能假设，犯罪上升源自挪用被用来使得法律惩罚的制度发挥作用的公共资金、企图行贿司法官员等。）在我看来，在此情形下，难以轻易认为法律惩罚的制度毫无意义。就后者而言,假设随着法律惩罚制度的设立,尽管犯罪率上升,却实现了其他善:在某种程度上,提升了对法律标准的警觉、提升了公共精神、降低了失业率。在我看来,在此情形下,也难以轻易认为法律惩罚的制度毫无意义。

谢弗-兰多的做法是诉诸直觉,潜伏在此种做法背后的是一条关于合理的国家行为的普遍原则,即通常必须诉诸政治社群成员的幸福来证立国家行为。谢弗-兰多主张,报应主义没有尊重该原则。然而,自然法报应主义确实尊重该原则:我们要通过诉诸共同善的要求——其包含政治社群所有成员的幸福——来证立法律惩罚;唯有法律惩罚不给该政治社群成员的幸福造成不可接受的损失时,我们才应当执行法律惩罚。现在,有人可能试图使谢弗-兰多的原则更为精确化:也许受制于该政治社群的成员的权利,唯有当国家行为最佳化地促进该政治社群的成员的幸福时,国家行为才合理。自然法报应主义并不尊重上述原则:他或她拒绝"最大化政治社群的成员的幸福"这样的观点(导论第二节)。然而,这是一个远远更有争议的关于合理国家行为的观念,其或者等同于功利主义,或者等同于受权利限制的功利主义。而且,如下主张显然不具有说服力:报应主义惩罚观念的问题在于,不兼容于关于合理国家行为的功利主义观念。

谢弗-兰多基于报应主义立场与公民福利的联系而对报应主义立场展开了批判，然而却失败了。尽管如此，我们仍需提供关于报应主义原则的一般证立性目标的正面阐述，这个任务留待第六章第六节完成。

量刑(Amount)

就针对特定过错行为要强加的惩罚的严厉程度(和类型)，报应主义提出了看法。谢弗-兰多指出了此种看法存在的两个难题。第一，报应主义无法处理如下这些情况：在这些情况下，常识认为某个特定的惩罚是可以证立的，但该惩罚却与报应主义观点——惩罚应该与行为的错误性成比例——不一致。第二，就针对特定过错行为的惩罚而言，报应主义无法提供具体建议：尽管报应主义能够主张"关于犯罪-惩罚的搭配之诸集合中存在某些不合理的东西"，但其不能够主张"任何犯罪-惩罚的特定搭配是不合理的"。

谢弗-兰多主张，报应主义无法妥当地解释如下情形：实施同样的过错行为，累犯比初犯要接受更严厉的惩罚。而且，依据他的观点，报应主义也无法妥当地解释这些情形：实施同样的过错行为，有的犯错者接受了宽恕(mercy)，而其他的犯错者则没有。在上述两种情形下，至少有一个犯错者所接受的惩罚必然与其过错行为不成比例。报应主义必然谴责那些我们原本倾向于接受的做法。

　　让我们从累犯问题着手。如下观点绝非一目了然：报应主义必然无力解释，加重的惩罚何以搭配于重复的过错行为。因为报应主义致力于按照比例给错误行为搭配一定的惩罚，尽管初犯和累犯的过错行为在某种意义上讲可能完全一样，但两者在另外一层意义上讲又差别巨大。因为初犯和累犯所处的外在环境有相关的合理差异，此种外在环境方面的差异使得累犯行为比初犯行为更为恶劣。

　　我想表达的观点如下。假设，我的女儿对她异常调皮的弟弟非常和蔼可亲，并且也会约束她这个弟弟。有一天，姐姐却愤怒地将弟弟痛打一顿。弟弟哭着报告了这件事，这引发了准刑事程序：询问、坦白、定罪和惩罚。第二天，在其他方面都相同的情形下，同样类型的事情又发生了：她幼小的弟弟惹她生气，她愤怒地将弟弟痛打一顿。在我看来，在此类情形下，我们有好的理由主张，在决定她的行为的错误性方面，她过去的行为以及她因为过去的行为而"被定罪"，均构成了相关的环境。我们所有人都经历过想实施错误行动的冲动，而且我们有办法克制这些冲动。然而，如果要做到克制的话，我们就需要一些关于心理倾向的知识和一些使我们克制自己不实施错误行为的方式。第二天，我的女儿拥有一些对她而言可及的东西。然而，第一天，她却并不拥有这些东西。这些东西是如下言之凿凿的正式警示，即弟弟的狂热的行为可能激怒她采取暴打行为。由此，较之第一天的暴打行为，第二天的暴打行为具有某种程度的更大可归责性。

所以，尽管有人指责报应主义立场无法应对累犯加重处罚的做法，我认为报应主义能够回应这样的责难。答案体现在如下主张中。第一，对于决定行动者在实施某个特定类型的行为时的可归责性而言，行动者的行动环境可能是相关的。第二，如下因素决定了行动者的可归责性的相关环境：在何种程度上，行动者知晓（或者应该知晓）其心理倾向；以及在面对错误行为的诱惑时，行动者在何种程度上拥有（或者应该拥有）有效手段抵御此心理倾向。第三，累犯通常具有（或者应该具有）关于自己做坏事的心理倾向的更多知识，并且已经（应该已经）发展出更为有效的手段应对之。如果这些主张正确，则如下两者之间并不存在冲突：其一，报应主义立场，即惩罚应该与过错行为成比例；其二，累犯加重处罚的实践。

那么，报应主义又该如何回应宽恕问题呢？在我看来，在如下三种相关类型的情形中，我们在判刑时给予罪犯以宽恕，但这样的做法都没有危及报应主义立场，即惩罚要与过错行为成比例。第一，我们可能说，在特殊情形下，法官按照妥当比例惩罚某个人,这会导致不可接受的社会善的损失。① 所以,法官在判刑时要给予被定罪的罪犯以宽恕,从而不损及这些善。第二,我们可能说,在特殊情形下,法官按照妥当比例惩罚某个人,这会导致不人道(例如因禁重病或者年老身衰的人)。所以,法官在判刑时要给予宽恕,从而不至于不人道地对待罪犯。第三,我们可能说,在特殊情形下,规定刑罚的法律规则未能妥当地反映罪犯行动时的可归责性,以至于较之于罪犯实际上应该遭受的惩罚,该规则规定了更为严厉的惩罚。所以,法官在判刑时要给予宽恕,从而避免强加比罪犯应得的惩罚更为严厉的惩罚。

第三种情形当然不同于前两种情形。在第三种情形下,为了能够更好地满足报应主义原则,做出裁判的法官或陪审团行使了自由裁量权。尽管可能存在关于"此类自由裁量权何时被妥当地实施"的难题,第三种情形确实并没有给关于惩罚的报应主义理论造成任何困难。尽管前两种情形不同于第三种简单情形,但前两种情形也没有给报应主义造成任何困难。因为,回想一下,我们之前区分了强报应

---

① 在我看来,这并非典型的宽恕。在典型宽恕的情形中,我们之所以减轻被强加的恶害,是出于保障要被惩罚的人的利益之缘故。宽恕的情况并非如此简单,即只要存在任何类型的理由去减轻被强加的恶害,这就都算作宽恕。然而,在我看来,有时候确实是这样的:当被惩罚人的负担被减轻时,我们确实会说这就是宽恕,即使并非为了被惩罚的人的缘故。

主义和超强报应主义：后者主张，如下做法是强制性的，即按照犯罪的严重程度比例性地惩罚罪犯；前者仅仅主张，如下状态是有价值的，由此也是被允许的，即有价值的惩罚可能受制于其他有价值的目标或道德约束。前两种宽恕情形符合"有价值的目标或道德约束"：惩罚之所以受到限制，是为了避免不可接受的社会善之损失，或者为了避免不人道地对待罪犯。所以，如下两种做法之间不存在冲突：其一，主张报应主义；其二，承认宽恕在量刑中的作用。

如果说存在报应主义应该反对的东西，那么就是恣意的宽恕，即毫无理由的宽恕。惩罚是有价值的活动。当存在某些为了执行惩罚而制定的法律制度时，则我们对"那些给过错行为规定了恰当刑罚的规范"的偏离就需要被证立。所以，从强报应主义观点来看，恣意的宽恕令人反感。然而，这并非我们在常识上要拥护的那种类型的宽恕。所以，如果强报应主义者拒绝这样做，这并非强报应主义的问题。

在针对累犯和宽恕提出报应主义的回应时，我已然假定：报应主义能够提供这样一个刑罚体系，其中不同类型的惩罚恰当地搭配于不同类型的过错行为。然而，上述假定却成为谢弗－兰多的另外一个靶子。在他看来，没有任何报应主义者曾经合理地阐明如何设定上述标准。同态复仇(lex talionis)的标准显然忽略了如下事实：我们并非由于损害而给行为人强加惩罚,我们是因为错误而给行为人强加惩罚。由此,这其实未触及如何搭配如下两者:其一,过错行为的恶劣程度;其二,以惩罚形式实施的剥夺的轻重程度。平等立场的捍卫者主张,惩罚重新恢复了被犯罪破坏的平等关系。然而,这些捍卫者从来没有妥当地解释,为何那些更恶劣的犯罪通常是那些更严重地侵犯自由的犯罪。这些捍卫者从来没有妥当地证明,被罪犯侵犯的自由总是值得被我们拥有(参见第六章第三节)。

  为了论证的缘故,谢弗-兰多乐意承认,我们能够提供一个可捍卫的惩罚标尺,该标尺包含了从更严厉的惩罚直到没有那么严厉的惩罚。而且,谢弗-兰多也乐意承认,我们能够提供一个可捍卫的关于过错行为的标尺,该标尺包含了从更严重的过错行为直到没有那么严重的过错行为。此类排序确实使得报应主义有理由认定,某些犯罪-惩罚搭配之集合是不可证立的。如果在犯罪的恶劣性方面,犯罪甲排在犯罪乙之后;如果在惩罚的严厉性方面,惩罚丙排在惩罚丁之后;那么如下做法就是不合理的,即将丁搭配于甲,而将丙搭配于乙。我们无法证立如下观点:较之于没那么恶劣的犯罪,更恶劣的犯罪应搭配于没有那么严厉的惩罚。然而,就为特定的过错行为选择特定的惩罚作为回应而言,我们毫无根据。我们知道,如果我们针对某个特定的过错行为选择某个特定的惩罚作为回应,那么,比上述特定过错行为更严重的过错行为就要搭配比上述惩罚更严厉的惩罚,没有上述特定过错行为那么严重的过错行为就要搭配没有上述惩罚那么严厉的惩罚。然而,持械抢劫要搭配小额罚款、大额罚款、短期自由刑、长期自由刑还是死刑呢?在确定特定搭配时,如果我们依照报应主义的观点来确定惩罚,这必然带有"或多或少的恣意",因为报应主义标准"没有给我们提供关于如何确定惩罚的具体指引"(谢弗-兰多1996,第309页)。

我倾向于赞成谢弗-兰多的如下观点,即我们无法提供关于如下两者之间如何搭配的任何有益规则:其一,具有特定道德恶劣性的过错行为;其二,与之对应的具有特定严厉程度的惩罚。然而,我不倾向于赞成谢弗-兰多的如下观点,即这意味着报应主义没有任何根据确立针对过错行为的惩罚标尺,由此导致由报应主义所确立的惩罚标尺必然具有令人反感的恣意性。

我的第一个理由在于,谢弗-兰多低估了关于犯罪和惩罚的独立排序的作用。假设,正如我在第六章第六节所主张的那样,我们最好以作为彰显性行为的惩罚来理解关于惩罚的报应主义证立。为了惩罚具有彰显性,诸惩罚之间必然要存在显著差异。针对过错行为所实施的惩罚之范围,必然不能聚集在相对狭窄的严厉程度范围内。相反,其要充分广延地分布,从而彰显我们致力于通过惩罚达至的彰显性差异(成绩分数扎堆的主要问题在于,这将导致成绩分数聚集在相对狭窄范围之内,我们由此越来越难以区分学生通过努力能够达至的优秀程度)。所以,就我们社会中的那些最不恶劣的犯罪而言,我们有理由将针对其的惩罚定位在现有惩罚强度标尺中相对低的位置;就我们社会中的那些最恶劣的犯罪而言,我们有理由将针对其的惩罚定位在现有惩罚强度标尺中相对高的位置。

我认为,我们需要具有显著差异的惩罚去标示诸犯罪之间差异的重要性,这构成了报应主义在其确立惩罚标尺时最重要的内在参考视角。当然,报应主义也应遵循外在参考视角:就人们理应承受的痛苦之数量而言,可能存在源自正义的限制;有些惩罚的严厉程度如此之重,以至于对于被惩罚者或者执行惩罚的人来讲丧失人性或者贬低人格,就这些类型的惩罚而言可能存在源自人道的限制。

151 所有上述这些内容提供了确立惩罚标尺的参考视角。谢弗-兰多可能正确地指出,这仍留下了许多未被原则确定的内容。然而,就此我的回应如下。第一,如下内容并不能反驳惩罚理论:用来实现惩罚的法律规则是那些——为了行动的缘故必须使之更具体化的——一般性原则的具体化形式(第三章第六节)。我们应该允许在确立惩罚级别方面存在明显的自由裁量权,我们不应视之为报应主义失败的标志,而应视之为报应主义与如下常识直觉之间一致的标志:通常,罪犯可能因为特定犯罪而接受某种程度更重或更轻的惩罚,这并没有使任何人被冤枉。

第二,我们也应该指出,即使我们缺乏证明特定惩罚搭配于特定犯罪的原则,这也无法证明:合理的行动者无法正确地判断,特定惩罚对于特定犯罪而言是过于严厉还是过于柔和。亚里士多德警告我们不要在伦理科学中期待过高的精确性(《尼各马可伦理学》,1094b23—26)。然而,他也明确承认,具有实践智慧的人能够在做出实践判断时抓住要害(《尼各马可伦理学》,1142b13—35)。尽管我承认,如下做法是一种逃避:当我们遭遇论证上的困难时,就转而依赖实践智慧。然而,在我看来,我们必然乐意冒着武断的风险承认,即使我们不能够提供一条具有信息含量的关于惩罚与犯罪之间如何搭配的一般性原则,实践智慧在此也能够发挥某些作用。因为毕竟我们所有人几乎都认可感恩(gratitude)的原则或者美德,它要求我们恰当地回应那些之前对我们好的人。感恩回报应该与恩惠施舍的大小成比例,恩惠的"大小"不仅仅取决于给予的利益,而且取决于施惠者的意图、其做出的牺牲或者其之所以做出善行的其他理由等。当一个人说某个特定感恩回报行为过于慷慨或吝啬时，其根据何在呢？就此，行动者可能无力做出特定回应；或者，这可能在某种程度上与其关于引发感恩的行为和感恩回报行为之间的假定标尺不一致。然而，难道我们不能也说，在某些情形下，某个特定回应确实太过头（或者确实过于不足）吗？当我着急忙慌的时候，如果你为我打开电梯，我会很感谢你。如果我给你 1000 美金，这确实过多了，即使我能够负担得起，即使我精心准备好了给那些施惠甚至更大的人以 1000 多美金以及给那些实施甚至更小善行的人以不足 1000 美金。所以，在某种程度上讲，感恩中的比例原则确实指引行为。如果我们接受谢弗-兰多的论证，即报应主义原则无法指引行为，则我们必然要接受这个论证，即感恩原则无法指引行为。然而，情况似乎是这样的：具有实践智慧的人能够看到，某些感恩回报行为确实与施惠行为不成比例；所以，具有实践智慧的人也能够很好地看到，某些报应主义回应确实与犯罪行为不成比例。①

在回应谢弗-兰多针对报应主义惩罚观念的攻击时，我

---

① 如下内容值得我们谨记：人们会担忧如何确立与某个过错行为所对应的惩罚，此种担忧同样也困扰着关于惩罚的其他竞争理论。针对所有功利主义大体上的精确性之优点，我们可能合理地追问如下问题：就针对与特定过错行为相匹配的恰当惩罚而言，功利主义者是否比报应主义者将达至更多合意。

签发了两张支票。* 在处理谢弗-兰多关于惩罚的一般性证立目标的担忧时，我仅仅回应了其如下否定性观点：报应主义似乎无法妥当地处理如下事实，即惩罚的证立似乎关联于惩罚对人的幸福所产生的实际后果。我并没有回应挑战从而提出一个关于惩罚的积极目标的阐述。谢弗-兰多质疑，何以证明内在于报应主义的某种东西提供了为罪犯确定惩罚的指引。我在回应其质疑的过程中指出，如果惩罚的部分意义在于彰显，则"拓展针对犯罪所实施的惩罚之程度范围"的论证就行得通。现在，我将转向自然法报应主义原则的积极证立，此种证立的根据在于其指引特定类型的彰显性行动。

六、依据善而行动：促进和彰显

假设某个人拥有一个关系非常铁的朋友。这个人要与朋友维持友谊关系，这在部分上就是要使朋友的善给这个人提供这样的行动理由：这些行动理由高于并且超越于，这个人相对于其他人而言通常所具有的行动理由。所以，一

---

* 作者在此使用"支票"来比喻，其之前只是提出但尚未明确阐述的观点。——译者

个人可能保护朋友的利益免遭损害，或者挺身而出帮助朋友。某个行动有益于还是有损于朋友，这通常是一个人在审慎时要考量的重要因素。

现在，假设朋友重病。在此期间，一个人当然有理由去帮助朋友治愈疾病和缓解病症。朋友的善受到疾病的困扰，这个人有理由阻止此种情况。然而，假设这个人以及其他人的努力都无济于事，朋友仍然魂归西天。朋友的善再也无法被增益或者损害，①而这个人现在也无力去保护或者促进朋友的善。那么，朋友的善就此停止为其提供行动理由吗？也许，一个人曾经有理由促进朋友的善，但现在已经无法促进朋友的善，所以朋友的善就不再提供行动理由。

然而，如下结论似乎是错误的，即朋友的善已经不再提供行动理由。假设，某个人在获知朋友的死讯之后痛哭流涕。假设，这个人在未来几天之内取消正常活动，其不再看电影以及与朋友们聚餐，而是待在家里。痛哭流涕和待在家里都是在理性上可以评价的事情，而且它们在此语境下看起来都是理性行动：朋友去世之后，一个人痛哭流涕并且取消正常活动，这完全合情合理。（如果某个热心肠的人告

---

① 这可能并非完全正确，因为存在如下问题：例如某个人的重要事业在其死后得以成功，这是否使得其生命变得更好。然而，此种复杂性在此与我们的目标无关。

诉丧友之人，为打翻的牛奶哭泣，这事实上是愚蠢之举；朋友已经去世，你不能够再为之做任何事情，所以，为何不走出去正常享受生活呢？丧友之人可能合理地认为，那个热心肠的人要么麻木无情要么并不真正理解其所说的内容。）问题在于，如何解释这些行为的合理性所在。我们似乎可以清楚地看到，之所以痛哭流涕和取消正常活动变得通情达理（intelligible），其理据在于朋友的善以及该善已经被疾病所破坏的事实。当被问及"为何在丧失挚爱之人后痛哭流涕并且取消朋友聚会"，任何人都会将上述内容作为行动的理由。

针对"你为何给你的朋友抓药？"和"你为何取消正常活动？"这两个问题，每个人会分别给出自己的答案。让我们考虑一下上述答案之间的相似性。两者都会援引，朋友的善以及该善受到了来自疾病的威胁。在前者，对朋友的善的威胁是个尚未完成的威胁，由此仍旧存在通过适当干预来阻止该威胁发生的可能性。在后者，对朋友的善的威胁已然实现，该威胁已然无法被阻止了；此时，如果某个人要回应朋友的善，则某些除了促进之外的回应模式将是必要的。

正如所述，我们应该认为，即使善被促进的可能性已然消失，该善仍旧会持续施加规范性力量。然而，为何我们认为应该如此呢？而且，如果一个善现在已然超越了某人的实现能力，其何以仍旧能够使得与之相关的行动通情达理呢？

第一，我在此要提出的第一点仅仅是防御性理由。我们能够区分如下两者：其一，一个善拥有规范性力量；其二，一个善拥有使得特定类型的回应——促进之——通情达理的规范性力量。说"一个善拥有规范性力量"，就是说"其拥有使得依照该善而实施的行动变得合适的能力"。然而，"依照该善而实施的行动"的观念自身似乎不具有时间定位。这与"促进善"这个观念形成对比，后者具有当下或者未来的时间定位。所以，我第一个要做出的防御性理由在于，初步来看，"一旦某个善彻底消失，对其的特定回应——促进之——就变得不再合适"这个事实，并不蕴含"过去的善缺乏规范性力量"这样的事实。

第二，更为积极地来讲，我们能够诉诸乔治·谢尔所提出的论证。谢尔提出，甚至在"促进善"这个领域——那些促进需要长期复杂意图的善的特定行为——内，我们也必须假定：如果我们要避免在实践层面上陷入不融贯之中，则即使某些善无法被促进，其仍旧能够具有规范性力量。

简而言之，谢尔的论证如下。假设某个行动者玛丽在慎虑时认为，自己在 t_1 这个时间段有理由帮助朋友绘画，在

稍后的 t_2 这个时间段有理由与学生交流。然而,她认为,绘画和交流是不兼容的:如果去绘画,则她将赶不上去学校的公共汽车;但为了与学生交流,她必须乘坐那辆公共汽车。如果她帮助朋友绘画,则对她来讲在 t_2 这个时间段要做的最有价值的事情是待在家里读书。虽然这也是一件有价值的事情,但跟与学生交流相比,其自身的重要性无疑就大打折扣。经过一番考虑,她得出这样的判断,即她有更多理由采取"在 t_1 这个时间段绘画,而在 t_2 这个时间段读书"这样的排序,而非"在 t_1 这个时间段乘车,而在 t_2 这个时间段交流"这样的排序。她选择了上述选项,并意图执行该优先排序。

然而,正如谢尔所指出的那样,在此也存在一些麻烦。如果行动者认为过去的理由并不具有规范力量,则她在慎虑的时候将认识到,在 t_2 这个时间段——当她完成绘画且在与学生交流这件事上濒临爽约时——她应该形成如下信念:她不应该在与学生交流这件事上爽约。因为她要去做的读书这件事,不能够证立其在与学生交流这件事上的爽约;她认为与学生交流远远要重要于读书。行动者也不能诉诸这样的事实,即帮助朋友绘画比与学生交流更有价值:因为帮助朋友绘画是一件过去的事情,依据前述假定(ex hypothesi),其再也不能提供做或者偏爱任何事情的理由。

所以,对于慎虑的行动者而言,"过去的理由不能具有规范性力量"这样的信念导致了一个悖论:一方面,她会断定,诸行动之间的特定优先排序是最理性的选择排序;另一方面,她又会断定,她在执行该排序时开始(正确地)相信,该优先排序并非是其最有理由依之而采取行动的排序。如果我们坚持如下观点,则我们就能够避免上述实践层面上的不融贯:即使帮助朋友绘画的理由已然成为过往,其仍继续具有规范性力量,由此,一个人在评价替代性行为时,仍旧能够将其所拥有的帮助朋友的理由算进去。所以,我们应该主张,过往理由在当下能具有规范性力量(谢尔1983,第188—197页)。

当然,"如果行动者的 Ø-ing 在实践上要融贯的话,行动者必须要假定 p,所以 p"这样的论证形式,通常会遭受如下批判:其一,行动者的 Ø-ing 在实践层面上不融贯;其二,"为了避免在实践上的不融贯,行动者必然要假定 p"这样的事实,并不蕴含 p。然而,谢尔诉诸的那种行动类型的融贯并非争议极大。而且,鉴于这样的防御性观点,即"单单规范性力量的观念似乎并不蕴含,规范性力量的时间导向必然定位于未来或现在而非过去";我们难以明白,一个人为何视所要求的假定为,一个在实用层面上所需的谎言,而非一个关于善及其理由-给予力量的简单真理。

第三,就"过往的善持续具有规范性力量"这样的观点,另一个支持理由在于,我们能够提供一个与"促进"相对立的行为类型之有价值的描述。我们可以称之为"彰显",尽管对这些行为类型的此种描述方式忽略了特定重要的区别。我们稍后将尽力阐述这些被忽略的重要区别(第六章第七节)。对于"为丧失朋友而痛哭流涕"和"因为朋友去世而取消正常活动"而言,两者之间共同的地方在于:痛哭流涕和闭门不出在某种程度上都彰显了如下价值,即当朋友去世时所丧失的善之价值。当朋友的善尚处在某人的能力范围之内时,这个人可能以促进的方式回应之;当朋友的善超出某人的能力范围时,这个人不可能再以促进的方式回应之,但这个人仍旧能够以彰显其价值的方式回应之。

不仅仅当善已成过往时,彰显才是一种针对善所进行的理性回应方式。假定某人的朋友患严重疾病,然而这个人却毫无救助之力。即使这个朋友仍旧可能得以被解救,这个人也可能鉴于朋友的疾病而取消正常活动。一个人可能仍旧会说,即使彰显通常并不关涉到过往之善,其也可能关涉到某些超出一个人的促进能力范围的善。毕竟,某人的如下行为将是极为古怪的:该人能够促进某些被珍视的善,但该人却选择做某些事情来彰显涉及该善的价值。我们会鄙视这样的人,其有能力满足患病朋友的需求,却选

155

择仅仅痛哭流涕和闭门不出。然而,这是一个似是而非的论证。我们之所以鄙视那些选择痛哭流涕和闭门不出而非帮助来彰显患病朋友的善之价值的人,部分原因在于,当某个人有能力帮助时,帮助其实是彰显患病朋友的善之价值的最明显方式。每个促进善之作为善的行为都彰显了善之价值。而且,即使某个人有能力帮助患病的朋友,我们仍会承认如下行为方式具有更深层次的合适性:以促进之外的其他方式来彰显朋友受到损害的善之价值。例如,穿着肃穆而非喜庆。(如果某个人穿着喜庆,这个人唯有通过"帮助患病朋友"这个目标来证立其做法:振作患病朋友的精神、使得境况显得并非陷入绝境等。)

  在某种程度上,当实现某些事物的善之手段已然不存在,彰显这些善的行为类型的范围是一个惯习事项。这并不足为奇。然而,在此并非除了惯习之外再无其他。善要被促进而非阻止或者挫败,这并非惯习事项。而且存在某些特定类型的行为,其本质上比其他行为更适合去彰显善。考虑一下谢尔、佩里(Stephen Perry)分别提出的反思。谢尔写道:

    如果通过"意图方面的融贯性"这样的一般性要求,我们解释和证立了"回应过往行为的一般倾向",那么,通过"在持有特定类型的意图方面的融贯性"这样的要求,我们就可能解释和证立"以特定方式回应过往行为的倾向"。所以,通过证明特定类型的意图是典型的或者不可避免的……(一个人)可能很好地解释和证立我们实际的向后-看的实践。如果能够以上述以及相关方式来解释和证立我们向后-看的实践,那么,我们就可以将此类向后-看的态度……仅仅理解为实施妥当行为的无效冲动(ineffective impulses)。

(谢尔1983,第198页)

我们可以以一种消极的理解方式来看待谢尔的观点:在向后-看的行为中存在某些具有无能为力意味的东西,因为当促进善的可能性已经消失,向后-看的行为包含了对促进善的行为之模仿。(注意,谢尔将此类行为描述为"无效冲动"。)然而,还有一种不那么消极的理解方式:即使此类向后-看的行为不能够致力于有效性(effectiveness),即满足一个人有根本理由去做或者促进的内容,此类向后-看的行为也能够致力于有效性之外的其他内容,而这些其他内容仍旧建构于和源自于一个人有根本理由去做或者促进的内容。我将称该相当抽象的思想为"谢尔原则(Sher's Principle)":鉴于存在一个在本质上妥当的针对善的首要回应(primary response)(促进之、尊重之、就之而尽分内之责)以及目前不可能采取此类首要回应,则一个人就有理由采取一个在理性上(intelligibly)关联于首要回应的次要回应(secondary response)。

在侵权行为中存在过错的人要赔偿受害者损失,这样的做法是否合理?斯提芬·佩里诉诸某些诸如谢尔原则的内容对此进行了反思。

> 就那些由于错误意图而导致损害发生的行为而言,我们可以妥当地视该行为具有行动者-遗憾(agent-regret)。这意味,在此情形下,我们希望自己本可以采取其他行动从而阻止该不当后果的发生。然而,我们不能改变过去,所以行动者-遗憾恰当地展现了其规范性方面,这可能影响我们——相对于所涉后果的——目前和未来的行动理由。
>
> (佩里1993,第42页)

假设某个人肩负展现适当关心善的责任,但其未能履行该责任,由此就会导致善受到损害。某个人已然铸成了上述失败,没有任何时光穿梭机可以让人重回以前。鉴于我们已经不可能实施首要回应,我们的次优选择就是在理性上关联于首要回应的次要回应。由于一个人的义务是照料某些善，则其次要回应就在试图将涉及此种善的事态恢复到如下状态：在正常履行义务的情况下，事态的进展状态。履行责任方面的失败可能没有那么彻底，向后-看的理由也可能有所不同："行动者可能有理由仅仅获得协助、表达遗憾或者做出……象征性赔偿"（佩里1993，第44页）。然而，在任何此类情形之下，次要回应将首要回应作为其范型。

再次，考虑一下我之前所提及的情形，即某人在朋友去世之后取消社交活动。此处的想法是这样的，即一个人的善被视为与其朋友的善相关联：正如亚里士多德所言，朋友乃第二个自我。然而，朋友遭受了重大挫折。面对朋友生命中的挫折，我们通常采取的行动方式是，或者真实地或者虚幻地移情、换位到朋友的境遇中感同身受。如果在此不存在任何上述类型的机会，则一个人仍可以通过取消与其他朋友的聚会从而自我剥夺特定的善。

所以，彰显是一种在本质上不具有时间定位的回应，其可以回应过去、现在和未来的善。由于"善具有规范性力量"这个观念不要求特定的时间定位，作为回应方式的彰显也不要求特定的时间定位。看起来，没有任何事物应该阻止我们坚持如下观点，即过往之善能够真正使得现在或未来的行为变得合适。而且,我们能够在某种程度上证明,为何特定行为恰当地彰显了善,而其他行为则没有。

现在,关于政治权威的自然法立场主张,通过参照政治社群的共同善,我们才能理解政治权威的展现。惩罚乃首要的权威之展现。一旦我们主张,针对善的唯一合理之回应是促进,那么,我们必然坚持如下观点:证立惩罚——其作为权威性指令,将导致行动者的某些东西被剥夺——的根据在于,惩罚在某种程度上促进共同善。这将是一个关于惩罚的功利主义或者(考虑到关于共同善的功利主义观念和自然法观念之间的差异)准功利主义理论。然而,我主张,除了促进之外,还存在另外一种回应善的方式,即彰显。所以,我们拥有这样一种开放的可能性:通过惩罚在彰显善而非促进善的方面的作用,我们可以证立作为政治权威之展现的惩罚。

我们可以通过采取如下两个步骤来论证上述内容。第一,共同善是真正的善,而且其在内容方面是作为政治社群成员的人们的善。因为其是善,所以值得被促进。然而,行动者有时悖逆于就共同善而言在最低限度上的方式而行动,由此,共同善的某些方面必然被漠视或贬低,并且通常被破坏或损害。然而,即使共同善的某些方面已然被破坏,而且我们已然无力促进之,我们并不能推导出,该方面的共同善不再具有规范性力量。我们仍旧需要回应之，即使促进之的希望已经破灭。在事前(ex ante)，一个人能够遵守权威性法律规范，由此恰当地回应共同善。如果一个人未能遵守权威性法律规范，则此种机会就永远地消失了。然而，在事后(ex post)，一个人能够以某些替代性的方式回应共同善，此种方式彰显了这个人由于未能遵守之前的规范而漠视的共同善的价值。此类替代性方式之一就是承受法律惩罚。

　　针对违反权威性法律规范的行为，为何惩罚是一种非常妥当的回应呢？根据谢尔原则，对善的次要回应应该立基于首要回应，由此也应该在理性上关联于首要回应。所以，任何关于惩罚的陈述——其诉诸惩罚彰显共同善的某些善之方面的作用——都不可能成功，除非其阐明"为何惩罚尤其彰显了该善的属性"。主张其他任何事物都无法彰显之，这样的观点过于强势。我们需要证明，为何惩罚是一种针对错误行为的非常妥当的回应。

　　下面是第二步。共同善是所有人的善，其由每个人的善构成。而且，共同善也是所有人的责任。就共同善而言，每个人都要去尽其分内之责。此处的"所有人"是"该政治社群中的所有成员"之"所有人"。那些不属于该政治社群中的人不享受(除非偶然地)该社群的共同善之成就，这些人也不承担(除非偶然地)实现共同善的责任。假设某个人知晓其相对于共同善而言的责任,但其根本不关心之,也不致力于尽其分内之责实现之。只要某个人并不致力于尽其分内之责,则这个人就应自己放弃该政治社群的成员身份。因为"尽某个人的分内之责"关联于其成员身份,则"拒绝履行该责任"就应关联于对成员身份的放弃。

然而,假设某个人就共同善而言未能尽其分内之责,而且未自己放弃政治社群的成员身份。我们现在考虑一下,谢尔原则如何建议我们思考由过往理由所确定的行为:此种行为在某些相关方面应该模仿这样的行为,即鉴于目前或未来的理由,本应该被实施的行为。我说过,诉诸谢尔原则解释了法律惩罚作为违反共同善原则之回应的合适性。鉴于某人不再具有尽力承担涉及共同善原则的责任的未来意图,其自我放逐于政治社群之外就是一个妥当的事前行为。同样,就某个人实际上未尽力承担涉及共同善原则的责任而言,其自我放逐于政治社群、自己生活于其中所享受的善之外,就是一个妥当的事后回应。

法律惩罚权威地指引某个人——或者整体地或者部分地,或者永久地或者暂时地——自我放逐于该社群范围之内可及的善之外。法律惩罚之所以这样做,因为其要彰显如下的善:当罪犯未能遵守关于共同善原则的权威性规定时，其未能妥当地回应的善。由此，就像所有法律实践权威的展现一样，法律惩罚要通过如下内容被证立：在确定针对共同善进行妥当回应的条件方面，法律所具有的优先性角色。

我之前主张，法律惩罚作为针对——在承担相对于共同善而言的责任方面的——失败的权威性回应，其值得选择性通过如下内容被阐释，即惩罚的彰显性特征。即使某个人同意，就作为针对在承担责任方面此类失败之回应而言，惩罚具有值得选择性，其仍可能追问：为何选择惩罚作为回应，而非选择例如赔偿作为回应。一个无聊但正确的答案在于，上述两种回应之间不存在竞争关系。惩罚回应是违法者-定位的，其回应罪犯的失败行为。赔偿回应是受害者-定位的，其回应这些人：这些人的善与其他人的善一样不多不少地构成了共同善，由此这些人值得拥有其被损害的共同善份额。这两个回应有所不同。在侵权体系之下，违反义务者有责任赔偿那些由于怠于履行注意义务而给他人造成的损失。即使在这样的侵权体系之下，惩罚和赔偿之间仍旧存在清晰差异：因为典型的情况是，负有责任的被告仅仅有责任确保受害者获得赔偿，但其并不被要求一定要从自己的积蓄中掏钱来赔偿损失（好心的姑姑可能代替其侄儿支付判决中规定的赔偿金额，但她不可能代替其坐牢)。而且有时候,某些人相对于共同善而言未尽其分内之责,这并不会导致任何需要赔偿的损失:某些人试图损害其他人幸福,但其行为可能错失目标,根本没有伤及受害者。由此,这些人所意图伤害的人也就无任何要被赔偿的损失。针对违反权威性标准的行为,受害者-定位和违法者-定位的回应在本质上并非是竞争者。

七、关于惩罚的彰显性立场之难题

通过诉诸法律惩罚的彰显性特征,我捍卫了自然法报应主义。许多学者近来也提倡"关于惩罚的彰显理论",但这些惩罚理论已然遭到彻头彻尾的批判。然而,我们要谨记在心:彰显理论存在许多种类,一种彰显理论的难题可能与另外一种彰显理论没有任何相关性。

有这样一种意义上的"彰显理论":在此理论下,我们之所以强调惩罚的彰显性成分,无非是为了强调将惩罚区别于其他严厉惩罚形式的重要因素。这些是定义性彰显理论(definitional expressive theories)。定义性彰显理论者无非想要说,如下内容对于涉及惩罚的实践而言至关重要:惩罚彰显了某些通常表现为谴责罪犯的东西。根据这些观点,我们可能在进行着针对不端行为者而权威性施加严厉惩罚的实践,但除非该实践彰显对罪犯的谴责,否则这并非涉及惩罚的实践[比较范伯格(Feinberg)1979b,汉普顿1984,第212页]。就该彰显性因素是否进入对惩罚的实践的证立中而言,诸如此类的定义性彰显理论者无须就此采取立场。尽管"惩罚就定义而言是彰显性的"这样的观念似乎正确,但我们在此关注的是惩罚之证立,而非惩罚之定义。事实上,如果我们最终证明"惩罚在本质上是彰显性的"这样的观点错误,则这也没有显示,那些完全依赖彰显的、关于惩罚的证立理论是错误的。所有这些能够证明的内容是,不具有彰显性的惩罚之实践是未被证立的。

所以,我们对如下彰显理论感兴趣:这些理论视惩罚的彰显性因素在部分上或者整体上证立了惩罚之实践。这些理论捍卫关于惩罚的规范性(normative)彰显理论,而非关于惩罚的定义性彰显理论。首先考虑一下因果-规范性(causal-normative)理论者。因果-规范性理论者坚持认为,对于促进有价值的目标而言,惩罚的彰显性因素具有工具上的重要性。在此,一个人可能主张林林总总的有价值的目标。一个人可能主张,震慑是任何刑法体系的关键方面。这个人可能主张,"惩罚谴责罪犯"这样的事实,使得惩罚成为一个比针对犯罪而进行的其他类型的回应更为有效的震慑。或者,一个人可能主张,对于社会而言,能够就那些有悖于公共善的犯罪进行"泄愤",这是有益的。这个人可能主张,泄愤的极有效的方式是强烈谴责那些做错事的人。或者,一个人可能主张,对于社会而言,教育罪犯使其认识到行为的错误,这是有益的。这个人可能主张,"惩罚彰显对行为(或者作为施动者的行动者)的广泛谴责"这样的事实,对于教育罪犯而言是有益的。所有这些均是关于惩罚的因果-规范性彰显理论的例子。

这些因果-规范性彰显理论受到了批判,相关批判沿着如下两条宽泛线索进行。第一,如下两者之间所谓的联系并没有被充分地证明:一方面,惩罚中所体现的谴责之彰显;另一方面,上述有益结果的实现。第二,即使存在此类联系,如下内容并不清晰:所产生的利益是否证立了(或者能够证立)包含在惩罚中的损失。因果-规范性彰显理论仅仅是功利主义(或者准功利主义)理论(比较穆尔1997,第84—85页),由此其也具有与功利主义(或者准功利主义)理论所要遭受的同样类型的困境。

我所捍卫的自然法观点并非因果-规范性观点,因为其并不视惩罚的意义在于促进某些——超越包含在惩罚中的彰显因素的——更为深层次的目的。相反,我所捍卫的观点是这样的,即惩罚的意义无非在于彰显自身而已。让我们称此类观点为构成-规范性立场(constitutive-normative accounts)。

我站在自然法立场所提出的构成-规范性彰显理论,并不等同于这样的观点:惩罚是一种传递(communication)行为,其是由实施惩罚的一方针对被惩罚的一方所实施的行为。诺齐克(Nozick)重视如下事实,即我们想要被惩罚的当事人认识到其正在被惩罚。如果我们视惩罚为一种试图传递给被惩罚的当事人某些信息的努力,则上述想法就可轻易地被阐明(诺齐克1981,第370—374页)。就此观点,我的回应如下。第一,除了诉诸作为传递行为的惩罚之外,我们仍可阐明"想要被惩罚的当事人认识到其正在被惩罚"这样的事实。法律惩罚的部分内容在于将某人标示为罪犯,而这之所以是糟糕的,是因为其剥夺了人们的如下善,即生活于与同伴组成的社群之中。如果被惩罚的当事人意识到这一点,则上述目的将更充分地被实现。第二,如果我们要使得这里所涉及的彰显在本质上成为传递行为,这可能导致我们拒绝构成-规范性彰显理论,转而赞成因果-规范性理论。因为,传递行为通常具有超越自身的意义。(例外情形可能是随意聊天。惩罚与之并不相似。)基于同样的根据,我想把我所捍卫的观点区分于任何如下的观点:依此观点,惩罚的意义在于,其向社会传递某种行为的错误性;或者,惩罚的意义在于,其主张社会要致力于确认此种类型行为的错误性,等等。在我看来,尽管惩罚是彰显性行为,但其本质上并非传递性行为。

我所捍卫的彰显理论,并非关于惩罚的传递理论。然而,我所捍卫的彰显理论,亦非"自然展现(natural manifestation)"理论。依据我称之为"自然展现"的惩罚理论,特定态度在规范上是被证立的,而惩罚是这些态度的"自然展现"。用斯基仑(Skillen)的话来讲,这是"再自然不过"的观点了(斯基仑1980)。在某些情形下,悲哀乃是情理之中的事情,而悲哀最自然的表现莫过于痛哭流涕了。同样,憎恨罪犯亦属正当之举,而憎恨最自然的表现莫过于使之遭受惩罚了。正如斯基仑所指出的那样,自然展现理论的一个问题在于,我们难以看到:除了那些关于惩罚性(punitiveness)的不具有信息含量、遣词造句般的情绪之外,还存在任何针对惩罚性的真正自然展现之情绪。然而,目前还存在更为严重的困难。我们难以明白,为何仅仅因为惩罚行为是被证立的情绪之自然展现,惩罚行为就被证立。如下内容远非一目了然:以这样的方式推导出对惩罚行为的证立,即"从性情状态(dispositional states)"到"源自该性情状态的行为"。(关于从"性情的理性或正当性"推导出"源自该性情的行为的理性或正当性",帕菲特表达了类似担忧。就此,参见帕菲特1984,第39—40页。)然而,"自然展现理论没有给法律惩罚提供任何证立"这样的事实对我的理论并没有造成困难,因为我的理论并非自然展现理论。

彰显可能意指"自然展现",也可能意指"传递"。我已经将本文所主张的惩罚理论区分于上述两种理论。我所捍卫的观点最好被描述为作为象征标志的彰显(expression as symbolic marking)。再次想一想那个人,其在朋友去世之后取消正常活动。一个人在实施上述行为时,其并没有设想有观众。这个人也并非试图传递信息给任何人。(如果设想有观众,则这个人并非真正为朋友悲哀,其只是装腔作势而已。)而且,一个人取消其活动的做法,亦无须从如下内容中获得证立:上述做法是这个人情绪状态的自然展现。首先,当真实情况尚未完全来临时,个人就可能对朋友的去世感到莫名其妙地冷漠,但又同时清楚,取消正常活动是他要去做的特定的(the)事情或者一件(a)事情。(有人可能按照结果而将情绪归之于某个人[对比纳格尔(Nagel)1970,第29—30页]。这些人认为,正是基于"某个出于相关理由完成相关行动"这样的事实,某个人算作具有悲哀情绪。然而,这对于自然展现理论——其要求情绪先于行动——来讲并不充分,因为情绪被视为在因果上关联于行动之发生。)然而,这个人可能清楚,朋友的去世要求自己做出回应,而取消正常活动是一种象征性标示丧友的合理方式。

一个人要捍卫某种类型的行为作为象征性标示,其需要证明如下内容：其一，存在某些值得象征性标示的事物；其二，该行为事实上妥当地象征性标示了上述事物；其三，该行为的成本是值得的。为共同善在政治方面的终极重要性所展开的论证（第三章第二节）足以显示，其值得被标示从而引起人们的注意。第六章第六节中的论证致力于证明，就未能符合共同善的要求而导致的失败而言，为何惩罚是一种妥适回应。然而，有人可能仍旧想知道，惩罚是否值得如此这般：惩罚对于某些人——其或者是要承受惩罚的罪犯，或者是要承担由之造成的相关损失的社会——而言是否不正义。对于任何昂贵的象征性行动而言，不正义的问题都会产生。对于相关工人而言，建造华盛顿纪念碑（Washington Monument）极为危险。华盛顿纪念碑的建造耗费（并且继续耗费）纳税人的钱，这些钱本来可能被用于其他地方。华盛顿纪念碑的建造（以及持续维护）是否可以被证立，这取决于如下内容：从相关不偏不倚的立场来看，这些成本是否值得承担（第三章第五节）。而且，在回应上述问题时，我们要谨记与象征性行为相关联的利益，即使这并非关于其的一般性证立要点：华盛顿纪念碑具有某些审美特征，其为那些在附近迷失之人提供地标，其使得游览者惊叹于华盛顿地区的景观。

惩罚是象征性活动，但这并不意味着——正如在我看来其所表明的那样——在证立惩罚时,我们必须简单追问:刑事司法体系所耗费的巨大成本能否证立象征性标示在共同善方面的失败。尽管我认为,反对者可能低估象征性标示的重要性;然而,重要之处在于,在评价此类体系的正义性时,我们必然要考虑到由之(或者可能)实现的相关联的效果,例如降低犯罪率。惩罚的一般性证立目标在于,以合适方式回应某人在为此种善负责方面的失败。该一般性证立目标是否能够被恰当地达至,这个问题必然包含比"惩罚是否适合犯罪"这个问题更多的内容。

八、权威、胁迫和惩罚

我捍卫了一种最合理的关于惩罚的自然法立场。依此立场,法律的惩罚性活动首要之处在于法律权威的展现(第六章第一节):由于法律所针对的对象未尽其相对于共同善而言的分内之责,法律制度在实施惩罚时导引这些对象承受某些对其权益的特定剥夺(第六章第五节)。因为共同善,所以这些对象要承受此类剥夺。因为面对犯错者以往贬低或者破坏共同善的行为,惩罚彰显了共同善的价值。

下面我将回到惩罚和胁迫之间的关系这个问题上,并以此结束我们对惩罚的自然法立场的探讨。我在本章的开端(第六章第一节)煞费苦心地强调如下内容:其一,权威和胁迫之间的联系是微弱且偶然的;其二,惩罚并非胁迫事项,而是权威性指引。然而,在如下事实之中仍旧可能存在重要问题:对于惩罚而言至关重要的权威性指引,事实上伴有"使用胁迫性措施来确保服从"这样的意愿。鉴于如下事实,即某一方具有权威地位,这并不蕴含着其就有权胁迫他人服从其指令(第六章第一节)。同时,鉴于如下事实,即构成涉及惩罚的规范的权威性指令会导致被惩罚者的损失,有时候甚至导致严重损失。由此,我们有必要追问:自然法立场如何证立法律的如下意愿,即胁迫他人服从法律上的惩罚性指令。

法律胁迫被证立的典型情形是如下类型的情形:为了确保法律胁迫所针对的对象采取某些行动,具有法律权威的诸方就对之进行威胁。上述情形中所涉及的行动指对象要采取的(甚至独立于胁迫威胁的)合理行动,一旦对象未能采取该行动,这将给政治社群中的其他成员造成不公正的负担。在被证立的胁迫之典型情形下,"法律强迫对象去做的事情"是"对象无论如何都有妥当理由去做的事情"。而且,如果对象未能做上述事情,由此所导致的消极性后果就落在了政治社群的其他成员身上。上述两个条件具有同等的重要性。前一条件摧毁了被胁迫者基于如下内容的抱怨根据,即被要求实施的行为的本质。后一条件摧毁了被胁迫者基于如下事实的抱怨根据,即威胁正在被强加到其身上。我们还需注意如下限定。上述主张并非这样的主张,即对于法律惩罚的证立而言,这些条件是充分条件。因为可能存在这样的情形,即胁迫他人服从的负效应给那些守法者强加了更为沉重的负担,由此胁迫他人服从是不公正的或者不审慎的。上述主张亦非这样的主张,即对于服从而言,这些条件甚至是必要条件。因为完全可能存在这样的极端情形:对象可能被胁迫去实施某些其本并不具有妥当理由实施的行为,而且这是可以被证立的。因为还可能存在这样的情形:家长主义的胁迫——其原理并非基于给他人造成的不义——被充分地证立。

鉴于上述关于典型地被证立的法律胁迫之观点,就那些确保服从非缺陷的法律的胁迫而言,对其的论证是一马平川的。使得法律成为非缺陷的东西,部分在于其作为划分——为共同善而采取行动的——集体责任的权威性规范。依照我所中意的自然法立场,假设所有的人在接受层面上同意法律(第五章第五节),而且法律至少是——关于如何分配为共同善而采取行动的责任的—具有最低限度可接受性的具体化形式(第五章第二节)。在此类条件之下,对象具有妥当的理由遵守法律的要求,即法律在确定共同善原则的内容方面具有权威，且对象具有决定性理由服从该原则。而且，在此类条件之下，对象未能遵守法律的要求，这意味着促进共同善的责任已经从某些对象那里转移到其他人那里。所以，对不服从者的胁迫至少被推定为是被证立的：法律惩罚可以激发潜在的违法者做那些其已然具有充分（规范性）理由去做的事情；而且，一旦其未能做到这些事情，则就构成了对同伴的不义。

将上述内容套用到惩罚情形之中，相关的论证同样是一马平川的。如果我们认为，惩罚是权威性地强加之剥夺，但仍属为共同善而采取的行动方式，那么我们就可以说，那些不甘愿接受惩罚的罪犯未尽其相对于共同善的分内之责。如果一个人违反（非缺陷的）刑法，这构成了其在尽相对于共同善的分内之责方面的初步失败。如果一个人拒绝遵守判决其接受惩罚的（非缺陷的）法律命令，这构成了其在尽相对于共同善的分内之责方面的再次失败。在上述两种情形下，法律胁迫的原理是一致的：对象具有妥当的理由遵守规范；如果其未能遵守规范，这就构成了对同伴的不义。

由此，基于在此所捍卫的观点，与胁迫和任何其他义务–附加性法律之间的联系相比，胁迫和那些判决对象接受惩罚的法律命令之间的联系并非更为紧密。如果官员有理由认为，对象在遵守权威性交通法规方面变得懒散，而这足以导致危险,则其可能采取某些具有胁迫性的措施。其可能发动一场反对超速的运动、增加道路上的警力、使得威胁——那些被逮住超速的人将遭受重罚——广为人知。如果宗族隔离主义者公开蔑视法庭命令,并且阻挠已然开启的、融合全体学生的"允许黑人小孩进入中学"的措施,则官员可能宣称,将有警察出现在现场以逮捕那些蔑视法庭命令的人。在上述两种情形下,我们之所以要有胁迫,就是为了确保对如下权威性法律指令的遵守:(1)独立于胁迫性威胁之外,对象仍有理由遵守的规范;(2)未能遵守这些规范,对于同伴而言是不义的。我说过,如下两种情形在此不存在重要差异:其一,被证立的法律胁迫;其二,被用于法律惩罚中的胁迫。胁迫那些未能遵守被权威性地做出的惩罚之内容的人,这是一条长久之道计。然而这样的事实并没有在惩罚的情形与超速者、宗族隔离主义者的情形之间标示出至关重要的差异。在所有这些情形之下,首要之处在于,依据共同善而证立的权威性法律规范;次要之处在于,为了确保遵守权威性规范而可能可证立地使用的胁迫。

现在,一个人可能承认,所有上述内容都是关于如下内容的合理阐述:在法律具有完全权威性的政治社群里,我们如何证立为了法律惩罚的缘故而实施的胁迫。然而,我在第五章就承认(第五章第七节),根据关于法律权威的同意立场——其对于展现非缺陷法律的可能性而言最有希望——法律的权威事实上远非完美。在许多领域内,人们对法律权威的接受度可能非常低。鉴于在这些领域内并不存在完美的权威,我们难道推导不出如下内容:在解释"我们何以可能可证立地胁迫某些异议者服从其并不同意的义务-附加性规范"时,关于法律胁迫的典型证立方法行不通?而且,鉴于在这些领域内并不存在完美的权威,我们难道推导不出如下内容:在解释"为何这些异议者可能因违反上述规范而被可证立地胁迫去承受法律惩罚"时,关于法律胁迫的典型证立方法行不通?

上述推导之设想结论并不会出现。为了解为何不会出现,我们考虑一下如下情形,此种情形无非是我在第五章(第五章第三节)中详细讨论的情形之变种而已。再次,故事始于你富有的秃头叔叔,其想要给秃头之人分配意外之财。然而,现在的情形有些不同。你叔叔不再给予每个秃头之人仅仅 100 美金,而是给予并且只给予所有那些出生于其家乡小镇的秃头之人 100 000 美金。在你叔叔去世之前,他召开了一次公众大会。所有在本土出生的小镇之人——所有秃头和可能秃头的人——都出席了此次大会,你叔叔在此次大会上宣告了其计划。他转而问你,鉴于数额巨大,你是否愿意向其和小镇之人做出如下承诺,即按照每人

100 000 美金的标准将他的财产分配给所有变秃的小镇之人,直到告罄。你向你叔叔和全镇之人做出了此种庄严承诺。你的叔叔于五年之后去世,你要执行其遗愿。一个秃掉三分之一头发的请求者找到你,向你索要 100 000 美金。他老早就开始打这笔钱的主意了,他知道自己可能秃掉头发。他想,他可以用这笔钱送他的孩子上大学念书,也许还可以救济他穷苦的父母。然而,你想仅仅将那些秃掉至少二分之一头发的人算作秃头之人,所以,你拒绝给予其 100 000 美金。由此,在你们俩之间就产生了一个严重的实践冲突。他指责你扣压承诺的金钱。毕竟,你之前承诺过如下内容,即不管小镇上的任何人,如果其头发变秃了,你就要给予其 100 000 美金。你指责他——通过将具有如此相对少量头发的人算作秃头之人——试图不正当地利用你叔叔的慷慨和你的忠诚。

一方面,请求者或者代表请求者利益而行动的第三方,试图胁迫你交出 100 000 美金,这有错吗?在他看来,你毕竟违反了承诺,给他造成了严重伤害。任何关于"他在实施不义行动"的论证必然依赖于"你并没有违反承诺"的主张。"你并没有违反承诺"的主张必然依赖于"请求者并非秃顶之人"这样的主张。然而,他并非秃顶之人,这远非一目了然。鉴于他用来决定"秃顶"观念的特殊方式并非明显错误,而且由于"秃顶"的模糊性,此种方式也不可能被证明是错误的,所以,如果他有意胁迫你遵守承诺的话,他并没有犯错。

另一方面,请求者试图对你实施胁迫,你抵制并且憎恨之,这有错吗? 在你看来,你向叔叔承诺过不会将金钱分配给非秃顶之人,而请求者希望胁迫你违反承诺。任何关于"你抵制并且憎恨胁迫,这是错误的"的论证必然依赖于"你违反了如下承诺,即给秃顶的小镇之人支付金钱"的主张。"你违反了如下承诺,即给秃顶的小镇之人支付金钱"的主张必然依赖于"请求者是秃顶之人"这样的主张。然而,他是秃顶之人,这远非一目了然。鉴于你用来决定"秃顶"观念的特殊方式并非明显错误的,而且由于"秃顶"的模糊性,此种方式也不可能被证明是错误的,所以,如果你抵制并且憎恨上述胁迫的话,你并没有犯错。

在刚刚描述的给付秃顶之人金钱的情形下,我提出的关于胁迫的思考方式,也应该适用到非完美权威下的法律胁迫。当法律以特定方式决定共同善原则时,则从法律角度来看,如果对象要为共同善而尽其分内之责而非将负担甩给他人,则其必然遵守上述方式。如果法律胁迫异议者遵守法律关于共同善原则的具体化形式,则此种情形就恰恰类似于上述存疑的秃顶之人,其为了得到 100 000 美金而胁迫你。因为与"秃顶"相似,"为共同善而尽其分内之责"充满了不确定性。所以,就法律来讲,其有意胁迫异议者服从,这并没有错。就异议者而言,其憎恨甚至抵制该胁迫,这也没有错。① 此种意蕴也适用于法律惩罚的情形。当法律使用胁迫来确保惩罚异议者时,其并没有犯错。因为从法律的角度来看,承受法律惩罚是违法者相对于共同善而言要履行的部分责任。当作为异议者的罪犯抵制胁迫时,其也没有犯错。因为从其角度来看,其没有违反任何具有约束力的标准,由此其没有理由将自我放逐于共同善之外。

从异议者那里得到的教益并非,"因为法律在这些情形下不具有权威性,所以法律不能正当地胁迫他人服从"。相反,因为法律在这些情形下不具有权威性,所以如下内容不确定,即法律的胁迫是否可被证立。我们应该如何对待此种不确定性呢?我们之前已经讨论过这个问题(第四章第六节)。目前摆在我们面前的是一种实践冲突的情形,就此合理的解决方案在于权威的设置。(设置仲裁者或者其他程序,该仲裁者或者其他程序的结果权威性地解决如下实

---

① 在此,我的主张并非是,异议者并没有犯下任何错误。事实上,如果占支配地位的法律体系在最低限度上公正、有效,则我们在实践上合理的选择将是同意事实上的(de facto)权威,并且由此使得其成为对于我们而言的法律上的(de jure)权威(第四章第七节)。相反,我的主张是,只要异议者仍旧是一个异议者,则当其憎恨或者抵制法律强加的胁迫时,其并没有犯下更深层次的错误。

践冲突:你和请求者以及事实上所有此类潜在请求者之间的实践冲突。以上做法是关于如何支付秃顶之人金钱的合理解决方式,这难道不是显而易见的吗?)所以,"诸多领域不存在同意"的事实并没有证明:法律制度在胁迫异议者时,其犯错了。相反,其使得对共同标准的同意显得愈发紧迫。

第七章 共同善之内和之外

一、针对共同善原则的两个挑战

回想一下,自然法政治哲学视共同善为其核心规范性概念(导论第一节)。正是共同善终极地提供了法律的规范性力量,使得法律(在适当条件下)具有权威。所以,共同善必然是这样的东西,即我们有极强理由促进和保护的东西。共同善原则(即要求一个人尽其相对于所在政治社群的共同善而言的分内之责)必然是这样的原则,即我们有决定性理由尊重的原则(第三章第六节)。因为共同善原则的要求被视为要解释法律的规范性要求,所以,尽管"同意"是必然的(第四章第七节),但其之所以相关,仅仅因为我们必定要诉诸"同意"来解释"为何蔑视法律就是蔑视共同善原则"（第五章第五节）。

正是鉴于该规范性角色，我所捍卫的自然法立场才选择聚合式共同善观念。因为自然法立场所需要的东西是这样一种共同善观念，即其带有充分的规范性分量以至于能够为共同善原则的决定性力量夯实基础。聚合式观点基于其自身之阐述提出了合理的理由（第三章第二节）。较之已经提出来的其他自然法立场，其又更好地扮演了该角色（第三章第三节，第三章第四节）。看起来，作为个人的善的复合事态确实是政治社群中每个成员的行动理由。而且，当政治社群中的每一个人的善都被聚合起来时，由此就会导致一种我们有极强理由去促进、保护的事态。然而，即使我们认可此理由的巨大力量，我们也必须承认（正如第三章第六节所讲），此理由的巨大力量并没有证明如下内容：共同善原则是这样一种关于行动的决定性指引，即我们对其的蔑视从来都不会是合理的。然而，如果共同善原则要完成自然法法理学为自然法政治哲学所设定的任务，即证明如何可能存在非缺陷的法（第三章第一节），则共同善原则必然具有决定性（decisiveness）程度的规范性力量。因为，如果法律不由决定性行动理由支持，则其就是有缺陷的（第二章第三节，第二章第四节）。

第七章　共同善之内和之外　　347

依照共同善原则行事的理由是如此之强，以至于如果某个人未能尊重共同善原则，则其需要为之证立。依照该原则行事的理由是如此之强，以至于我们在如下情形之下不能够振振有词地主张该原则是可选择的：在此种情形下，没有办法证明存在该原则的竞争者。所谓共同善原则的"竞争者"指，一个或一套指引某个人沿着——与共同善原则所指引的行动路线不同的——行动路线前行的行动理由，其并没有被共同善原则轻而易举地超越（或者，要不然被排除掉）。对于自然法政治学的捍卫者而言，仍旧横在其面前的最严重困难在于确实存在共同善原则的竞争者：次政治的(subpolitical)和超政治的(superpolitical)竞争者。

以下是源自次政治的挑战。"依据聚合式观点，共同善体现在政治社群的所有不同成员的善之聚合。在此聚合之下，每个成员仅仅算作一份额，而且仅仅一份额。这一点讲得通：从共同善——其在所属的有限领域内不偏不倚——的角度来看，我们没有理由将某些人的善置于他人的善之上。然而，共同善的视角并非唯一合理的视角。还存在这样一种视角，依此视角来看，并非每个人都算作同样的份额。从该视角来看，朋友和家庭算的份额更多，这仅仅因为行动者与他者之间存在特殊关系。现在来看，就某个人而言，次政治理由指引的行动路线，并非时常与政治理由指引的行动路线一致。萨特(Sartre)设想这样一种情形,即某个人不得不在陪伴生病的母亲还是参加秘密抵抗组织之间做出选择。显然,次政治关切与政治关切矛盾。然而,此种类型的冲突似乎屡见不鲜。一个人应该将自己捉襟见肘的金钱、时间和精力投入到为共同善而尽其分内之责中,还是投入到更为特殊的关系中?这是一个不同选项之间的真正选择,这有别于所有不同理由都指向某个单一方向的情形。进一步而言,如下内容并非显而易见,即政治理由超越——或者要不然排除掉——了次政治理由。由此引发下述现象:其一,在萨特所提及的情形下,一个人应该正当地感觉到,其中确实存在着关于做出何种决定的开放性;其二,当福斯特(Forster)表达这样的愿望,即'当面临背叛朋友和背叛祖国之间的选择时,他有勇气选择背叛祖国',我们能够明白此种愿望的意义,即使我们并不赞成。由此,次政治理由是共同善理由的真正竞争者。所以,共同善原则不能够宣称自己是决定性的行动原则。"

以下是源自超政治的挑战。"依据聚合式观点,共同善体现在政治社群的所有不同成员的善之聚合。在此聚合之下,每个成员仅仅算作一份额,而且仅仅一份额。这一点讲得通:从共同善——其在所属的有限领域内不偏不倚——的角度来看,我们没有理由将某些人的善置于他人的善之上。然而,此种政治视角并非唯一合理的视角。因为,在不偏不倚性支配的领域,理性并没有要求一个人囿于该有限领域。相反,一个人可能采纳更具普世性的视角。从超政治视角出发,人们的善在根本上、非衍生地为实践关切的对象。那些持超政治视角的人拒绝接受如下两者之间任何原则性的差异:其一,政治社群成员的善;其二,非成员的善。'从超政治视角来看一个人必须做的事情'与'从更为受限的政治视角来看一个人必须做的事情'之间可能发生冲突。我们很可能需要将资源从某个政治社群之中的人手中转移到该政治社群之外的人手中。而且,我们难以明白,为何政治视角必然胜过超政治视角。如果说政治视角必然胜过超政治视角,那么就需要解释如下内容,即当某些人和我们之间的唯一差异在于其恰恰并非我们自己社群的成员时,我们为何漠视或者贬低这些人的善。"

对于共同善原则的规范性权威而言,次政治挑战和超政治挑战是最严重的威胁。所以,我们要追问,自然法理论者在何种程度上能够有力地回应次政治挑战和超政治挑战。这构成了结束探究关于政治权威的自然法理论的恰当方式。在转向解释"为何这些挑战注定极难被回应"之前(第七章第二节),以及在转向阐述"自然法观点如何努力回应这些挑战"之前(第七章第三节),我有必要停下来指出,这些挑战并没有提供证据证明我们的如下选择是错误的：较之于工具式共同善观念（第三章第三节）或者独特式共同善观念（第三章第四节），我们更中意聚合式共同善观念。因为对于工具式共同善观念和独特式共同善观念而言，次政治视角和超政治视角所带来的问题具有同等的攻击力。我们可以追问工具主义观念如下问题。一方面，下述两种理由之间的关系如何呢？其一，对于我而言，促进我所属社群中所有人变得更好的理由；其二，对于我而言，促进我以及我的朋友变得更好的理由。另一方面，为何我不应该致力于实现那些所有人——而非仅仅那些我所属社群中的人——为推进其合理目标都能够加以利用的条件呢？我们可以追问独特式共同善观念的捍卫者如下问题。一方面，下述两种理由之间的关系如何呢？其一，对于我而言，促进我所属政治社群的独特式善的理由。其二，对于我而言，促进我自己的个体善（或者我的家庭的独特式善）的理由。另一方面，为何我不应该致力于实现所有——而非仅仅我自己的——政治社群的独特式善呢？针对聚合式共同善的决定性力量，我们从次政治视角和超政治视角可以提出上述反驳，这些反驳同样能够轻易地适用到工具主义、独特式共同善这些竞争性观念之上。所以，初步来看，这些问题并没有证明我们之前对聚合式观念的接受是一招错棋。

上述这些令人为难的问题之不可避免性也没有初步地证明,"自然法政治哲学诉诸共同善为政治权威提供根基"是错误的转向。正如我们之前指出的那样(第二章第六节),诉诸诸如共同善这样的局部性(partial)目的,对于满足——关于政治权威的理论必然要符合的——特定性要求而言至关重要。① 所以,无论任一立场是否是自然法之变种,其都必然要处理诸如此类的问题,即使这些问题并没有呈现为这些问题在自然法理论中所呈现的模样。

二、为何尤其难以回应挑战

对于自然法立场的捍卫者而言,尤其令其如坐针毡之处在于,次政治挑战和超政治挑战并非井水不犯河水。自然法的捍卫者无法将其精力投入到次政治挑战从而提出一个回应,然后再转向由超政治挑战所提出的独特挑战。因为,我们毋宁说,次政治挑战和超政治挑战是从不同方向同时展开的攻击。就好比,当一个人必须要防御来自两条战

---

① 回想一下(第三章第六节),特定性要求是指:关于法律权威的理论必然要解释如下内容,即为何对象要以特定方式受制于由其自己所属的法律体系所发布的规范。相关讨论,参见西蒙斯1979,第30—35页;格林1990,第227—228页。

线的攻击时,他在一条战线投入资源抵抗的话,这将导致其在另外一条战线上拥有更少资源来进行抵抗。当自然法政治哲学家试图回应一个挑战时,其就使得自然法立场在另一个挑战面前变得甚至更羸弱。

毕竟,对于次政治挑战而言,最为自然的回应是什么呢?对于诉诸更为有限的视角来讲,最为自然的回应是,尽管承认特殊关系之善但指出如下内容:其一,他人的特殊关系的善之同等实在性(equal reality);其二,"这些善可能相互冲突"这样的事实。更宽广的政治共同善是更不偏不倚的视角,我们可以从该视角出发来评价这些冲突,并且决定如何处理这些冲突。由此,我们应该将从政治共同善视角做出的判断、决定置于那些从更为特定关系的视角做出的判断、决定之上。然而,如果自然法政治哲学家采取此类立场,那么其似乎就更难以抵御来自超政治的挑战。因为超政治挑战的拥护者可能很好地指出,鉴于不同的局部性政治关切发生冲突的可能方式,我们需要一个更不偏不倚的视角来做出此类决定。而且,一旦我们采纳此种更不偏不倚的视角,如下内容就变得模糊不清了:共同善原则是否能够作为决定性的行动原则发挥作用。

相反,对于超政治挑战而言,最为自然的回应是什么呢?要注意,一个人有理由关注其所属政治社群的同伙成员。其与这些人处于特定关系之中,而与他人并不处在此种特定关系之中,由此这个人应该将政治置于超政治之上的优先地位。然而,一旦我们接受此种特定关系在决定一个人优先性关切方面的重要性,那么,这个人为何不应该认为:诸如此类的其他特定关系(友谊、亲属关系)将会与政治共同善的主张发生冲突,有时候甚至会击败政治共同善的主张?

问题在于,政治共同善是混合物。一方面,其主张对人类善的不偏不倚的关切。另一方面,此种关切对象仅仅限于有限范围内的人。① 当政治共同善试图回应"为何一个人的关切不应该更受限"这样的问题时,其不能够仅仅诉诸不偏不倚的价值。因为较之于一个人可能采取的政治视角,还存在一个其可能采取的更不偏不倚的视角,所以,超政治视角危及政治视角。当政治共同善试图回应"为何一个人的关切不应该更不偏不倚"这样的问题时,其不能够仅仅诉诸甚至更受限的关切的价值。因为较之于政治关系,还存在甚至更受限的关切,所以,此种特定关系危及由政治关系出发所提出的主张的决定性。

---

① 就由于理论的混合性质而导致的理论缺陷而言,相关探讨参见帕菲特1984,第140页、第192页。

三、针对共同善原则的挑战的亚里士多德式回应

对于共同善原则的次政治和超政治挑战，最有希望的自然法回应遵循了亚里士多德的思想。亚里士多德式回应利用如下三个命题，这些命题对于亚里士多德捍卫特定类型的理想政治社群起到了关键作用。第一，从表面上看，一个社群越包容，该社群的善就越具权威。第二，政治社群能够达至的规模具有上限。第三，生活在政治社群中，这是一种非常重要的人类善。第一个命题展现了对于次政治挑战的妥当回应，第二、三个命题则展现了对超政治挑战的妥当回应。

相对于更为特定的善而言，政治共同善具有优先性，因为其充分包容更为特定的善。正如亚里士多德在《政治学》的开篇所言：

> 我们见到每一个城邦（城市）各是某种类型的社群，一切社群的建立，其目的总是为了完成某些善（所有人类的每一种行为，在他们自己看来，其本意总是在求取某一善果）。既然一切社群都以善为目的，那么我们也可以说，至高而至广之社群所求的善也一定是最

高而最广的。这种至高而至广的社群就是所谓的"城邦",即政治社群。

(1252a1—7)*

政治社群的共同善吸纳了所有这些其他、更具局部性的善。对于聚合式善而言,明显如此。因为聚合式善包括了每个成员——在其所有的完整性层面上讲——的善,所以,该理想包含了所有——某人发现自己置身其中的——令人满意的局部性关系。由此,之所以说"聚合式共同善优于任何这些更局部性的善",其中的道理简单明了:聚合式共同善包含了所有这些更特殊的善,而且还包含更多东西。所以,我们显然有理由主张,共同善优于任何在政治社群里的特定关系中实现的更局部的善。

此种回应有一点变戏法的味道。然而,确实,较之于任何更特殊的、次政治关系所具有的抱负,作为理想的聚合式共同善具有更高的抱负。造成次政治和政治之间紧张关系的原因在于:其一,一个人的特殊次政治关系的现实性(actuality);其二,在一个人所属政治社群中达至的关于"聚合式共同善、一个人相对于聚合式共同善而言的分内之责

---

* 译文参考了吴寿彭译本,但做了部分调整,参见〔古希腊〕亚里士多德:《政治学》,吴寿彭译,商务印书馆1965年版,第3页。——译者

的具体化形式"。① 即使一个人承认,较之某个特定的具体关系之理想而言,聚合式共同善之理想具有更多值得称赞的地方。已经确定下来的关于聚合式共同善的特定裁量形式(truncations)和一个人相对于共同善而言的责任的特定精确化形式(precisifications),仍旧可能在如下两者之间造成张力:其一,源自政治共同善的要求;其二,源自一个人的更为特殊关系的要求。所以,次政治挑战者可能抓住此种张力来重建其反驳。

然而,政治共同善的捍卫者可以做出如下回应。他或者她可能说,"造成上述张力的唯一原因在于,这些特殊关系的善并非都是可以同时被实现的,或者这些特殊关系的善不兼容于其他善,或者这些特殊关系的善要求履行合理范围之外的行动。就共同善的具体化形式包含对理想的削减而言,共同善的具体化形式的达成从来没有脱离理性。因为政治社群中的每个人算作一份额,而且仅仅算作一份额,所以,在为了共同行动缘故而特定化共同善时,我们已经妥当地将每个人的善都考虑进去了。想一想替代性选

---

① 回想一下,某个目标O(或者原则P)的"具体化形式"是如下这样一个目标O*(或者原则P*):相对于O(或者P)而言,其或者是对于不可实现的理想的最大程度可实现之接近,抑或是关于模糊目标的更精确之特定化(第三章第六节)。

项,如果这些特定关系的善并没有被我们共同的具体化形式所限制,这意味着他人的善将不成比例地被侵犯。由于此替代性选项不正义,你确实没有任何理由抱怨此种共同善原则的具体化形式。"

对于次政治挑战的最佳回应,诉诸如下内容:其一,聚合式善的更大包容性;其二,捍卫任何——限制更特定关系的——聚合式共同善的具体化形式的正义性。毋庸置疑,174 如果聚合式共同善的具体化形式并不合理,或者其并非合理地被达至,则此种最佳回应将不会成功。如果确实如此,则次政治的捍卫者将拥有一个明显的反驳理据,即他或者她的特定关系并没有被妥当地考虑进去。但关键在于,合理的政治决定的做出程序应该允许:聚合式共同善的具体化形式继受(inherit),为聚合式共同善之理想所享有的位于更特定关系之上的权威。

再者,对于超政治挑战,亚里士多德式回应是什么呢?在亚里士多德政治理论的语境下,该问题呈现为一个范围问题。鉴于《政治学》开篇所阐述的一般性原则,即"某个社群所致力于实现的共同善越具有包容性,该共同善越具有权威性",那么,为何城邦不应该无限扩张,由此变得更具包容性和权威性呢?除了亚里士多德对——在此可能包含的——民众品质的关切之外,还存在一个限制此种扩张的内在-原则性根据：鉴于评价、奖励德行在最好类型的城邦（polis）生活中的关键地位，城邦不能变得如此之大以至于部分公民相互之间必然不熟悉。为何要抑制城邦扩张，并且由此限缩公民对其同伴必然具有的实践关切呢？因为唯有城邦的规模受到限制，由此公民关切的范围也受到限制，政治善方才得以被实现。

  自然法立场在此所使用的观念并非"政治的核心关注在于评价、奖励美德"。尽管美德属于人类善，但其仅仅是聚合式共同善的一个方面而已。而且，我们并没有提出任何根据来论证如下观点：在决定利益和负担时，聚合式共同善的最佳具体化形式将直接诉诸公民德行。相反，自然法立场在此所使用的是这样一个更普遍化的主张：唯有通过某种方式限缩公民的实践关切，才能实现重要的人类善。尽管自然法理论者同意如下做法表面上的理性，即采取一种普世性的关切、行动方式。然而，自然法理论者却可能持有如下观点，即如果我们要实现政治社群的重要人类善的话，则上述关切、行动方式必然被更为局部性的关切方式——关注政治共同善的方式——替代。因为社群是一种人类善，此种善包含"以合作方式与他人一起追求共同目的"（墨菲2001a，第126—131页）。尽管一个人可能持有一种普世性实践立场，但如整个世界那般辽阔的社群不可能存在。因为就实践层面上的所有关切客体而言,并不存在统一共同行动的理据。然而,哪里存在有效权威,哪里就有为了共同目的进而实现社群的善而采取合作行动的可能性。所以,在有效权威存在的政治社群里,公民有理由采取在共同善原则中体现的更有限的实践关切方式,从而排除由超政治挑战所提出的更具普世性的关切方式。

四、关于亚里士多德式回应中的疑虑

针对次政治和超政治挑战的亚里士多德式回应并非完全具有说服力。就针对次政治挑战的回应而言,其中存在某些价值:任何人如果想宣称其特殊关系——甚至从更不偏不倚的政治角度来看——值得考量,则其必然要去解释如下内容,即为何源自更大包容性的论证没有证明,就政治社群中任何更特殊的关系而言,聚合式共同善具有权威性。① 然而,次政治视角的捍卫者能够抵御亚里士多德式回应,其可以这样轻描淡写地捍卫自己的立场:这些特殊关系提供了一个独特视角,依此实践问题得以解决。次政治挑战的拥护者可能讲道,"我们所拒绝的是这样一种观点,即

---

① 比较西季威克反驳自我主义者的有限论证,参见《伦理学方法》,第379—382页。

我们应该将这些特殊的、更局部的视角吸收到更不偏不倚的视角之内。也许,我们每个人都应该自行在更具局部性的视角和更不偏不倚的视角之间达至某种类型的暂时的妥协(modus vivendi)。然而,这并不意味着,我们应该接受如下观点:聚合式共同善视角具有优先性、权威性,其恰如其分地捕捉到所有就我的特殊关系而言重要的东西。"

再次:就针对超政治挑战的亚里士多德式回应而言,其中存在某些价值。如果社群是善的,而且社群的条件在政治层面而非在更扩张的层面上可及,那么我们能够发现如下做法的某些根据:将一个人的实践关切限制在政治共同善方面,从而使得社群的这些善对于其自己及同伴而言是可能的。然而,单单上述观点是否能够扛起抵御超政治挑战的担子,这一点可谓是扑朔迷离。因为,第一,在全球资源极度匮乏的情况下,我们难以证立如下做法:在很大程度上将一个人自己的政治社群的共同善置于优先地位。如果政治社群之间的物质条件大体相等,一个人可能在此寻得证立:每个人能够照料自己的家园,实现——经由合作性共同行为而变得可能的——政治社群的善。然而,当下条件并非如此。所以,对"把一个人自己的政治社群的共同善置于优先地位"的偏离,似乎至少是一个理性的选择。而且,此种偏离甚至也是实践合理性的要求。第二,沟通技术的空前发展和跨界合作机会的空前增多，使我们质疑如下观点：对于社群而言，最为广泛的机遇必然集中于政治共同善。正如菲尼斯在一段非常显著的段落里讲道：

> 我们没有理由拒绝国际社群之善……其中有互惠交往、相互承诺、合作、友谊、竞争、对抗等秩序。如果现在看起来，唯有在国际社群的语境下，个体的善方才得以充分保障和实现，那么，我们必然得出这样的结论，即民族国家主张成为一个完整社群（a complete community）的理由站不住脚。
>
> （菲尼斯 1980，第 150 页）

在得出如下结论方面，菲尼斯并没有踌躇不前：鉴于此种未被回应的源自超政治秩序的挑战，"假定国家法律体系是法律义务至高无上、广泛且排他性的来源，这愈发成为法律人所谓的'法律虚构（legal fiction）'"（菲尼斯 1980，第 150 页）。

对于回应次政治挑战和超政治挑战而言，自然法理论者的最佳希望似乎寄托于亚里士多德式解决方案。然而，迄今为止，亚里士多德式解决方案自身尚未令人信服，由此导致自然法政治哲学家关于法律权威的阐述目前不尽如人意。当然,自然法立场在此所存在的缺陷并没有使得我们有理由质疑,本书之前提出的这样一个法理学结论:法律在如下意义上由决定性行动理由支持,即未能由决定性理由支持的法律由此是有缺陷的(第二章第三节,第二章第四节,第二章第六节)。自然法立场在此所存在的缺陷使得我们有理由认为,自然法政治哲学家目前并没有完成自然法法理学所设定的如下任务,即证明完全非缺陷之法如何可能。

参考文献

我在正文中引用作品的方式,采取了标注作者姓氏和作品出版年份的方式。例外情况是亚里士多德、阿奎那、霍布斯、洛克、卢梭、休谟、边沁、奥斯丁、密尔和西奇威克的经典作品:所有这些文本都通过标题被引注(有时候是缩写)。除了在文献目录中另行标注之外,我在文中的引注中都给出了所引版本的页码。

Alexy, Robert. 1998. "Law and Correctness." In Freeman 1998, pp. 205–222.
Alexy, Robert. 1999. "A Defense of Radbruch's Formula." In Dyzenhaus 1999, pp. 16–39.
Alston, William P. 1999. *Illocutionary Acts and Sentence Meaning*. Cornell University Press.
Anderson, Elizabeth. 1993. *Value in Ethics and Economics*. Harvard University Press.
Anscombe, G. E. M. 1969. "On Promising and Its Justice, and Whether It Needs to be Respected *In Foro Interno*." *Critica* 3, pp. 61–83.

Aquinas, Thomas. 1981. *Summa Theologiae*, trans. Fathers of the English Dominican Province. Christian Classics. References given by part, question, and article number.
Aristotle. 1998. *Politics*, trans. C. D. C. Reeve. Hackett. References given by Bekker numbers.
Aristotle. 1999. *Nicomachean Ethics*, trans. Terence Irwin. Hackett. References given by Bekker numbers.
Austin, John. 1995 [first published 1832]. *Province of Jurisprudence Determined*, ed. Wilfrid Rumble. Cambridge University Press.
Ayer, A. J. 1946 [first published 1936]. *Language, Truth, and Logic*, 2nd ed. Dover.
Bedau, Mark. 1992a. "Where's the Good in Teleology?" *Philosophy and Phenomenological Research* 52, pp. 781–806.
Bedau, Mark. 1992b. "Goal-Directed Systems and the Good." *Monist* 75, pp. 34–51.
Bentham, Jeremy. 1996 [first published 1789]. *Introduction to the Principles of Morals and Legislation*. Clarendon Press.
Bix, Brian. 1993. *Law, Language, and Legal Determinacy*. Oxford University Press.
Bix, Brian. 1996. "Natural Law Theory." In Patterson 1996, pp. 223–240.
Bix, Brian. 1999. "Patrolling the Boundaries: Inclusive Legal Positivism and the Nature of Jurisprudential Debate." *Canadian Journal of Law and Jurisprudence* 12, pp. 17–33.
Bix, Brian. 2000. "On the Dividing Line Between Natural Law Theory and Legal Positivism." *Notre Dame Law Review* 75, pp. 1613–1624.
Bix, Brian. 2002. "Natural Law Theory: The Modern Tradition." In Coleman and Shapiro 2002, pp. 61–103.
Borchert, Donald, ed. Forthcoming. *The Encyclopedia of Philosophy*, 2nd. edition. Macmillan.
Chappell, Timothy. 2005. "The Polymorphy of Practical Reason." In Oderberg and Chappell 2005, pp. 102–126.
Christiano, Thomas. 1996. *The Rule of the Many: Fundamental Issues in Democratic Theory*. Westview.
Cochran, Clarke E. 1978. "Yves R. Simon and 'the Common Good': A Note on the Concept." *Ethics* 88, pp. 229–239.
Coleman, Jules, and Brian Leiter. 1996. "Legal Positivism." In Patterson 1996, pp. 241–260.
Coleman, Jules, and Scott Shapiro, eds. 2002. *Oxford Handbook of Jurisprudence and Philosophy of Law*. Oxford University Press.
Coleman, Jules. 1982. "Negative and Positive Positivism." *Journal of Legal Studies* 11, pp. 139–164.
Coleman, Jules, ed. 2001. *Hart's Postscript: Essays on the Postscript to the Concept of Law*. Oxford University Press.
Cooper-Stephenson, Ken, and Elaine Gibson, eds. 1993. *Tort Theory*. Captus Press.
Dupré, Louis. 1993. "The Common Good and the Open Society." *Review of Politics* 55, pp. 687–712.
Dworkin, Ronald. 1977a. *Taking Rights Seriously*. Harvard University Press.
Dworkin, Ronald. 1977b. "Hard Cases." In Dworkin 1977a, pp. 81–130.
Dworkin, Ronald. 1982. "'Natural' Law Revisited." *University of Florida Law Review* 34, pp. 165–210.
Dworkin, Ronald. 1986. *Law's Empire*. Harvard University Press.

Dworkin, Ronald. 2002. "Thirty Years On." *Harvard Law Review* 115, pp. 1655–1687.
Dyzenhaus, David, ed. 1999. *Recrafting the Rule of Law.* Hart Publishing.
Edmundson, William. 1998. *Three Anarchical Fallacies.* Cambridge University Press.
Edmundson, William, ed. 1999a. *The Duty to Obey the Law: Selected Philosophical Readings.* Rowman and Littlefield.
Edmundson, William. 1999b. "Introduction." In Edmundson 1999a, pp. 1–15.
Edmundson, William. 1999c. "Introduction: Some Recent Work on Political Obligation." *APA Newsletter on Law and Philosophy* 99, pp. 62–67.
Edmundson, William. 2004. "State of the Art: The Duty to Obey the Law." *Legal Theory* 10, pp. 215–259.
Edmundson, William, and Martin Golding, eds. 2004. *Blackwell Guide to the Philosophy of Law and Legal Theory.* Blackwell.
Ellis, Anthony. 1995. "Recent Work on Punishment." *Philosophical Quarterly* 45, pp. 225–233.
Feinberg, Joel. 1970a. *Doing and Deserving.* Princeton University Press.
Feinberg, Joel. 1970b. "The Expressive Function of Punishment." In Feinberg 1970a, pp. 95–118.
Finnis, John. 1980. *Natural Law and Natural Rights.* Oxford University Press.
Finnis, John. 1984. "The Authority of Law in the Predicament of Contemporary Social Theory." *Notre Dame Journal of Law, Ethics, and Public Policy* 1, pp. 114–137.
Finnis, John. 1996. "Is Natural Law Theory Compatible with Limited Government?" In George 1996b, pp. 1–26.
Finnis, John. 1998a. *Aquinas: Moral, Political, and Legal Theory.* Oxford University Press.
Finnis, John. 1998b. "Public Good: The Specifically Political Common Good in Aquinas." In George 1998, pp. 174–209.
Foot, Philippa. 2001. *Natural Goodness.* Oxford University Press.
Frankfurt, Harry. 1988a. *The Importance of What We Care About.* Cambridge University Press.
Frankfurt, Harry. 1988b. "On Bullshit." In Frankfurt 1988a, pp. 117–133.
Freeman, Michael, ed. 1998. *Current Legal Problems 1998: Legal Theory at the End of the Millennium.* Oxford University Press.
Fuller, Lon. 1964. *The Morality of Law.* Yale University Press.
Gardner, John. 2001. "Legal Positivism: $5\frac{1}{2}$ Myths." *American Journal of Jurisprudence* 46, pp. 199–227.
Gauthier, David. 1986. *Morals by Agreement.* Oxford University Press.
Geach, Peter. 1956. "Good and Evil." *Analysis* 17, pp. 33–42.
George, Robert P., ed. 1992. *Natural Law Theory: Contemporary Essays.* Oxford University Press.
George, Robert P. 1993. *Making Men Moral: Civil Liberties and Public Morality.* Oxford University Press.
George, Robert P. 1996a. *The Autonomy of Law: Essays on Legal Positivism.* Oxford University Press.
George, Robert P., ed. 1996b. *Natural Law, Liberalism, and Morality.* Oxford University Press.

George, Robert P. 1996c. "Natural Law and Positive Law." In George 1996a, pp. 321–334.
George, Robert P. 1996d. "Preface." In George 1996a, pp. vii–viii.
George, Robert P., ed. 1998. *Natural Law and Moral Inquiry: Ethics, Metaphysics, and Politics in the Work of Germain Grisez.* Georgetown University Press.
George, Robert P. 2000. "Kelsen and Aquinas on 'the Natural-Law Doctrine.'" *Notre Dame Law Review* 75, pp. 1625–1646.
Gilbert, Margaret. 1999a. "Reconsidering the 'Actual Contract' Theory of Political Obligation." *Ethics* 109, pp. 236–260.
Gilbert, Margaret. 1999b. "Social Rules: Some Problems for Hart's Account, and an Alternative Proposal." *Law and Philosophy* 18, pp. 141–171.
Goldsworthy, Jeffrey D. 1990. "The Self-Destruction of Legal Positivism." *Oxford Journal of Legal Studies* 10, pp. 449–486.
Grasso, Kenneth, Gerard Bradley, and Robert Hunt, eds. 1995. *Catholicism, Liberalism, and Communitarianism.* Rowman and Littlefield.
Green, Leslie. 1990. *The Authority of the State.* Oxford University Press.
Green, Leslie. 1996. "Who Believes in Political Obligation?" In Sanders and Narveson 1996, pp. 1–18.
Griffin, James. 1986. *Well-Being: Its Meaning, Measurement, and Moral Importance.* Oxford University Press.
Griffin, James. 1996. *Value Judgement: Improving Our Ethical Beliefs.* Oxford University Press.
Grisez, Germain. 1978. "Against Consequentialism." *American Journal of Jurisprudence* 23, pp. 21–72.
Hampton, Jean. 1984. "A Moral Education Theory of Punishment." *Philosophy & Public Affairs* 13, pp. 208–238.
Hampton, Jean. 1991. "A New Theory of Retribution." In Morris and Frey 1991, pp. 377–414.
Hart, H. L. A. 1955. "Are There Any Natural Rights?" *Philosophical Review* 64, pp. 175–191.
Hart, H. L. A. 1983a. *Essays in Jurisprudence and Philosophy.* Oxford University Press.
Hart, H. L. A. 1983b. "Introduction." In Hart 1983a, pp. 1–18.
Hart, H. L. A. 1983c [first published 1958]. "Positivism and the Separation of Law and Morals." In Hart 1983a, pp. 49–87.
Hart, H. L. A. 1994 [first published 1961]. *The Concept of Law*, 2nd ed. Oxford University Press.
Himma, Kenneth Einar. 2001. "Law's Claim to Legitimate Authority." In Coleman 2001, pp. 271–310.
Hobbes, Thomas. 1994 [first published 1651]. *Leviathan*, ed. Edwin Curley. Hackett. Cited by part, chapter, and page number of 'Head' edition.
Hook, Sidney, ed. 1964. *Law and Philosophy.* New York University Press.
Hume, David. 1948a. *Hume's Moral and Political Philosophy*, ed. Henry D. Aiken. Hafner.
Hume, David. 1948b [first published 1748]. "Of the Original Contract." In Hume 1948a, pp. 356–372. Cited as "Original Contract."
Hume, David. 1978 [first published 1730]. *Treatise of Human Nature*, ed. L. A. Selby-Bigge. Oxford University Press.
Hursthouse, Rosalind, Gavin Lawrence, and Warren Quinn, eds. 1995. *Virtues and Reasons.* Oxford University Press.

John XXIII. 1962. *Mater et Magistra*. Discoveries Press.
Kramer, Matthew. 1999. *In Defense of Legal Positivism: Law Without Trimmings*. Oxford University Press.
Kretzmann, Norman. 1988. "*Lex Iniusta Non Est Lex*: Laws on Trial in Aquinas' Court of Conscience." *American Journal of Jurisprudence* 33, pp. 99–122.
Leiter, Brian. 2003. "Beyond the Hart/Dworkin Debate: The Methodology Problem in Jurisprudence." *American Journal of Jurisprudence* 48, pp. 17–51.
Lewis, David. 1969. *Convention*. Blackwell.
Locke, John. 1988 [first published 1689]. *Second Treatise of Government*. In *Two Treatises of Government*, ed. Peter Laslett. Cambridge University Press. References given by section number.
Lyons, David. 1984. *Ethics and the Rule of Law*. Cambridge University Press.
MacCormick, Neil. 1972. "Voluntary Obligations and Normative Powers – I." *Proceedings of the Aristotelian Society* 46 (suppl.), pp. 59–78.
MacCormick, Neil. 1992. "Natural Law and the Separation of Law and Morals." In George 1992, pp. 105–133.
Marmor, Andrei. 1992. *Interpretation and Legal Theory*. Oxford University Press.
McInerny, Ralph. 1988a. *Art and Prudence: Studies in the Thought of Jacques Maritain*. University of Notre Dame Press.
McInerny, Ralph. 1988b. "The Primacy of the Common Good." In McInerny 1988a, pp. 77–91.
Merricks, Trenton. 2001. *Objects and Persons*. Oxford University Press.
Mill, John Stuart. 1979 [first published 1861]. *Utilitarianism*, ed. George Sher. Hackett.
Moore, Michael. 1987. "Authority, Law, and Razian Reasons," *Southern California Law Review* 62, pp. 827–893.
Moore, Michael. 1992. "Law as a Functional Kind." In George 1992, pp. 188–242.
Moore, Michael. 1997. *Placing Blame: A General Theory of Criminal Law*. Oxford University Press.
Moore, Michael. 2001. "Law as Justice." *Social Philosophy and Policy* 18, pp. 115–145.
Morris, Christopher S., and Raymond Frey, eds. 1991. *Liability and Responsibility*. Cambridge University Press.
Morris, Herbert. 1976a. *On Guilt and Innocence*. University of California Press.
Morris, Herbert. 1976b. "Persons and Punishment." In Morris 1976a, pp. 31–58.
Murphy, Mark C. 1994. "Acceptance of Authority and the Requirement to Comply with Just Institutions: A Comment on Waldron." *Philosophy & Public Affairs* 23, pp. 271–277.
Murphy, Mark C. 1995. "Was Hobbes a Legal Positivist?" *Ethics* 105, pp. 846–873.
Murphy, Mark C. 1997a. "Consent, Custom, and the Common Good in Aquinas's Account of Political Authority." *Review of Politics* 59, pp. 323–350.
Murphy, Mark C. 1997b. "Surrender of Judgment and the Consent Theory of Political Authority." *Law and Philosophy* 16, pp. 115–143.
Murphy, Mark C. 1999. "Moral Legitimacy and Political Obligation." *APA Newsletter on Law and Philosophy* 99, pp. 77–80.
Murphy, Mark C. 2001a. *Natural Law and Practical Rationality*. Cambridge University Press.
Murphy, Mark C. 2001b. "Natural Law, Consent, and Political Obligation." *Social Philosophy*

and Policy 18, pp. 70–92.
Murphy, Mark C. 2002a. *An Essay on Divine Authority*. Cornell University Press.
Murphy, Mark C. 2002b. "The Natural Law Tradition in Ethics." *The Stanford Encyclopedia of Philosophy*, ed. Edward N. Zalta. URL = http://plato.stanford.edu/archives/win2002/entries/natural-law-ethics/
Murphy, Mark C. 2003. "Natural Law Jurisprudence." *Legal Theory* 9, pp. 241–267.
Murphy, Mark C. 2004. "Natural Law Theory." In Edmundson and Golding 2004, pp. 15–28.
Murphy, Mark C. 2005a. "The Common Good." *Review of Metaphysics* 59, pp. 143–177.
Murphy, Mark C. 2005b. "Intention, Foresight, and Success." In Oderberg and Chappell 2005, pp. 252–268.
Murphy, Mark C. Forthcoming. "Authority." In Borchert, forthcoming.
Nagel, Thomas. 1970. *The Possibility of Altruism*. Princeton University Press.
Nozick, Robert. 1981. *Philosophical Explanations*. Harvard University Press.
Oderberg, David, and Timothy Chappell, eds. 2005. *Human Values: New Essays on Ethics and Natural Law*. Palgrave Macmillan.
Parfit, Derek. 1984. *Reasons and Persons*. Oxford University Press.
Patterson, Dennis, ed. 1996. *A Companion to Philosophy of Law and Legal Theory*. Blackwell.
Patterson, James, and Peter Kim. 1991. *The Day America Told the Truth*. Prentice Hall.
Perry, Stephen. 1993. "Loss, Agency, and Responsibility for Outcomes: Three Conceptions of Corrective Justice." In Cooper-Stephenson and Gibson 1993, pp. 24–47.
Pius XI. 1931. *Quadragesimo Anno*. Barry Vail.
Plamenatz, J. P. 1968. *Consent, Freedom, and Political Obligation*. Oxford University Press.
Rawls, John. 1955. "Two Concepts of Rules." *Philosophical Review* 64, pp. 3–32.
Rawls, John. 1964. "Legal Obligation and the Duty of Fair Play." In Hook 1964, pp. 3–18.
Rawls, John. 1971. *A Theory of Justice*. Belknap Press of Harvard University Press.
Raz, Joseph. 1972. "Voluntary Obligations and Normative Powers – II." *Proceedings of the Aristotelian Society* 46 (suppl.), pp. 79–102.
Raz, Joseph. 1979a. *The Authority of Law*. Oxford University Press.
Raz, Joseph. 1979b. "The Claims of Law." In Raz 1979a, pp. 28–33.
Raz, Joseph. 1981. "Authority and Consent." *Virginia Law Review* 67, pp. 103–131.
Raz, Joseph. 1984a. "Hart on Moral Rights and Legal Duties." *Oxford Journal of Legal Studies* 4, pp. 123–131.
Raz, Joseph. 1984b. "The Obligation to Obey: Revision and Tradition." *Notre Dame Journal of Law, Ethics, and Public Policy* 1, pp. 139–155.
Raz, Joseph. 1985. "Authority, Law, and Morality." *Monist* 68, pp. 295–324.
Raz, Joseph. 1986. *The Morality of Freedom*. Oxford University Press.
Richardson, Henry S. 1990. "Specifying Norms as a Way to Resolve Concrete Ethical Problems." *Philosophy & Public Affairs* 19, pp. 279–310.
Richardson, Henry S. 2000. "Specifying, Balancing, and Interpreting Bioethical Principles." *Journal of Medicine and Philosophy* 25, pp. 285–307.
Richardson, Henry S. 2002. *Democratic Autonomy: Public Reasoning about the Ends of Policy*. Oxford University Press.
Rousseau, Jean-Jacques. 1968 [first published 1762]. *The Social Contract*, trans. Maurice Cranston. Penguin.
Russell, J. S. 2000. "Trial by Slogan: Natural Law and *Lex Iniusta Non Est Lex*." *Law and*

Philosophy 19, pp. 433–449.
Sanders, John T., and Jan Narveson, eds. 1996. *For and Against the State*. Rowman and Littlefield.
Scanlon, T. M. 1998. *What We Owe to Each Other*. Harvard University Press.
Searle, John R. and Daniel Vanderveken. 1985. *Foundations of Illocutionary Logic*. Cambridge University Press.
Shafer-Landau, Russ. 1996. "The Failure of Retributivism." *Philosophical Studies* 82, pp. 289–316.
Shapiro, Scott. 1998. "On Hart's Way Out." *Legal Theory* 4, pp. 469–507.
Sher, George. 1983. "Why the Past Matters." *Philosophical Studies* 43, pp. 183–200.
Sher, George. 1987. *Desert*. Princeton University Press.
Sidgwick, Henry. 1907. *Methods of Ethics*, 7th ed. Hackett.
Simmons, A. John. 1979. *Moral Principles and Political Obligations*. Princeton University Press.
Simon, Yves. 1962. *A General Theory of Authority*. University of Notre Dame Press.
Skillen, Anthony. 1980. "How to Say Things With Walls." *Philosophy* 55, pp. 509–523.
Smith, M. B. E. 1973. "Is There a Prima Facie Obligation to Obey the Law?" *Yale Law Journal* 82, pp. 950–976.
Smith, Michael. 1994. *The Moral Problem*. Blackwell.
Soper, Philip. 1983. "Legal Theory and the Problem of Definition." *University of Chicago Law Review* 50, pp. 1170–1200.
Soper, Philip. 2002. *The Ethics of Deference*. Cambridge University Press.
Taylor, Charles. 1997a. *Philosophical Arguments*. Harvard University Press.
Taylor, Charles. 1997b. "Irreducibly Social Goods." In Taylor 1997a, pp. 127–145.
Thompson, Michael. 1995. "The Representation of Life." In Hursthouse, Lawrence, and Quinn 1995, pp. 247–296.
Tuckness, Alex. 1999. "The Coherence of a Mind: John Locke and the Law of Nature." *Journal of the History of Philosophy* 37, pp. 73–90.
Tuomela, Raimo. 1995. *The Importance of Us: A Philosophical Study of Basic Social Notions*. Stanford University Press.
Tyler, Tom R. 1990. *Why People Obey the Law*. Yale.
van Inwagen, Peter. 1990. *Material Beings*. Cornell University Press.
Waldron, Jeremy. 1993. "Special Ties and Natural Duties." *Philosophy & Public Affairs* 22, pp. 3–30.
Wolfe, Christopher. 1995. "Subsidiarity: The 'Other' Ground of Limited Government." In Grasso, Bradley, and Hunt 1995, pp. 81–96.

索　引

("索引"部分所涉及的页码均为原书页码,即本书边码)

aggregative common good 聚合式共同善, See common good, aggregative conception of 参见共同善,聚合式共同善观念
alienans 否定性形容词,13
antipaternalism 反家长主义,70,71
Aquinas, Thomas 阿奎那,托马斯,5,10,13,45,55,75,87,88,89,91,104,110,111,134,177
　　argument for natural law theses 阿奎那的自然法命题的论据,1—2
　　defense of distinctive good conception of common good 阿奎那捍卫独特式共同善观念,72—73,78—79
　　on punishment 阿奎那论惩罚,136—139,141
Aristotle 亚里士多德,1,5,69,151,156
　　on limitations on political communities 亚里士多德论政治社群的限度,172—174
Austin, John 奥斯丁,约翰,18,21,43

authority 权威, political 政治的
    and coercion 权威和胁迫, 133—167
    consent theory of 权威的同意理论, See consent theory of political authority 参见政治权威的同意理论
    natural law account of 权威的自然法立场, 88—90
    salient coordinator account of 权威的显著协调者立场, 102—111
    utilitarian account of 权威的功利主义立场, 87

Bedau, Mark 贝多, 马克, 29, 30
believer 信念者
    law as 作为信念者的法律, 40
Bentham, Jeremy 边沁, 杰瑞米, 71
Bix, Brian 比克斯, 布莱恩, 14, 16, 18
    on rejection of strong natural law thesis 比克斯论反对强自然法命题, 8—11, 18—19
bligers 布莱戈, 14—17
bullshit 胡扯
    as species of illocutionary act 作为言语行为种类的胡扯, 45, 58

causal efficacy 因果上有效性
    law's possession of 法律拥有因果有效性, 41
coercion 胁迫
    as not essential to law 胁迫对于法律而言并非至关重要, 134
    as not essential to punishment 胁迫对于惩罚而言并非至关重要, 133—135
    how justified 胁迫如何被证立, 163
    in cases in which law is not fully authoritative 法律并不具有充分权威性的情形下的胁迫, 165—167
Coleman, Jules 科尔曼, 朱利斯, 21—22
common good 共同善
    aggregative conception of 聚合式共同善观念, 3, 63—65, 73, 80—85
    and utilitarianism 共同善和功利主义, 80—82

as hybrid 共同善作为混合物, 172

as regulative ideal 共同善作为调整型理想, 69, 84

distinctive good conception of 独特式共同善观念, 62, 72—80

Hobbesian conception of 霍布斯式共同善观念, 61

instrumentalist conception of 工具式共同善观念, 62, 65—72

principle requiring doing one's share for 要求为共同善而尽分内之责的共同善原则, See common good principle 参见共同善原则

common good principle 共同善原则, 85—90, 113, 120

Aristotelian defense of 亚里士多德对共同善原则的捍卫, 175—176

as related to requirement to adhere to law 作为与遵守法律的要求相关的共同善原则, 86—87, 113—114

formulation of 共同善原则的表述, 85—86

subpolitical challenge to 针对共同善原则的次政治挑战, 169, 172—174, 175

superpolitical challenge to 针对共同善原则的超政治挑战, 169—170, 174, 175—176

consent 同意, See also consent theory of political authority 也参见政治权威的同意理论

and internal point of view 同意和内在视角, 124

in acceptance sense 接受层面上的同意, 112, 113, 120, 125

in attitudinal sense 态度层面上的同意, 112, 125

in occurrence sense 发生层面上的同意, 112

to law's authority, reasons to 同意法律的权威, 同意的理由, 120—122

consent theory of political authority 政治权威的同意理论, See also consent 也参见同意

and tacit consent 政治权威的同意理论和默示同意, 95, 97—101

as allegedly incompatible with natural law view 作为宣称不兼容于自然法观点的政治权威的同意理论, 101—102

distinguished from hypothetical contract accounts 政治权威的同意理论与假想的契约论不同, 93

knowledge objection to 政治权威的同意理论的记忆反驳, 97, 129

lack of actual consent objection to 由缺乏事实上的同意来反驳政治

权威的同意理论,97,130—131

　　　natural law and 自然法和政治权威的同意理论,132

　　　objections to appeals to tacit consent within 反对在政治权威的同意理论中诉诸默示同意,97—101

　　　self-image objection to 政治权威的同意理论的自我设想反驳,96,127—129

　　　standard formulation of 政治权威的同意理论的典型表述,93

content-independence 内容-独立性,89,90

convention 惯习,36

demands 要求

　　　and decisive reasons for action 要求和行动的决定性理由,45—47

　　　of law 法律的要求,See demands of law 参见法律的要求

demands of law 法律的要求

　　　and mandatory legal norms 法律的要求和强制性法律规范,41—43

desirer 欲求者

　　　law as 作为欲求者的法律,39—40

determination 具体化形式,of general practical principles 一般实践原则的具体化形式,88,89,108,109,113,173

　　　and problem of law's authority 具体化形式和法律的权威问题,88—90

　　　and their binding force 具体化形式和其拘束力 114—118

　　　characterized 具体化形式的描述,88

　　　open-ended 开放的具体化形式,118—120

　　　reasons to accept 接受具体化形式的理由,117—118

　　　reasons to preserve unchanged 维持不变的具体化形式的理由,118

distinctive good conception of common good 独特式共同善观念,See common good,distinctive good conception of 参见共同善,独特式共同善观念

Dupré,Louis 杜普瑞,路易斯,75

Dworkin,Ronald 德沃金,罗纳德,25,26,31,53,83

expression 彰显
  as mode of rational response to the good 彰显作为对善的理性回应模型, 154—157
  as rationale for punishment 彰显作为惩罚的原理, 157, 159—162
expressive theories of punishment 惩罚的彰显理论
  causal-normative 因果-规范性彰显理论, 159—160
  communication versions of 传递版本的惩罚的彰显理论 160
  constitutive-normative 构成-规范性彰显理论, 160—162
  definitional 定义性彰显理论 159
  'natural manifestation' versions of "自然展现"版本的惩罚的彰显理论, 161
  symbolic marking versions of 象征标志版本的惩罚的彰显理论, 161—162

Finnis, John 菲尼斯, 约翰, 3, 13, 14, 24, 25, 30, 66, 67, 83, 85, 110, 112, 122, 140, 143, 175, 176
  and salient coordinator account of political authority 菲尼斯和政治权威的显著协调者立场, 105—111
  on practical rationality 菲尼斯论实践理性, 66—67
  on punishment 菲尼斯论惩罚, 140
  on the common good 菲尼斯论共同善, 65—72
  on weak natural law thesis 菲尼斯论弱自然法命题, 26—28
focal meaning 核心含义, 26
Fugitive Slave Act《逃亡奴隶法案》, 8, 10, 14, 34
Fuller, Lon 富勒, 朗, 33—34
functions 功能
  and normalcy 功能和常态, 35—36
  and weak natural law thesis 功能和弱自然法命题, 29—30
  definition of 功能的定义, 29—30

George, Robert P. 乔治, 罗伯特 P., 9, 10, 11, 13, 66, 141
Goldsworthy, Jeffrey 戈兹沃西, 杰弗里, 52

good 善,common 共同,See common good 参见共同善
Green,Leslie 格林,莱斯利,37—38,86,89,92,93,101,129,132
Griffin,James 格里芬,詹姆斯,5
Grisez,Germain 格里塞茨,杰曼,6

Hampton,Jean 汉普顿,琼,143,159
Hart,H. L. A. 哈特,H. L. A.,19,21,34,40,48,49,53,124,126
 and command conception of law 哈特和法律的命令观念,43
 on method in jurisprudence 哈特论法理学中的方法,26
hermeneutic concepts 诠释性概念
 distinguished from natural kind concepts 诠释性概念与自然类型概念的不同,16—18
Himma,Kenneth Einar 西玛,肯尼斯·埃纳,53
Hobbes,Thomas 霍布斯,托马斯,1,21,61—62,91,97
Hume,David 休谟,大卫,92,96,97,99,102,103,104,105,106,129
 against consent theory 休谟反对同意理论,91—92,99—100

illocutionary acts 言语行为,38,41,47,48,52,53,55,56,57,58,59
 and weak natural law thesis 言语行为和弱自然法命题,37
 nature of 言语行为的本质,44—45
illocutionary force 语力,44,45,46
illocutionary point 语旨,44,45,46,48
impartiality 不偏不倚
 as constraint on political delibertation 不偏不倚作为对政治商议的限制,6,67,84,85,88,170,172
incommensurablility 不可通约性,6,67,83,85,138
instrumental common good 工具式共同善,See common good,
 instrumentalist conception of 参见共同善,工具式共同善观念
internal point of view 内在视角,26—28,40
 and consent in acceptance sense 内在视角和接受层面上的同意 124
irreducibly social goods 不可化约的社会善,73—76

Kramer, Matthew 克莱默，马修, 22—23, 52, 53
Kretzmann, Norman 克雷茨曼，诺曼, 12

legal positivism 法律实证主义, 20—24
    as compatible with weak natural law thesis 法律实证主义与弱自然法命题兼容, 22—23
    as incompatible with strong natural law thesis 法律实证主义与强自然法命题不兼容, 22
Leiter, Brian 莱特，布莱恩, 17, 28
Lewis, David 刘易斯，大卫, 36, 105, 107
lex iniusta non est lex 恶法非法, 10—14
Locke, John 洛克，约翰, 1, 91, 97, 126
Lyons, David 莱昂斯，大卫, 13

MacCormick, Neil 麦考密克，尼尔, 22—23, 93
mandatory legal norms 强制性法律
    as demands of law 强制性法律作为法律的要求, 41—44
Marmor, Andrei 马默，安德雷, 9
McInerny, Ralph 麦金纳尼，拉尔夫, 75
mercy 宽恕, 148—149
Merricks, T. D. 梅里克斯，T. D., 15
Moore, Michael 穆尔，迈克, 25, 30, 33, 37, 57, 160
    on function of law 穆尔论法律的功能, 30—32, 33
Morris, Herbert 莫里斯，赫伯特, 139, 140, 143

Nagel, Thomas 纳格尔，托马斯, 162
natural kind concepts 自然类型概念
    distinguished from hermeneutic concepts 自然类型概念与诠释类型概念不同, 16—18
natural law jurisprudence 自然法法理学
    central objections to 对自然法法理学的核心反驳, 1
    distinguished from natural law theories of practical rationality 自然法法

理学与关于实践理性的自然法理论不同,4
    moral reading of 自然法法理学的道德解读,2,9—10,21
    origin of label 自然法法理学的标签起源,4
    strong reading of 自然法法理学的强解读,See strong natural law thesis 参见强自然法命题
    weak reading of 自然法法理学的弱解读,See weak natural law thesis 参见弱自然法命题
Natural law jurisprudence 自然法法理学
    central claim of 自然法法理学的核心主张,8—9
normalcy 常态
    as backgroud for function attributions 常态作为功能赋予的背景,35—36
normative openness 规范开放性,59,61,88
normative standing 规范性立场
    law's possession of 法律所具有的规范性立场,41
norms 规范,mandatory 强制性
    and demands of law 强制性规范和法律的要求,41—47
norms 规范,power-conferring 权力-授予规范,50—52
norms 规范,right-conferring 权利-授予规范,49—50
Nozick,Robert 诺奇克,罗伯特,160

paradox test 矛盾测试,46,47,50
Parfit,Derek 帕菲特,德里克,80,100,161,172
particularity requirement 特定性要求,86,171
Perry,Stephen 佩里,斯蒂芬,155,156
Plamenatz,J.P. 普拉梅纳茨,J.P.,97
political authority 政治权威,See authority,political 参见权威,政治的
practical rationality 实践理性
    natural law theories of 实践理性的自然法理论,4,82
    utilitarian theories of 实践理性的功利主义理论,82
punishment 惩罚
    as essentially an exercise of authority 本质上作为权威展现的惩罚,

　　　　133—135

　　　equality account of 惩罚的公平立场,142

　　　expressive theories of 惩罚的彰显理论,See expressive theories of punishment 参见惩罚的彰显理论

　　　retributivist theories of 报应主义惩罚理论,See also retributivism 也参见报应主义,142—162

　　　utilitarian theories of 功利主义惩罚理论,136—139,152

Rawls,John 罗尔斯,约翰,81,84,93—94,126,138
Raz,Joseph 拉兹,约瑟夫,ix,21,26,28,33,34,37,46,49,52,59,89,92,93,97,100,107,121,132,141

　　　on claims of law 拉兹论法律的主张,52—54

　　　on law as speaker 拉兹论作为言说者的法律,37—38

reason-backed rule machine 理由-支持规则机器,32,33,56
recidivism 累犯,147—149
retributivism 报应主义

　　　and mercy 报应主义和宽恕,148—149

　　　and recidivism 报应主义和累犯,147

　　　and problem of scale 报应主义和范围问题,149—152

　　　rationale for 报应主义的原理,152—159

Rousseau,Jean-Jacques 卢梭,让-雅客,97
rule of recognition 承认规则,19,21,22
Russell,J.S. 拉塞尔,J.S.,12

salient coordinator account of political authority 政治权威的显著协调者立场,102—111

　　　Finnis's version of 菲尼斯版本的政治权威的显著协调者立场,105—111

　　　Hume's version of 休谟版本的政治权威的显著协调者立场,102—104

　　　rejection of 拒绝政治权威的显著协调者立场,109—111

　　　Simon's version of 西蒙版本的政治权威的显著协调者立场,

104—105

sanctions 制裁,4,31,33,52,54,104,143,144

 and weak natural law thesis 制裁和弱自然法命题,54—56

Scanlon,Thomas 斯坎伦,托马斯,5,93,94

Searle,John 塞尔,约翰,44—47

separation thesis 分离命题,13,21,22,55,59

Shafer-Landau,Russ 谢弗-兰多,拉斯,141,142,143,144,150

Sher,George 谢尔,乔治,140—141,143,153—158

Simmons,A. John 西蒙斯,A. 约翰,34,86,87,92,97,98,100,101,112,125,132,171

Simon,Yves 西蒙,耶夫,70,104,105,107,153

Skillen,Anthony 斯基仑,安东尼,161

Smith,M. B. E. 史密斯,M. B. E. ,34,87,92,97,100,132

Smith,Michael 史密斯,迈克,39

Soper,Philip 索珀,菲利普,9,13,37,53

speaker 言说者

 necessary features of being a 作为言说者的必要特征,38—39

 law as 作为言说者的法律,37—41

strong natural law thesis 强自然法命题,2,10,13

 and argument from function 强自然法命题和源自功能的论证,57

 and argument from illocutionary acts 强自然法命题和源自言语行为的论证,57—59

 as incompatible with legal positivism 强自然法命题与法律实证主义不兼容,22

 defended against central criticisms 强自然法命题抵御关键的批判,13—20

subsidiarity 辅助性原则,70—72

Taylor,Charles 泰勒,查尔斯,74

Thompson,Michael 汤普森,迈克,11,12

Tuomela,Raimo 图梅勒,拉伊谟,40,41

Tyler,Tom 泰勒,汤姆,131

van Inwagen, Peter 范·因瓦根,彼得,14—15
Vanderveken, Daniel 范德维肯,丹尼尔,44—47

weak natural law thesis 弱自然法命题,2,10—12
  and argument from illocutionary acts 弱自然法命题和源自言语行为的论证,37—51
  and argument from law's function 弱自然法命题和源自法律的功能的论证,29—36
  and legal point of view argument 弱自然法命题和源自法律视角的论证,26
  as compatible with legal positivism 弱自然法命题与法律实证主义兼容
  as setting goal for natural law political philosophy 弱自然法命题设定自然法政治哲学的目标,57—60
welfarism 福利主义,77—78,81
Wolfe, Christopher 沃尔夫,克里斯托弗,72

图书在版编目(CIP)数据

法理学和政治学中的自然法/(美)马克·墨菲著;王志勇译.—北京:商务印书馆,2022(2025.8重印)
(自然法名著译丛)
ISBN 978-7-100-20920-5

Ⅰ.①法… Ⅱ.①马…②王… Ⅲ.①自然法学派—研究 Ⅳ.①D909.1

中国版本图书馆 CIP 数据核字(2022)第 053464 号

权利保留,侵权必究。

自然法名著译丛
法理学和政治学中的自然法
〔美〕马克·墨菲 著
王志勇 译

商务印书馆出版
(北京王府井大街36号 邮政编码100710)
商务印书馆发行
北京中科印刷有限公司印刷
ISBN 978-7-100-20920-5

2022年10月第1版 开本 880×1230 1/32
2025年8月北京第2次印刷 印张 12¼
定价:68.00元